Guttentagsche Sammlung
Nr. 22. Preußischer Gesetze. Nr. 22.
Textausgaben mit Anmerkungen.

Gesetz, betreffend die Anstellung und Versorgung der Kommunalbeamten.

Vom 30. Juli 1899.

Mit Einleitung, ausführlichen Erläuterungen und Sachregister

herausgegeben von
Stadtrat **Dr. W. Ledermann** †.

Zweite, vermehrte und verbesserte Auflage

bearbeitet von
Dr. Ludwig Brühl,
Magistratsrat in Berlin.

Berlin 1914.
J. Guttentag, Verlagsbuchhandlung,
G. m. b. H.

Aus der Vorrede zur ersten Auflage.

Das vorliegende Gesetz behandelt eine Materie, die, soweit materielle Gesichtspunkte vorherrschen, in den Zusammenhang der Gemeindeverfassungsgesetze (Städte-, Landgemeinde-, Kreis- und Provinzialordnungen), soweit das formelle Recht, wie z. B. das Verfahren in Streitfällen, in Betracht kommt, in den Zusammenhang der Organisationsgesetze gehört. Im engsten Zusammenhange steht das Gesetz ferner mit der für die unmittelbaren Staatsbeamten geltenden preußischen Beamtengesetzgebung, z. B. dem Pensions- und dem Disziplinargesetze. Diese Losreißung einer Sondermaterie aus dem allgemeinen Zusammenhange bedingte, sollten nicht die beigegebenen Anmerkungen für das Verständnis des Gesetzes unzulänglich bleiben, eine wesentliche Erweiterung des sonst in dieser Ausgabe üblichen Rahmens für die Erläuterungen. Der Verfasser ist bemüht gewesen, nicht nur die ergänzenden Gesetzesvorschriften je nach Bedarf im Wortlaut oder dem wesentlichen Inhalte nach vollständig einzufügen, sondern auch alle sich anschließenden alten und neu auftretenden Streitfragen wenigstens andeutungsweise zu erledigen. Selbst da, wo das Gesetz einer eigentlichen Erklärung nicht bedurfte (z. B. bei § 3), hat es der Verfasser für nützlich gehalten, die einschlägigen Fragen, auch solche privatrechtlicher Natur, kurz zu erörtern. Er hofft, daß auf diese Weise das Büchlein dem nur allzu häufig zu rascher Arbeit gezwungenen und am Nachschlagen größerer Werke verhinderten Praktiker die Orientierung erleichtern wird.

Berlin, im August 1899.

Der Verfasser.

Vorrede zur zweiten Auflage.

Am 23. Mai 1913 verstarb allzufrüh für die Seinen und die Wissenschaft der Verfasser dieses Buches, Herr Stadtrat Dr. Walter Ledermann. Auf Wunsch der Verlagsbuchhandlung hat der Unterzeichnete, der zusammen mit dem Verstorbenen bereits die zweite Auflage seines Kommentars zur Städteordnung neu bearbeitet hatte und daher in seine Arbeitsweise eingeweiht zu sein glaubt, die Neuausgabe dieses Werkes übernommen. Ausgehend von den bewährten Grundlagen des Kommentars ist die seit dem Erscheinen der ersten Auflage veröffentlichte Literatur und Judikatur möglichst erschöpfend berücksichtigt. Wenn der Herausgeber in einzelnen Fragen einen von der ersten Auflage abweichenden Standpunkt vertritt, so glaubt er damit nur im Sinne des verewigten Verfassers zu handeln, der ein Muster eines wirklich selbständigen und wahrhaft wissenschaftlichen Kommentators war.

Zur Erhöhung der praktischen Brauchbarkeit des Buches sind im Anhang als Beispiele für die ortsstatutarische Regelung der Bestimmungen über Anstellung, Pensionierung und Hinterbliebenenversorgung von städtischen Kommunalbeamten die darüber erlassenen Ortsstatute der Stadt Berlin abgedruckt.

Berlin, im Oktober 1913.

Brühl.

Inhaltsverzeichnis.

Seite

I. Einleitung:
A. Zur Gesetzesgeschichte 10
B. Überblick 20

II. Text des Gesetzes 29

III. Kommentar.
1. Allgemeine Bestimmungen (§§ 1—7) 41
2. Beamte der Stadtgemeinden (§§ 8—17) . . . 84
3. Beamte der Landgemeinden, der Landbürgermeistereien, Ämter, Zweckverbände und Amtsbezirke (§§ 18—20) 137
4. Beamte der Kreis- und Provinzialverbände (§§ 21, 22) 145
5. Gemeindeforstbeamte (§ 23) 147
6. Schluß- und Übergangsbestimmungen (§§ 24—27) 157

IV. Ausführungsanweisung vom 12. Oktober 1899 . . . 167

V. Anhang.
a) Ortsstatut der Stadt Berlin betr. die Anstellung und Pensionierung der Kommunalbeamten 193
b) Ortsstatut der Stadt Berlin betr. die Hinterbliebenenversorgung der Kommunalbeamten . 199

VI. Sachregister 204

Abkürzungen.

a. A. = anderer Ansicht.
AA. = Ausführungsanweisung.
AG. = Ausführungsgesetz.
AGO. = Allgemeine Gerichtsordnung.
ALR. = Allgemeines Landrecht.
Bd. = Band.
Begr. = Begründung zum Entwurfe des Kommunalbeamtengesetzes (Drucksachen des Herrenhauses, Session 1899 Nr. 27).
BGB. = Bürgerliches Gesetzbuch.
Brauchitsch = Die neuen preuß. Verwaltungsgesetze von M. von Brauchitsch, Bd. 3, 17. Aufl., 1910.
BzAusch. = Bezirksausschuß.
DiszGes. = Disziplinargesetz vom 21. Juli 1852.
EG.BGB. = Einführungsgesetz zum Bürgerlichen Gesetzbuche.
Freytag = Kommunalbeamtengesetz, 2. Aufl., Berlin 1905.
G. = Gesetz.
GemO. = Gemeindeordnung.
GemVG. = Gemeindeverfassungsgesetz (Zusatz Fr. = für Frankfurt a. M.).
GS. = Preußische Gesetzsammlung.
GVG. = Gerichtsverfassungsgesetz.
HHK. = Bericht der verstärkten (VII.) Kommission des Herrenhauses für kommunale Angelegenheiten über den Entwurf des Kommunalbeamtengesetzes. Drucksachen des Herrenhauses, Session 1899 Nr. 63 (Berichterstatter Oberbürgermeister Adickes-Frankfurt a. M.).
JMBl. = Justizministerialblatt.
JMR. = Justizministerialreskript.
Johow = Jahrbücher der Entscheidungen des Kammergerichts.
KabO. = Kabinettsordre.
KAG. = Kommunalabgabengesetz.
Kautz-Appelius = Preußisches Kommunalbeamtenrecht, 2. Aufl., Berlin 1912.
KBG. = Kommunalbeamtengesetz.
KG. = Kammergericht.
KommArch. = Preußisches Kommunalarchiv, herausgegeben von v. Rohrscheidt.
KrAusch. = Kreisausschuß.

KrO. = Kreisordnung.
Leidig = Leidig, Preußisches Stadtrecht, Berlin 1891.
LGO. = Landgemeindeordnung.
LVG. = Gesetz, betreffend die allgemeine Landesverwaltung vom 30. Juli 1883.
Ledermann-Brühl = Städteordnung vom 30. Mai 1853, 2. Aufl., Berlin 1913.
Marc. = Marcinowski-Hoffmann, Städteordnung, 3. Aufl., Berlin 1890.
MBl. = Ministerialblatt für die innere Verwaltung.
ME. = Ministerialerlaß.
MR. = Ministerialreskript.
O. = Ordnung (z. B. PrO. = Provinzialordnung).
Oertel = Oertel, Städteordnung vom 30. Mai 1853, 5. Aufl.
OTr. = Obertribunal.
OVG. = Entscheidungen des Oberverwaltungsgerichts.
Preuß = Das städtische Amtsrecht in Preußen.
PrO. = Provinzialordnung.
PVBl. = Preußisches Verwaltungsblatt.
RG. = Reichsgericht.
RGBl. = Reichsgesetzblatt.
RGSt. = Entscheidungen des Reichsgerichts in Strafsachen.
RGZ. = Entscheidungen des Reichsgerichts in Zivilsachen.
RVO. = Reichsversicherungsordnung.
S. = Seite.
Schön = Das Recht der Kommunalverbände in Preußen von Schön (Ergänzungsband zum „Staatsrecht der preuß. Monarchie" von L. v. Rönne, Leipzig 1897).
StGB. = Strafgesetzbuch.
StO. = Städteordnung (Zusätze: H. = Hannover; HN. = Hessen-Nassau; Oe. = östlichen Provinzen; Rh. = Rheinprovinz; SH. = Schleswig-Holstein; W. = Westfalen; ohne Zusatz = StO. Oe.).
V. = Verordnung.
VU. = Verfassungsurkunde für den Preußischen Staat.
VerwArch. = Verwaltungsarchiv, Berlin, Heymann.
ZPO. = Zivilprozeßordnung.
ZustGes. = Gesetz über die Zuständigkeit der Verwaltungs- und Verwaltungsgerichtsbehörden vom 1. Aug. 1883.

I.
Einleitung.

A. Zur Gesetzesgeschichte.

Das „Gesetz betreffend die Anstellung und Versorgung der Kommunalbeamten" verdankt seine Entstehung den Mißständen, zu denen die Rechtslage auf dem Gebiete des städtischen Beamtenwesens, und zwar insbesondere das bezüglich der Anstellung der städtischen Beamten geltende Recht, geführt hatte. Für das Verständnis des Gesetzes kommt daher vornehmlich die Geschichte des städtischen Beamtenrechts und besonders die Entwickelung der Bestimmungen über die Anstellung der städtischen Beamten in Betracht.

Der Begriff des „Kommunalbeamten" als eines vom „Staatsbeamten" hinsichtlich Art und Dauer der Anstellung verschiedenen ist in die preußische Gesetzgebung erst durch die Städteordnung vom 19. November 1808 eingeführt worden. Bis dahin galten in Gemäßheit der §§ 68, 69 ALR. II 10 die Kommunalbeamten in Beziehung auf ihre Anstellung und Versorgung als Staatsbeamte. Es hatten auf sie ebenso wie auf die unmittelbaren Staatsbeamten die Bestimmungen der §§ 98, 102 ALR. II 10 Anwendung zu finden, wonach einerseits die einmal angestellten Beamten von ihren Vorgesetzten nicht einseitig entsetzt oder verabschiedet werden durften, andererseits „Amtsverbindungen" zugelassen waren, deren Dauer durch die Natur des Geschäfts oder durch ausdrücklichen Vorbehalt auf eine gewisse Zeit eingeschränkt war, und die mit dem Ablaufe dieser Zeit von selbst erloschen. Damit war die Möglichkeit einer nichtlebenslänglichen Anstellung für alle Beamten anerkannt, ein Grundsatz, der für die Kommunalbeamten speziell in ihrer Eigenschaft als Beamte von Korporationen noch an anderer Stelle des ALR., in den §§ 169 ff. ALR. II 6 ausgesprochen war. Demgegenüber bestimmte die Städteordnung vom 19. November 1808 in § 157, daß die Unterbeamten des Magistrats — und zwar ausnahmslos — lebenslänglich angestellt sein müßten, und schuf hiermit in den städtischen Beamten eine von den übrigen „Zivilbedienten" des Staats wesentlich unterschiedene Beamtenkategorie. Die Ursache für diese einschneidende Änderung war die Befürchtung, daß bei jedem erheblichen Wechsel in der Zusammensetzung der Magistrate die Neigung vorhanden sein würde, die unter dem früheren Regime berufenen, nicht lebenslänglich angestellten Kommunalbeamten durch andere, den neuen Leitern genehme Persönlichkeiten zu ersetzen.

Eine Milderung dieses für die Städte ebenso zwangvollen wie für die Beamten allzu vorsorglichen und in den meisten Fällen unnötigen Grundsatzes brachte die revidierte Städteordnung vom 17. März 1831, die nach dem Vorgange der Kabinettsordre vom 25. Mai 1828 für die nur zu mechanischen Dienstleistungen angenommenen Beamten der Städte die Anstellung auf Kündigung zuließ, im übrigen aber das Prinzip der lebenslänglichen Anstellung der Gemeindebeamten beibehielt. Der Ausnahme der nur mechanisch tätigen Beamten fügte alsdann die Städteordnung für die sechs östlichen Provinzen vom 30. Mai 1853 noch die weitere Ausnahme der zu vorübergehenden Dienstleistungen Angenommenen hinzu, indem sie im § 56[6] bestimmte:

„Die Anstellung erfolgt, soweit es sich nicht um vorübergehende Dienstleistungen handelt, auf Lebenszeit. Die Unterbeamten, welche nur zu mechanischen Dienstleistungen bestimmt sind, können auch auf Kündigung angenommen werden."

Bezüglich der Pensionen wurde bestimmt, daß die auf Lebenszeit angestellten besoldeten Gemeindebeamten, sofern nicht mit ihnen ein anderes verabredet wäre, bei eintretender Dienstunfähigkeit Pension und zwar nach den für die unmittelbaren Staatsbeamten geltenden Grundsätzen zu beanspruchen hätten (§ 65 Abs. 2). Wörtlich dieselben Bestimmungen finden sich in den §§ 56[6], 65 Abs. 2 der Städteordnung für die Provinz Westfalen vom 19. März 1856 und in den §§ 63[6] und 72 Abs. 2 des Gemeinde-Verfassungsgesetzes für die Stadt Frankfurt a. M. vom 25. März 1867.

Im Gegensatz zu diesen Gemeinde-Verfassungsgesetzen, welche die lebenslängliche Anstellung regelmäßig forderten, stand die Bestimmung des § 53[6] der Städteordnung für die Rheinprovinz vom 15. Mai 1856, wonach die Anstellung der Gemeindebeamten, soweit es sich nicht um vorübergehende Dienstleistungen handelte, auf Lebenszeit erfolgen konnte. Denn hier hatte der Gesetzgeber, indem er die Anstellung auf Zeit oder Kündigung als die Regel vorsah, nur die Möglichkeit einer lebenslänglichen Anstellung der Gemeindebeamten offen gehalten. Wie die Verhandlungen des Abgeordnetenhauses über die Rheinische Städteordnung ergeben (stenogr. Berichte, Sitzung vom 5. April 1856 S. 867 ff.), war diese Regelung hauptsächlich im Anschlusse an die bis dahin in der Rheinprovinz herrschende Übung erfolgt.

Etwa die Mitte zwischen der ersten Gruppe von Städteordnungen einerseits und der Rheinischen Städteordnung andererseits hielten die für die neueren Provinzen sowie für Neuvorpommern und Rügen erlassenen Gemeinde-Verfassungsgesetze, indem sie in bezug auf die Dauer der Anstellung dem statutarischen Rechte und damit den lokalen Verschiedenheiten und Bedürfnissen einen ungleich weiteren Spielraum ließen, als die zwei erstgenannten Gruppen. Am weitesten hierin geht das Gesetz, betreffend die Verfassung der Städte in Neuvorpommern und Rügen vom 31. Mai 1853, das die Bestimmungen über die Anstellung der städtischen Beamten (nicht auch der Bürgermeister) vollständig den Stadtrezessen überließ. In der

Provinz Hannover blieb bisher die revidierte Städteordnung vom 24. Juni 1858 in Geltung, nach deren § 45 die Stadtsekretäre und die Kämmerer auf Lebenszeit ernannt werden sollten, während für kleinere Städte Ausnahmen den Ortsstatuten vorbehalten blieben; technische Beamte durften nach den Bestimmungen der jeweils geltenden Ortsstatuten, die übrigen Beamten sollten auf Lebenszeit, aber mit dem Vorbehalte der Kündigung angestellt werden, über welche letztere wiederum ortsstatutarische Vorschriften vorbehalten waren. Das Gesetz, betreffend die Verfassung und Verwaltung der Städte und Flecken in der Provinz Schleswig-Holstein vom 14. April 1869 bestimmte im § 75, daß die Stadtkassierer und die sonstigen, im Ortsstatute näher zu bezeichnenden, mit wichtigen Angelegenheiten betrauten städtischen Beamten auf Lebenszeit, die für vorübergehende oder untergeordnete Dienstleistungen bestimmten Beamten aber auf Kündigung angestellt werden sollten. Denselben Grundsatz enthielt das im Herzogtum Lauenburg geltende Gesetz betreffend die Verfassung und Verwaltung der Städte und Flecken vom 16. Dezember 1870. Endlich bestimmte die jüngste preußische Städteordnung, die Städteordnung für Hessen-Nassau vom 4. August 1897 — und zwar in Anlehnung an die vorher im Regierungsbezirk Wiesbaden in Geltung gewesene Städteordnung vom 8. Juni 1891 — im § 61⁶:

„Die Anstellung der nicht lediglich zu vorübergehenden oder zu mechanischen Dienstleistungen berufenen Gemeindebeamten erfolgt auf Lebenszeit. Abweichungen von diesem Grundsatze können durch Ortsstatut oder in einzelnen Fällen mit Genehmigung der Aufsichtsbehörde festgesetzt werden. In Ansehung der bei den städtischen Betriebsverwaltungen angestellten Beamten findet der Grundsatz der Anstellung auf Lebenszeit nur insoweit Anwendung, als die Stadtgemeinde dies beschließt."

Diese modernste der zur Zeit geltenden preußischen Städteordnungen milderte demnach den an sich von ihr aufgenommenen Grundsatz der Lebenslänglichkeit der Anstellung, indem sie Abweichungen von ihm — auch abgesehen von den zu mechanischen und vorübergehenden Dienstleistungen angenommenen Beamten — in bestimmten Formen zuließ; zugleich trug sie der wesentlichen Erweiterung des städtischen Verwaltungskreises, die durch die Einfügung umfangreicher gewerblicher, dem öffentlichen Nutzen dienender Betriebe in die Stadtverwaltungen herbeigeführt war, dadurch Rechnung, daß sie bei den Betriebsbeamten die nicht lebenslängliche Anstellung als die Regel, die lebenslängliche aber als die besonders zu beschließende Ausnahme statuierte.

Schon die vorstehend geschilderte wesentliche Verschiedenheit des bisher geltenden Rechts in den einzelnen Provinzen machte es begreiflich, daß auf seiten der Kommunalbeamten der lebhafte Wunsch nach einer gemeinsamen Neuregelung der Anstellungsbestimmungen herrschte; hinzu kam, daß die gesetzlichen Bestimmungen über die Pensionierung, indem sie fast durchweg die nicht lebenslänglich angestellten Gemeindebeamten gar nicht berücksichtigten, sich als unzureichend erwiesen hatten, sowie endlich, daß es an einer gesetzlichen Regelung der Hinterbliebenenfürsorge völlig fehlte. Auf seiten der Kommunen aber, und besonders derjenigen Kommunen, auf welche die Grundsätze der Städteordnung für die östlichen Provinzen Anwendung zu finden hatten, waren, und zwar wesentlich infolge der Rechtsprechung des Reichsgerichts, Rechtszustände eingetreten, die schon für die kleineren Kommunen nicht zuträglich waren, für die größeren Kommunen aber mit ihren vielfach komplizierten, der Quantität nach häufig wechselnden Verwaltungsaufgaben (wie Statistik, Steuersachen, Wahlangelegenheiten, zeitweilige umfangreiche öffentliche Bautätigkeit) einen geradezu unerträglichen Notstand bedeuteten. Im Gegensatze zu dem Oberverwaltungsgerichte, das den Grundsatz festhielt, daß die Anstellung eines (Gemeinde-)Beamten ausdrücklich erfolgen müsse und damit die Annahme einer stillschweigenden oder durch sogen. konkludente Handlungen erfolgten Anstellung verwarf (OVG. 18 S. 55 und im PVBl. 11 S. 182), stellte das Reichsgericht und zwar unter anderem auch bezüglich desselben Tatbestandes, welcher der erstzitierten Entscheidung des Oberverwaltungsgerichts unterlegen hatte, das Prinzip auf, daß die Anstellung eines städtischen Beamten sich auch stillschweigend vollziehen könne, indem es den Willen der Beteiligten, ein Beamtenverhältnis zu begründen, in der allgemeinen Lage des Falles, insbesondere in dem tatsächlichen Fortbestehen eines Beschäftigungsverhältnisses dokumentiert fand, das zweifellos von vornherein als Beamtenverhältnis nicht gedacht war, und bei dem mindestens von seiten der Kommune der Wille, das Verhältnis nicht als Beamtenverhältnis zu betrachten, d. h. also den Beteiligten nicht anzustellen, bis zuletzt ausdrücklich hervorgehoben worden war (RGZ. 37 S. 225, 234). Diese Entscheidung war für die Kommunen von um so größerer Tragweite, als im Geltungsgebiete der Bestimmung des § 56[6] StO. vom 30. Mai 1853 und der westfälischen Städteordnung jeder einmal angestellte städtische Beamte, soweit nicht seine Dienste nur mechanische oder vorübergehende waren, zugleich auch als lebenslänglich angestellt anzusehen war, indem nach der konstanten Judikatur des Obertribunals (z. B. Striethorst Bd. 90 S. 220), des Reichsgerichts (PVBl. 14 S. 87, RGZ. 37 S. 225) und des Oberverwaltungsgerichts (OVG. 12 S. 48 und PVBl. 14 S. 497) alle anderweitigen Festsetzungen, beruhten sie nun auf Ortsstatuten, Reglements, Dienstpragmatik oder besonderer Vereinbarung, als schlechthin unwirksam anzusehen waren. Schließlich sahen sich die Kommunen nicht zum wenigsten auch dadurch bedroht, daß der Begriff der mechanischen Tätigkeit vom Reichsgericht wie vom Oberverwaltungsgericht einengend interpretiert wurde und das Vorhandensein einer obrigkeitlichen und also beamtlichen Tätigkeit, welche die lebenslängliche Anstellung des betreffenden Beamten bedingte, schon in Fällen angenommen wurde, in denen es sich, wie z. B. bei den Nachtwachtbeamten, zweifellos um Dienste handelte, zu deren Leistung eine vorherige fachliche oder bureaumäßige Ausbildung keineswegs erforderlich ist (OVG. 26 S. 27; RGZ. 37 S. 241; siehe auch PVBl. 20 S. 54).

Zahlreich waren die Bemühungen, eine gesetzliche Änderung dieses unhaltbar gewordenen Rechtszustandes herbeizuführen. Sowohl aus den Kreisen der Gemeindebeamten als auch von den zu Städtetagen vereinigten Kommunen wurden seit dem Jahre 1895 wiederholt Resolutionen an die Königliche Staatsregierung und Petitionen an die gesetzgebenden Versammlungen gerichtet, in denen die gesetzliche Neuregelung der Anstellungsverhältnisse der Gemeindebeamten erbeten wurde. Am 22. Juni 1897 beschloß das Abgeordnetenhaus, wohl mit unter dem Eindruck der Verhandlungen und Resolutionen des ersten allgemeinen preußischen Städtetages, der am 29 und 30. September 1896 zu Berlin getagt und auf Grund der vom Oberbürgermeister Becker-Cöln und Stadtsyndikus Weise-Berlin erstatteten Referate die alsbaldige Änderung der bestehenden gesetzlichen Bestimmungen für erforderlich erachtet hatte, die Königliche Staatsregierung zu ersuchen, dem Landtage der Monarchie einen Gesetzentwurf vorzulegen, der die Frage der Anstellung der Gemeindebeamten, des Ruhegehalts und der Hinterbliebenenfürsorge regeln sollte. Nachdem inzwischen die Städteordnung für die Provinz Hessen-Nassau unter dem 4. August 1897 erlassen war, petitionierten der westpreußische Städtetag und die Stadt Berlin um Ausdehnung der oben zitierten Bestimmungen des § 61^6 l. c. auf die übrige Monarchie. Durch Beschlüsse des

Herrenhauses vom 16. Februar 1898 und des Abgeordnetenhauses vom 1. April 1898 wurde diese Petition der Staatsregierung zur Berücksichtigung überwiesen, ebenso wie dies mit einer Anzahl diesbezüglicher Petitionen von Gemeindebeamten aus den früheren Jahren geschehen war.

Seitens der Königlichen Staatsregierung, die sich schon im Jahre 1897 gelegentlich der Beratungen im Abgeordnetenhause prinzipiell bereit erklärt hatte, eine Prüfung des bestehenden Rechts behufs Abänderung und Ergänzung vorzunehmen, wurde ein Entwurf ausgearbeitet, der zunächst und zwar anfangs des Jahres 1898 den Regierungspräsidenten zur Äußerung unterbreitet wurde. Dieser Entwurf sollte, indem er entsprechend dem erwähnten Beschlusse des Abgeordnetenhauses über das Maß seiner ursprünglichen Veranlassung hinausging, nicht nur die Anstellungsverhältnisse, sondern auch die Ansprüche der Gemeindebeamten auf Pension und Hinterbliebenenversorgung regeln und berücksichtigte außer den städtischen Beamten auch die der Landgemeinden, Landbürgermeistereien (Rheinprovinz) und Ämter (Westfalen), ließ dagegen die Gemeindeforstbeamten außer Betracht; er schloß sich hinsichtlich der Bestimmungen über die Anstellung eng an die Regelung der Hessen-Nassauischen Städteordnung an, nahm aber — im Gegensatze zu den Resolutionen des ersten preußischen Städtetages — davon Abstand, eine Bestimmung darüber zu treffen, wann eine Anstellung als geschehen anzusehen sei, und daß sie sich insbesondere nur mittels ausdrücklicher Erklärung oder Verfügung der Anstellungsbehörde vollziehen könne. Die Bedeutung einer solchen Neuregelung wäre demnach für die Kommunen eine ziemlich geringfügige gewesen, da auch nach dem Rechte dieses Entwurfs die Frage, ob jemand im einzelnen Falle als angestellter Gemeindebeamter zu gelten habe, allen Zufälligkeiten einer auslegenden Judikatur ausgesetzt gewesen wäre.

Auf Grund der zu diesem Entwurfe eingelaufenen Berichte und Petitionen sowie der öffentlichen Besprechungen desselben wurde im Ministerium des Innern sodann ein neuer Entwurf ausgearbeitet, der im August 1898 den staatlichen und kommunalen Behörden zur Begutachtung vorgelegt wurde. In diesem neuen Entwurfe, der den Titel führte: „Entwurf eines Gesetzes betreffend die Rechtsverhältnisse der Kommunalbeamten", war der Rahmen sowohl hinsichtlich der zu berücksichtigenden Kommunalverbände als auch hinsichtlich der zu ordnenden Rechtsbeziehungen gegenüber dem ersten Entwurfe erweitert. Die äußere Einteilung entsprach im wesentlichen bereits der des gegenwärtigen Gesetzes: Auf einen ersten Titel, enthaltend die allgemeinen, für die Beamten aller Kommunalverbände (einschließlich der Amtsbezirke) geltenden Bestimmungen, folgte im zweiten Titel eine Anzahl Paragraphen, die speziell die Anstellung sowie einige grundsätzliche Fragen der Besoldung, Pensionierung und Reliktenversorgung der städtischen Beamten regelte; in weiteren Titeln wurden sodann zunächst Grundsätze aufgestellt, die dazu bestimmt waren, auch bei den ländlichen Kommunalverbänden eine fortschreitende Entwickelung der Beamtenfürsorge unter Mitwirkung der Selbstverwaltungsbeschlußbehörden zu sichern, und sodann schließlich die Verhältnisse der Kreis- und Provinzialbeamten geregelt, indem erstere grundsätzlich den städtischen Beamten gleichgestellt, letztere dagegen unter Belassung des bisherigen Rechtszustandes nur den allgemeinen Bestimmungen des neuen Gesetzes unterworfen sein sollten. Die Gemeindeforstbeamten waren in dem zweiten Entwurfe noch nicht mitberücksichtigt. Auch dieser Entwurf sah davon ab, die brennende Frage, wann jemand als angestellter Gemeindebeamter zu gelten habe, materiell zu lösen, indem er es unterließ, für die Anstellung eine bestimmte Form festzusetzen; indessen versuchte er die Kommunen von dem Zwange der Judikatur des Reichsgerichts dadurch zu befreien, daß er den Beamten bezüglich der Frage, ob sie als Kommunalbeamte anzusehen seien, unter Ausschluß des Rechtsweges nur die Beschwerde im Aufsichtswege und demnächst das Verwaltungsstreitverfahren offen ließ.

Während dieser zweite Entwurf auf Grund der neuerlich dazu eingeholten Gutachten einer abermaligen Umarbeitung unterzogen wurde, machte ihn der zweite allgemeine preußische Städtetag, der am 23. und 24. Januar 1899 zu Berlin tagte, zum Gegenstande seiner Erörterungen. Auf Grund eingehender Referate der Berichterstatter Stadtrat Mentzel-Breslau, Oberbürgermeister Schmieding-Dortmund sowie des Mitberichterstatters Oberbürgermeisters Zweigert-Essen gelangte der Städtetag zu einer Resolution, in der die bevorstehende gesetzliche Einführung einer Reliktenversorgung der Gemeindebeamten freudig begrüßt und neben dem Verlangen nach einigen weniger einschneidenden Änderungen des Entwurfs einmal der dringende Wunsch ausgesprochen wurde, die „Anstellung" an ein klar erkennbares gesetzliches Merkmal und zwar an die Zustellung einer schriftlichen, die Ernennung zum Kommunalbeamten ausdrücklich aussprechenden Erklärung der zuständigen Behörde zu knüpfen; des weiteren wurde das Verlangen gestellt, abweichend von der in Aussicht genommenen Neuregelung, von einer Mitwirkung der Aufsichtsbehörden bei Feststellung der Besoldungen der städtischen Beamten (mit Ausnahme der Magistratsmitglieder, bei denen schon bisher die Aufsichtsbehörden mitzuwirken hatten) auch für die Zukunft abzusehen.

Von diesen Wünschen ist nur der erstere in dem auf Grund der Allerhöchsten Ermächtigung vom 15. Februar 1899 den Häusern des Landtags und zwar zuerst dem Herrenhause am 18. Februar 1899 zugesandten und demnächst mit nur geringfügigen Änderungen zum Gesetz gewordenen dritten Entwurfe in Erfüllung gegangen. (Drucksachen des Herrenhauses, Session 1899 Nr. 27). Von der verstärkten VII. (sog. Gemeinde-) Kommission des Herrenhauses vorberaten (s. Drucksachen des Herrenhauses, Session 1899 Nr. 63) und in einzelnen Punkten abgeändert, wurde der Entwurf vom Herrenhause am 9. Mai 1899 in wenig veränderter Fassung angenommen (s. Drucksachen des Abgeordnetenhauses, I. Session 1899 Nr. 179), und gelangte, nachdem das Abgeordnetenhaus mit ganz geringfügigen Änderungen zugestimmt hatte (Drucksachen Nr. 219) in der Schlußberatung vom 3. Juli 1899 im Herrenhause zur Annahme.

Unter dem 30. Juli 1899 sanktioniert, wurde das Gesetz unter dem Titel „Gesetz, betreffend die Anstellung und Versorgung der Kommunalbeamten vom 30. Juli 1899" publiziert. (GS. 1899 Nr. 24 S. 141—148, ausgegeben zu Berlin, den 14. August 1899.)

B. Ueberblick.

Das Gesetz ist, wie schon sein Name besagt, keine Kodifikation des gesamten Gemeindebeamtenrechts. Umfangreiche Materien, wie die Vorschriften über die Wahl und das Zustandekommen des Anstellungsentschlusses seitens der Gemeinden, die Vereidigung, das Pensionierungs v e r f a h r e n, das Disziplinarverfahren u. a. m. (s. Anm. zur Überschrift) bleiben unberührt. Das Gesetz umfaßt ferner keineswegs die Beamten aller Kommunalverbände: die Beamten der sog. kommunalständischen Verbände sind völlig außer acht gelassen; die Angestellten anderer Kommunalverbände wie der Provinzen, der Kommunalverbände der Regierungsbezirke Cassel und Wiesbaden und des Kreises Herzogtum Lauenburg werden nur teilweise von dem Gesetze betroffen. Aber auch nicht alle Beamten derjenigen Kommunen, für die das Gesetz geschaffen ist, werden von dem Gesetze berührt. Grundsätzlich sind nur die besoldeten, im Hauptberufe als Kommunalbeamte tätigen Personen dem Gesetze unterworfen, nicht dagegen die im Ehrenamte befindlichen unbesoldeten und die zwar besoldeten, aber nur nebenberuflich als Gemeindebeamte tätigen Personen, wie z. B. Armenärzte, sowie die nur in ganz geringfügigem Maße durch ein Kommunalamt in Anspruch genommenen Personen. Nur teilweise betroffen werden die besoldeten Mitglieder der städtischen Gemeindevorstände (s. § 14 Ges.).

Was das räumliche Geltungsgebiet anbelangt, so gilt das Gesetz in der ganzen Monarchie; in den Hohenzollernschen Landen, die ursprünglich mit Rücksicht auf die geplante Einführung eines neuen Gemeindeverfassungsgesetzes von dem Gesetze ausgenommen waren, ist es später durch die Hohenzollernsche Gemeindeordnung vom 2. Juli 1900 (GS. 189) mit den aus den §§ 87 ff. dieser Ordnung sich ergebenden Maßgaben eingeführt worden (vgl. Anm. zur Überschrift).

Seiner äußeren Einteilung nach zerfällt das Gesetz in 27 Paragraphen und 6 Abschnitte, von denen der erste (§§ 1—7) die allgemeinen, für die Beamten aller vom Gesetze betroffenen Kommunalverbände geltenden Bestimmungen, der zweite (§§ 8—17) die für die städtischen Beamten bestimmten besonderen Vorschriften enthält, während der dritte (§§ 18—20), vierte (§§ 21, 22) und fünfte (§ 23) Abschnitt nach einander die Bestimmungen für die Beamten der Landgemeinden (Landbürgermeistereien, Ämter, Amtsbezirke und Zweckverbände), der Kreise, Provinzen und für die Gemeindeforstbeamten enthalten. Im sechsten Abschnitte (§§ 24—27) sind sodann einige Übergangsbestimmungen gegeben.

Der wesentliche Inhalt des Gesetzes ist folgender: In die „allgemeinen Bestimmungen" verwiesen sind, abgesehen von der im § 1 gegebenen Begriffsbestimmung des Wortes „Kommunalbeamter" und der im § 2 enthaltenen Begrenzung auf bestimmte Personenkreise, nur die Grundsätze über die Gehaltszahlung (§ 3), die Gnaderkompetenzen (§§ 4, 5), die Reisekostenentschädigung (§ 6) und den Rechtsweg bei vermögensrechtlichen Ansprüchen (§ 7). Weitaus die wichtigste Bestimmung des Gesetzes überhaupt ist die des letzten Satzes des § 1, wonach die Anstellung der Kommunalbeamten sich hinfort ausschließlich durch Aushändigung einer Anstellungsurkunde vollzieht. Mit dieser Bestimmung, deren Aufnahme vor allen Dingen den dritten Entwurf der Regierung von seinen Vorgängern unterscheidet, und die in der Hauptsache wohl dem Drängen der Städtetage zu verdanken ist, ist für die Zukunft der schrankenlosen Auslegung des Begriffes „Anstellung" ein Ende gesetzt. Die Wichtigkeit dieser Bestimmung hat denn auch die Vertreter der Kommunen im Herrenhause veranlaßt, dem Gesetze, so wenig verlockend andere Bestimmungen desselben namentlich für die größeren Städte erscheinen mochten, bereitwillig ihre Zustimmung zu geben. Was die Bestimmungen über die Gehaltszahlung und die Gnadenkompetenzen anlangt, so schließt sich das Gesetz in diesen Punkten der für die unmittelbaren Staatsbeamten bestehenden gesetzlichen Regelung aufs engste an. Dasselbe beabsichtigte der Entwurf auch bezüglich der Reisekostenentschädigung, indem den Gemeindebeamten ein gleichwie bei den Staatsbeamten stets aus Tagegeldern und Reisekosten zusammengesetzter Anspruch gewährleistet werden sollte. Indessen hat das Herrenhaus an Stelle dieses in seinen Kriterien festgelegten Anspruchs den Gemeindebeamten nur einen Anspruch auf Reisekostenentschädigung überhaupt zugebilligt, sodaß nicht bloß bezüglich der Höhe, sondern auch der Art dieser Entschädigung die Kommunen volle Freiheit behalten haben. Was den Rechtsweg anlangt, so steht beiden Teilen wegen vermögensrechtlicher Ansprüche nach vorhergegangenem Verwaltungs b e s c h l u ß verfahren (das aber nicht in der Beschwerdeinstanz erledigt sein muß) der ordentliche Rechtsweg, wie bisher, offen; neu ist dabei, daß die Klage ähnlich wie bei den Klagen der Staatsbeamten auf Grund des Gesetzes vom 24. Mai 1861 an die Wahrung einer sechsmonatigen Präklusivfrist geknüpft ist. Bezüglich der Frage, welcher Teil des Diensteinkommens bei Feststellung der Pension als Gehalt anzusehen ist, ist wie bisher unter Ausschluß des Rechtsweges nur das Verwaltungs s t r e i t verfahren, ebenfalls nach vorgängigem Beschlußverfahren, gegeben. Beschlußbehörde erster Instanz ist bei städtischen, Kreis- und Provinzialbeamten der Bezirksausschuß, bei Beamten der ländlichen Kommunalverbände der Kreisausschuß.

Was sodann die besonderen, für die s t ä d t i s c h e n Beamten geltenden Vorschriften anbelangt, so behandeln zunächst die §§ 8, 9, 10 des Gesetzes die Grundsätze der Anstellung. In enger Angliederung an die bewährten Grundsätze der Hessen-Nassauischen Städteordnung vom 4. August 1897 und in weiterem Ausbau derselben ist im § 8 das Prinzip der Lebenslänglichkeit der Anstellung aufgenommen, soweit es sich um Beamte der eigentlichen Verwaltung handelt, während für die Beamten städtischer sog. Betriebsverwaltungen die Lebenslänglichkeit nur insoweit Platz greifen soll, als sie von den Kommunen ausdrücklich beschlossen wird. Auch bezüglich der eigentlichen Verwaltungsbeamten haben die Städte das Recht (§ 9), ortsstatutarisch gewisse Beamte oder Beamtenkategorien von der lebenslänglichen Anstellung auszuschließen. Zur Abwehr etwaiger Willkür der Kommunen in Ausübung des hiernach ihnen in erweitertem Maße zustehenden Kündigungsrechts ist die Bestimmung aufgenommen, daß Kündigungen nur auf Kollegialbeschlüsse hin ausgesprochen werden dürfen. § 10 regelt die Verhältnisse der auf Probe, zu vorübergehenden Dienstleistungen und zur Vorbereitung beschäftigten Personen und hält bezüglich der Anstellung der Militäranwärter im städtischen Dienste die bestehenden Bestimmungen ausdrücklich aufrecht.

Von ganz besonderer Bedeutung erscheint die Bestimmung des § 11, die auch bei der Beratung des Gesetzes den schärfsten Kampf hervorrief. In der Tat ist der § 11 trotz der Abschwächung, die sein Inhalt durch die Beschlüsse der Herrenhauskommission erfuhr, insbesondere für die größeren und leistungsfähigen Kommunen ebenso drückend, wie er nach den eigenen teilweisen Zugeständnissen der Staatsregierung bei diesen Kommunen unnötig erscheint. Während nach dem bisherigen Rechte die Aufsichtsbehörde im allgemeinen ein Mitwirkungsrecht bei Feststellung der Besoldungen nur hatte, soweit es sich um Magistratsmitglieder handelte, hat die Staatsregierung nunmehr auch bezüglich der sämtlichen übrigen städtischen Beamten die Möglichkeit, bei der Festsetzung der Besoldungen mitzuwirken und an den von den Kommunen bewilligten Gehältern mit Erfolg Kritik zu üben. Die ursprüngliche Fassung des Entwurfs, die der Aufsichtsbehörde ein unbeschränktes Mitwirkungsrecht bei Feststellung der Besoldungen einräumte (s. das Nähere hierüber in der Vorbemerkung zu § 11), ist dahin abgeändert worden, daß dieses Mitwirkungsrecht auf Fälle eines auffallenden Mißverhältnisses zwischen der Besoldung und den Amtspflichten der Stelle beschränkt wurde, daß ferner durch Ortsstatut festgesetzte Besoldungen ein Mitwirkungsrecht der Aufsichtsbehörde ausschließen, und daß beim Widerspruch der Kommune gegen die aufsichtsbehördlich für erforderlich erachtete Besoldung letztere im Beschlußverfahren durch den Bezirksausschuß, nicht durch den Regierungspräsidenten festgesetzt wird. So wertvoll diese drei Milderungsmittel für alle übrigen Städte der Monarchie sein mögen, so sehr versagen sie bei der Stadt Berlin, da gemäß der besonderen Regelung der Zuständigkeiten für Berlin eine Mitwirkung des Bezirksausschusses statt des die Aufsicht führenden

Oberpräsidenten sowohl bei Erlaß der Ortsstatuten wie im Beschlußverfahren ausgeschlossen ist.

Die sodann folgenden §§ 12—15 des Gesetzes bringen im wesentlichen eine Ausdehnung der für die unmittelbaren Staatsbeamten geltenden Bestimmungen über die Pensions- und Hinterbliebenenansprüche auf die städtischen Beamten. Ausdrückliche Hervorhebung hat im Absatz 2 des von den Pensionen handelnden § 12 der schon bisher tatsächlich in Übung gewesene Grundsatz gefunden, daß, abgesehen von der den Militäranwärtern und Forstversorgungsberechtigten anzurechnenden Militärdienstzeit, den städtischen Beamten mangels anderweitiger Abmachung nur die bei der pensionierenden Kommune abgeleistete Dienstzeit auf das Dienstalter in Anrechnung zu bringen ist. Ferner ist neu und dem bisher ausnahmslos geltenden Grundsatze, daß Kommunalbeamte wider ihren Willen nur im Wege des D i s z i p l i n a r verfahrens pensioniert werden konnten, widersprechend die Bestimmung (§ 12 Abs. 3), daß gleich den Staatsbeamten diejenigen Kommunalbeamten, die das 65. Lebensjahr überschritten haben, auf Antrag sowohl wie gegen ihren Willen auch ohne den im förmlichen Verfahren zu erbringenden Nachweis ihrer Dienstunfähigkeit pensioniert werden können, falls durch Ortsstatut die bezügliche Bestimmung des Gesetzes vom 31. März 1882 (GS. 133) für die Beamten der betreffenden Kommune in Kraft gesetzt ist. Im Anschluß an die Regelung der Pensionen sind (§ 14) auch die Verhältnisse der Mitglieder der Magistrate und (in Städten ohne kollegialischen Gemeindevorstand) der Bürgermeister und deren Stellvertreter geregelt, indem generell bezüglich dieser das gesamte geltende Recht bestehen bleiben soll, soweit die Anstellung, Besoldung und Pensionierung in Frage kommt. Nur hinsichtlich der Pensions**berechnung** sind auch diese Beamten insofern berücksichtigt, als man der langempfundenen Härte, daß die Pension dieser Beamten nach den Bestimmungen der preußischen Städteordnungen vom 12. bis 24. Dienstjahre nicht stieg, durch die neue Bestimmung (§ 14 Abs. 1), daß nunmehr die Pension während dieser Jahre um je $1/_{60}$ des Diensteinkommens steigt, ein Ende bereitet hat. Für Hannover, wo die Magistratsmitglieder bezüglich der Berechnung der Pensionen bisher stets den übrigen städtischen Beamten gleichgestellt waren, hat man die preußischen Bestimmungen über die Pension der Staatsbeamten auch auf die besoldeten Magistratsmitglieder — ebenso wie gemäß § 12 bei den übrigen städtischen Beamten — für anwendbar erklärt (§ 14 Abs. 2).

Neu ist ferner die im § 15 erfolgte gesetzliche Einführung einer obligatorischen Witwen- und Waisenfürsorge für sämtliche pensionsberechtigten städtischen Beamten einschließlich der besoldeten Magistratspersonen. Sie besteht nach dem Vorgange der Hessisch-Nassauischen Städteordnung nunmehr im Gebiete der ganzen Monarchie und entspricht im wesentlichen der Fürsorge, die der Staat den Hinterbliebenen seiner Beamten gesetzlich angedeihen läßt. Zum Schutze derjenigen Kommunen, die schon bisher, über das Maß ihrer Verpflichtungen hinausgehend, Aufwendungen zur Versorgung der Hinterbliebenen ihrer Beamten (z. B. im Wege des Einkaufes bei privaten oder öffentlichen Anstalten oder Kassen) gemacht haben, soll eine Anrechnung der durch diese Aufwendungen erlangten Kassenleistungen auf die auf Grund des neuen Gesetzes zu zahlenden Witwen- und Waisengelder erfolgen.

Was sodann die für die Beamten der Landgemeinden usw. erlassenen Bestimmungen anbelangt, so hat eine verschiedenartige Regelung stattgefunden bezüglich der Beamten der leistungsfähigeren Verbände, nämlich der Landbürgermeistereien der Rheinprovinz und der Ämter in Westfalen einerseits (§§ 19, 20) und der einfachen Landgemeinden andererseits, welchen letzteren auch die Amtsbezirke und die sog. Zweckverbände gleichbehandelt sind (§ 18). Während nämlich grundsätzlich die

Beamten der ersteren Gruppe den städtischen Beamten in Ansehung der Anstellung, Pensionen und Reliktenversorgung gleichgestellt werden (§§ 19, 20), ist die Regelung dieser Beamtenverhältnisse für die Landgemeinden, Amtsbezirke und Zweckverbände nicht im Gesetze selbst erfolgt, um den zahlreichen Landgemeinden der Gesamtmonarchie mit Rücksicht auf die Verschiedenheit ihrer Leistungsfähigkeit sowohl als auch der sonstigen örtlichen Verhältnisse nicht unnötig schematisierende vielfach unpassende Bestimmungen aufzuzwängen. Vielmehr ist es diesen Gemeinden überlassen geblieben, ihrerseits ortsstatutarisch — innerhalb der durch die allgemeinen Bestimmungen des Gesetzes gezogenen Grenzen — die erforderlichen Bestimmungen bezüglich Anstellung, Besoldung, Pension und Hinterbliebenenversorgung ihrer Beamten zu treffen (§ 18 Abs. 1). Da, wo es trotz vorhandenen Bedürfnisses seitens der Gemeinden unterlassen wird, solche generelle Regelung vorzunehmen, hat die Aufsichtsbehörde die Möglichkeit, durch einen von ihr zu stellenden Antrag den Kreisausschuß zur Beschlußfassung darüber zu veranlassen, ob und inwieweit die Bestimmungen der §§ 8—10 und 12—15 des Gesetzes auf die Beamten der betreffenden Landgemeinden Anwendung finden sollen (§ 18 Abs. 2). Bei Feststellung der Besoldungen der Landgemeindebeamten ist, entsprechend dem bisherigen Rechte und wohl auch dem Bedürfnisse, der Aufsichtsbehörde und dem Kreisausschuß ein weitgehendes Mitwirkungsrecht gegeben (§ 18 Abs. 3).

Hinsichtlich der Kreiskommunalbeamten hat man es, um den Kreisen die Erwerbung eines dem städtischen Personal an Güte nicht nachstehenden Beamtenpersonals zu sichern, für erforderlich erachtet, die bezüglich der städtischen Beamten geltenden Vorschriften durchweg auch auf sie Anwendung finden zu lassen (§ 22), während man für die Provinzialbeamten sowie die Beamten der Kommunalverbände der Regierungsbezirke Cassel und Wiesbaden und des Kreises Herzogtum

Lauenburg — abgesehen von den Bestimmungen der §§ 1—7 des Gesetzes, die auch auf diese Beamten Anwendung zu finden haben — das bestehende Recht, das durchweg in den Provinzialreglements (bezw. Bezirks- und Kreisreglements) enthalten ist, aufrecht erhalten hat (s. § 22). Teilweise aufrecht erhalten ist auch das bestehende Recht hinsichtlich der Gemeindeforstbeamten. Wichtig erscheint von den bezüglichen Bestimmungen (§ 23) hauptsächlich die, daß auf die Forstbeamten die §§ 8—10, welche die Dauer der Anstellung betreffen, keine Anwendung zu finden haben, d. h. also für städtische Forstbeamte nicht existieren, und für ländliche Forstbeamte weder durch Ortsstatut noch durch Kreisausschußbeschluß eingeführt werden können.

Endlich sind dem Gesetze einige Übergangsbestimmungen beigegeben (§§ 24, 25), die einmal dazu dienen, die Härten zu mildern, die durch die Abschaffung der jetzt geltenden, in wenigen vereinzelten Punkten den Beamten günstigeren Gesetze herbeigeführt werden könnten, andererseits dazu bestimmt sind, die Verhältnisse der zur Zeit bestehenden Provinzial-Pensions-Kassenverbände den Vorschriften dieses Gesetzes anzupassen. Schließlich ist durch § 27 des Gesetzes der Erlaß einer ministeriellen Ausführungsvorschrift in Aussicht gestellt, die unter dem 12. Oktober 1899 ergangen ist.

II.

Gesetz, betreffend die Anstellung und Versorgung der Kommunalbeamten.

Vom 30. Juli 1899.

(Gesetzsammlung 1899 Nr. 24, S. 141, ausgegeben zu Berlin, den 14. August 1899.)

Wir Wilhelm, von Gottes Gnaden König von Preußen ꝛc. verordnen, mit Zustimmung beider Häuser des Landtages, für den Umfang der Monarchie mit Ausschluß der Hohenzollernschen Lande, was folgt:

Allgemeine Bestimmungen.

§ 1. Als Kommunalbeamter im Sinne dieses Gesetzes gilt, wer als Beamter für den Dienst eines Kommunalverbandes (§§ 8 bis 22) gegen Besoldung angestellt ist. Die Anstellung erfolgt durch Aushändigung einer Anstellungsurkunde.

§ 2. Die Rechtsverhältnisse der auf Probe, zu vorübergehenden Dienstleistungen oder zur Vorbereitung angestellten Kommunalbeamten unterliegen den Bestimmungen dieses Gesetzes nur insoweit, als dies ausdrücklich vorgesehen ist. Die Anstellung auch dieser Beamten erfolgt nach § 1 Satz 2.

Auf Personen, welche ein Kommunalamt nur als Nebenamt oder als Nebentätigkeit ausüben oder ein Kommunalamt führen, das seiner Art oder seinem Umfange nach nur als eine Nebentätigkeit anzusehen ist, findet dieses Gesetz keine Anwendung.

§ 3. Die Zahlung des Gehalts an Kommunalbeamte erfolgt in Ermangelung besonderer Festsetzungen vierteljährlich im voraus.

§ 4. Die Hinterbliebenen eines Kommunalbeamten erhalten für das auf den Sterbemonat folgende Vierteljahr noch die volle Besoldung des Verstorbenen (Gnadenquartal); war der Verstorbene pensioniert, so gebührt ihnen die Pension noch für den auf den Sterbemonat folgenden Monat (Gnadenmonat). Dabei finden die für die unmittelbaren Staatsbeamten geltenden Bestimmungen mit der Maßgabe Anwendung, daß an Stelle der Genehmigung des Verwaltungschefs und der Provinzialbehörde, auf deren Etat die Pension übernommen war, die Genehmigung der Kommunalverwaltungsbehörde tritt.

§ 5. In dem Genusse der von dem verstorbenen Beamten bewohnten Dienstwohnung ist die hinterbliebene Familie in Ermangelung anderweiter Festsetzungen nach Ablauf des Sterbemonats noch drei fernere Monate zu belassen. Hinterläßt der Beamte keine Familie, so ist denjenigen, auf welche sein Nachlaß übergeht, unter der gleichen Voraussetzung eine vom Todestage an zu rechnende einmonatliche Frist zur Räumung der Dienstwohnung zu gewähren.

In jedem Falle müssen Arbeits- und Sitzungszimmer sowie sonstige, für den amtlichen Gebrauch bestimmte Räumlichkeiten sofort geräumt werden.

§ 6. Über die Art und Höhe der Reisekostenentschädigung, welche den Kommunalbeamten, einschließlich der im § 2 Absatz 1 erwähnten, bei Dienstreisen zugebilligt werden sollen, können die Kommunalverbände Vorschriften erlassen. Kommen solche in Fällen, in welchen ein Bedürfnis der Regelung besteht, nicht zustande, so kann die Aufsichtsbehörde die erforderlichen Vorschriften erlassen, welche solange in Geltung bleiben, bis anderweite Bestimmungen seitens der Kommunalverbände getroffen sind.

§ 7. Der Bezirksausschuß beschließt über streitige vermögensrechtliche Ansprüche der Kommunalbeamten einschließlich der in § 2 Absatz 1 erwähnten Beamten aus ihrem Dienstverhältnisse, insbesondere über Ansprüche auf Besoldung, Reisekostenentschädigung, Pension sowie über streitige Ansprüche der Hinterbliebenen der Beamten auf Gnadenbezüge oder Witwen- und Waisengeld. Die Beschlußfassung erfolgt, soweit sie sich auf die Frage erstreckt, welcher Teil des Diensteinkommens bei Feststellung der Pensionsansprüche als Gehalt anzusehen ist, vorbehaltlich der den Beteiligten innerhalb zwei Wochen bei dem Bezirksausschuß gegen einander zustehenden Klage im Verwaltungsstreitverfahren. Im übrigen findet gegen den in erster oder auf Beschwerde in zweiter Instanz ergangenen Beschluß binnen einer Ausschlußfrist von sechs Monaten nach Zustellung desselben die Klage im ordentlichen Rechtswege statt. Die Beschlüsse sind vorläufig vollstreckbar.

Bei den in §§ 18 bis 20 erwähnten ländlichen Kommunalverbänden tritt an die Stelle des Bezirksausschusses sowohl für das Beschluß- als auch für das Verwaltungsstreitverfahren der Kreisausschuß.

Beamte der Stadtgemeinden.

§ 8. Die Anstellung der städtischen Beamten erfolgt, unbeschadet der Vorschriften in §§ 9 und 10, auf Lebenszeit.

Für die Beamten der städtischen Betriebsverwaltungen findet Absatz 1 nur insoweit Anwendung, als die Stadtgemeinden dies beschließen. Welche Verwaltungszweige zu den städtischen Betriebsverwaltungen zu rechnen sind, kann durch Ortsstatut festgesetzt werden.

§ 9. Abweichungen von dem Grundsatze der Anstellung auf Lebenszeit (§ 8 Absatz 1) können durch Ortsstatut oder in einzelnen Fällen mit Genehmigung der Aufsichtsbehörde festgesetzt werden.

Soweit hiernach eine Anstellung auf Kündigung zulässig ist, darf die Kündigung nur auf Grund eines Beschlusses des kollegialischen Gemeindevorstandes (Magistrats) oder, wo ein solcher nicht besteht, eines aus dem Bürgermeister und den Beigeordneten (Schöffen, Ratmänner) gebildeten Kollegiums erfolgen.

§ 10. Der Anstellung kann eine Beschäftigung auf Probe vorangehen. Dieselbe darf in der Regel die Dauer von zwei Jahren nicht übersteigen. Eine Ausdehnung der probeweisen Beschäftigung ist nur mit Genehmigung der Aufsichtsbehörde zulässig.

Im übrigen hat bei Beamten, welche probeweise oder zu vorübergehenden Dienstleistungen oder zum Zwecke der Vorbereitung beschäftigt werden, die Regelung der Annahmebedingungen vor dem Antritt der Beschäftigung zu erfolgen.

Durch die vorstehenden Bestimmungen wird § 13 des Gesetzes, betreffend die Besetzung der Subaltern- und Unterbeamtenstellen der Kommunalverbände mit Militäranwärtern, vom 21. Juli 1892 (Gesetz-Samml. S. 214) nicht berührt.

§ 11. Die Aufsichtsbehörde kann in Fällen eines auffälligen Mißverhältnisses zwischen der Besoldung und den amtlichen Aufgaben der Beamtenstelle verlangen, daß den städtischen Beamten die zu einer zweckmäßigen Verwaltung angemessenen und der Leistungsfähigkeit der Stadtgemeinde entsprechenden Besoldungsbeträge bewilligt werden, insoweit nicht die Besoldung der betreffenden Stelle durch Ortsstatut festgesetzt ist. Im Falle des Widerspruchs der Stadtgemeinde erfolgt die Feststellung der Besoldungsbeträge durch Beschluß des Bezirksausschusses.

Betreffs der Polizeibeamten bewendet es bei der Bestimmung im § 4 Absatz 1 Satz 1 des Gesetzes über die Polizeiverwaltung vom 11. März 1850 (Gesetz-Samml. S. 265), § 4 Absatz 1 der Verordnung vom 20. September 1867 (Gesetz-Samml. S. 1529), § 5 Absatz 1 des Lauenburgischen Gesetzes vom 7. Januar 1870 (Offizielles Wochenblatt S. 13).

§ 12. Die städtischen Beamten erhalten bei eintretender Dienstunfähigkeit — sofern nicht mit Genehmigung des Bezirksausschusses ein anderes festgesetzt ist — Pension nach den für die Pensionierung der unmittelbaren Staatsbeamten geltenden Grundsätzen, wobei Artikel III des Gesetzes vom 31. März 1882, betreffend die Abänderung des Pensionsgesetzes vom 27. März 1872 (Gesetz-Samml. 1882 S. 133), insoweit er nicht durch das Gesetz vom 1. März 1891 (Gesetz-Samml. S. 19) abgeändert ist, unberührt bleibt.

Als pensionsfähige Dienstzeit wird, unbeschadet der über die Anrechnung der Militärdienstzeit bei Militäranwärtern und forstversorgungsberechtigten Personen des Jägerkorps geltenden Bestimmungen und in Ermangelung anderweiter Festsetzungen nur die Zeit gerechnet, welche der Beamte in dem Dienste der betreffenden Gemeinde zugebracht hat.

Die Bestimmungen des Gesetzes vom 31. März 1882, betreffend die Abänderung des Pensionsgesetzes vom 27. März 1872 (Gesetz-Samml. 1882 S. 133), in Betreff der Beamten, welche das 65. Lebensjahr vollendet haben, können durch Ortsstatut auch für Kommunalbeamte in Kraft gesetzt werden.

§ 13. Das Recht auf den Bezug der Pension (§ 12) ruht, wenn und solange ein Pensionär im Staats- oder Kommunaldienst ein Diensteinkommen oder eine neue Pension bezieht, insoweit als der Betrag des neuen Einkommens unter Hinzurechnung der zuvor erdienten Pension den Betrag des von dem Beamten vor der Pensionierung bezogenen Diensteinkommens übersteigt.

§ 14. Betreffs der Anstellung, Besoldung und Pensionierung der Mitglieder des kollegialischen Gemeindevorstandes (Magistrats), sowie in Städten ohne kollegialischen Gemeindevorstand der Bürgermeister und deren Stellvertreter (zweite Bürgermeister, Beigeordnete), bewendet es bei den bestehenden Bestimmungen mit der Änderung, daß die Pension vom vollendeten zwölften Dienstjahre ab bis zum vierundzwanzigsten Dienstjahre alljährlich um $^1/_{60}$ steigt.

In der Provinz Hannover findet, unter entsprechender Aufhebung der Vorschrift des § 64 Absatz 2 der revidierten Städteordnung vom 24. Juni 1858 (Hannoversche Gesetz-Samml. S. 141), auch auf die im Absatz 1 gedachten Beamten die Berechnung der Pension nach Maßgabe des § 8 des Gesetzes vom 31. März 1882, betreffend die Abänderung des Pensionsgesetzes vom 27. März 1872 (Gesetz-Samml. 1882 S. 133), Anwendung.

§ 15. Die Witwen und Waisen der pensionsberechtigten Beamten der Stadtgemeinden, einschließlich der im § 14 aufgeführten Beamten, erhalten — sofern nicht mit Genehmigung des Bezirksausschusses ein anderes festgesetzt ist — Witwen- und Waisengeld nach den für die Witwen und Waisen der unmittelbaren Staatsbeamten geltenden Vorschriften unter Zugrundelegung des von dem Beamten im Augenblick des Todes erdienten Pensionsbetrages; dabei tritt an die Stelle der für das Witwengeld bei unmittelbaren Staatsbeamten vorgeschriebenen Höchstsätze der Höchstsatz von 2000 Mark.

Auf das Witwen- und Waisengeld kommen die Bezüge, welche von öffentlichen Witwen- und Waisenanstalten oder von Privatgesellschaften gezahlt werden, in demselben Verhältnisse in Anrechnung, in welchem die Stadtgemeinde sich an den vertraglichen Gegenleistungen beteiligt hat. Als Beteiligung der Stadtgemeinde wird es auch, soweit die Zeit vor dem Inkrafttreten des Gesetzes in Betracht kommt, angesehen, wenn die Gegenleistung seitens des Beamten auf Grund ausdrücklicher, bei der Anstellung übernommener Verpflichtung oder anderweiter Festsetzungen erfolgt ist.

§ 16. Stadtgemeinden im Sinne dieses Gesetzes sind diejenigen Städte, welche nach einer Städteordnung verwaltet werden, einschließlich der im § 1 Absatz 2 der Städteordnung für die sechs östlichen Provinzen vom 30. Mai 1853 (Gesetz-Samml. S. 261) und der in §§ 94 ff. des Gesetzes, betreffend die Verfassung und Verwaltung der Städte und Flecken in der Provinz Schleswig-Holstein vom 14. April 1869 (Gesetz-Samml. S. 589), erwähnten Ortschaften und Flecken.

§ 17. Die in den vorstehenden Bestimmungen vorgesehenen Ortsstatuten unterliegen auch in den Städten von Neuvorpommern und Rügen der Genehmigung des Bezirksausschusses.

Beamte der Landgemeinden, der Landbürgermeistereien, Ämter, Zweckverbände und Amtsbezirke.

§ 18. Die Anstellungs-, Besoldungs- und Pensionsverhältnisse der Beamten der Landgemeinden, sowie die Ansprüche der Hinterbliebenen dieser Beamten auf Witwen- und Waisengeld können durch Ortsstatut geregelt werden. Hierbei gelangt für die Rheinprovinz und die Provinz Westfalen § 19 Nr. 2 zur Anwendung.

Kommt ein derartiges Statut in größeren Landgemeinden, für welche nach ihren besonderen örtlichen Verhältnissen ein Bedürfnis ortsstatutarischer Regelung (Absatz 1) besteht, insbesondere städtischen Vororten, Industrieorten, Badeorten usw. nicht zustande, so kann auf Antrag der Aufsichtsbehörde der Kreisausschuß beschließen, ob und inwieweit die Bestimmungen der §§ 8 bis 10 und 12 bis 15 dieses Gesetzes auf die Beamten oder einzelne Klassen der Beamten derselben entsprechende Anwendung zu finden haben. Bei Anwendung der vorgedachten Bestimmungen tritt an die Stelle des Bezirksausschusses der Kreisausschuß. Der Beschluß des Kreisausschusses bleibt solange in Geltung, bis durch Ortsstatut (Absatz 1) eine anderweite Regelung getroffen ist.

Auf Antrag der Beteiligten oder der Aufsichtsbehörde beschließt der Kreisausschuß über die Festsetzung der Besoldungen und sonstigen Dienstbezüge der Landgemeindebeamten.

Die vorstehenden Bestimmungen gelten auch für die Beamten der Amtsbezirke und der auf Grund der §§ 128 ff. der Landgemeindeordnung für die sieben östlichen Provinzen vom 3. Juli 1891 (Gesetz-Samml. S. 233), §§ 128 ff. der Landgemeindeordnung für die Provinz Schleswig-Holstein vom 4. Juli 1892 (Gesetz-Samml. S. 155), §§ 100 ff. der Landgemeindeordnung für die Provinz Hessen-Nassau vom 4. August 1897 (Gesetz-Samml. S. 301) gebildeten Zweckverbände.

§ 19. Die Vorschriften der §§ 8 bis 15 dieses Gesetzes finden auf die Beamten der Bürgermeistereien in der Rheinprovinz und der Ämter in der Provinz Westfalen, sowie im Umfange der §§ 12 bis 15 auch auf Gemeindeeinnehmer in diesen Provinzen mit folgenden Maßgaben sinnentsprechende Anwendung:

1. die Anstellung der Bürgermeister und Amtmänner, sowie die Festsetzung der Besoldung und Dienstunkostenentschädigung für diese Beamten und die Gemeindeeinnehmer (Amtseinnehmer) erfolgt nach den bisherigen Vorschriften;
2. im Falle der Pensionierung kommt bei der Berechnung der Dienstzeit auch die Zeit in Anrechnung, während welcher der zu pensionierende Beamte bei anderen Bürgermeistereien (Amtsverbänden) oder Landgemeinden innerhalb der betreffenden Provinz angestellt gewesen ist;
3. an Stelle des Bezirksausschusses tritt überall der Kreisausschuß.

§ 20. Für die Bürgermeistereien in der Rheinprovinz und die Ämter in der Provinz Westfalen kann die Anstellung besoldeter Beigeordneter durch die Bürgermeisterei- oder Amtsversammlungen beschlossen werden. Die Art der Ernennung und die Bedingungen der Anstellung regeln sich nach den die Landbürgermeister oder Amtmänner betreffenden Bestimmungen.

Beamte der Kreis- und Provinzialverbände.

§ 21. Auf die Rechtsverhältnisse der Kreiskommunalbeamten finden die Vorschriften in §§ 8 bis 15 entsprechende Anwendung; an Stelle der ortsstatutarischen Regelung tritt die der Genehmigung des Bezirksausschusses unterliegende Beschlußfassung des Kreistages.

§ 22. Hinsichtlich der Provinzialbeamten und der Beamten der Bezirksverbände der Regierungsbezirke Cassel und Wiesbaden sowie der Beamten des Lauenburgischen Landes-Kommunalverbandes bewendet es, unbeschadet der allgemeinen Bestimmungen dieses Gesetzes, bei den bestehenden Vorschriften.

Gemeindeforstbeamte.

§ 23. Die Rechtsverhältnisse der Gemeindeforstbeamten unterliegen der Regelung durch das vorliegende Gesetz mit folgenden Maßgaben:

1. die §§ 8 bis 10 bleiben außer Anwendung;
2. die Verordnung, betreffend die Verwaltung der den Gemeinden und öffentlichen Anstalten gehörigen Forsten in den Provinzen Westfalen, Cleve, Berg und Niederrhein vom 24. Dezember 1816 (Gesetz-Samml. 1817 S. 57), § 15 des Gesetzes vom 14. August 1876 (Gesetz-Samml. S. 373) und das Gesetz, betreffend die Forstschutzbeamten der Gemeinden und öffentlichen Anstalten im Regierungsbezirk Wiesbaden uſſ., vom 12. Oktober 1897 (Gesetz-Samml. S. 411) bleiben unberührt;
3. die Forstbeamten der Landgemeinden in der Rheinprovinz und in der Provinz Westfalen erhalten Pension und deren Witwen und Waisen Hinterbliebenenversorgung nach den Vorschriften der §§ 12 bis 15; dabei tritt an Stelle des Bezirksausschusses der Kreisausschuß, und kommt im Falle der Pensionierung auch diejenige Zeit in Anrech-

nung, während deren der Beamte bei einer anderen Landgemeinde innerhalb der betreffenden Provinz als Forstbeamter angestellt gewesen ist.

Schluß- und Übergangsbestimmungen.

§ 24. Ist die nach Maßgabe dieses Gesetzes zu bemessende Pension eines Beamten geringer als die Pension, welche ihm hätte gewährt werden müssen, wenn er am 31. März 1900 nach den bis dahin für ihn geltenden Bestimmungen pensioniert worden wäre, so wird diese letztere Pension an Stelle der ersteren bewilligt, jedoch unbeschadet der Feststellung des Witwen- und Waisengeldes nach Maßgabe dieses Gesetzes, soweit nicht auch in dieser Beziehung bereits erworbene Rechte bestehen.

§ 25. Die diesem Gesetze entgegenstehenden Bestimmungen treten außer Kraft. Insbesondere gilt dieses auch von den §§ 41 Absatz 3 und 47 der Hannoverschen Städteordnung vom 24. Juni 1858 (Hannoversche Gesetz-Samml. S. 141).

Unberührt bleiben:

1. § 28 Absatz 2 bis 5 der Kreisordnung für die Provinz Westfalen vom 31. Juli 1886 (Gesetz-Samml. S. 217) und § 27 Absatz 2 bis 6 der Kreisordnung für die Rheinprovinz vom 30. Mai 1887 (Gesetz-Samml. S. 209), jedoch mit der Maßgabe, daß die Zahlungspflicht der Kassenverbände sich auch auf die den Beamten nach § 18 zustehenden Pensionen erstreckt.

Im übrigen kann in den beiden genannten Provinzen durch Beschluß des Provinziallandtages mit Genehmigung des Ministers des Innern der Kassenverband verpflichtet werden:

a) auch diejenigen Pensionen von Beamten der Amtsverbände (Bürgermeistereien) und Landgemeinden zu zahlen, welche diesen im Wege der Einzelvereinbarung unter Beachtung der in den §§ 12 Absatz 1, 19 Nr. 2, 23 Nr. 3

oder 25 Absatz 2 Nr. 1 b festgestellten Grundsätze gewährt werden,

b) bei Zahlung der Pensionen auch diejenigen Beträge zu übernehmen, welche sich aus einer Anrechnung der von den Beamten im Reichs-, insbesondere im Militärdienste, im Staatsdienste oder im Dienste eines deutschen Kommunalverbandes oder einer anderen öffentlichen Korporation verbrachten Zeit ergeben.

2. §§ 81 bis 87 der Landgemeindeordnung für die Provinz Hessen-Nassau vom 4. August 1897 (Gesetz-Samml. S. 301), § 84 indessen mit der Änderung, daß die Pension vom vollendeten 12. Dienstjahre ab bis zum 24. Dienstjahre alljährlich um $^1/_{60}$ steigt.

§ 26. Das gegenwärtige Gesetz tritt am 1. April 1900 in Kraft.

§ 27. Der Minister des Innern ist mit der Ausführung dieses Gesetzes beauftragt.

Urkundlich unter Unserer Höchsteigenhändigen Unterschrift und beigedrucktem Königlichen Insiegel.

Gegeben Bergen, an Bord M. Y. „Hohenzollern", den 30. Juli 1899.

(L. S.) **Wilhelm.**

Fürst zu Hohenlohe. v. Miquel. Thielen.
Bosse. Schönstedt. Frhr. v. d. Recke.
v. Goßler. Gr. v. Posadowsky.

III.

Gesetz, betreffend die Anstellung und Versorgung*) der Kommunalbeamten.**)

Vom 30. Juli 1899.

(Gesetzsammlung 1899 Nr. 24, S. 141, ausgegeben zu Berlin, den 14. August 1899.)

Wir Wilhelm, von Gottes Gnaden König von Preußen ꝛc. verordnen, mit Zustimmung beider Häuser

---

*) Das Gesetz, das der Kürze halber allgemein Kommunalbeamtengesetz (KBG.) genannt wird, regelt nicht alle Rechtsverhältnisse der Kommunalbeamten, sondern nur die Anstellung und Versorgung (Besoldung, Pensionierung, Witwen- und Waisenversorgung), wozu auch die Grundsätze bezüglich der Entschädigung bei Dienstreisen und des Rechtswegs bei vermögensrechtlichen Ansprüchen kommen.

Nicht betroffen von dem Gesetze werden insbesondere die geltenden Bestimmungen über die Voraussetzungen und das Verfahren bei der Wahl und Anstellung der Kommunalbeamten und die Zuständigkeit der Gemeindeorgane hierfür, über die Vereidigung, Bestätigung, das Disziplinar- und Pensionierungsverfahren, die Übernahme besoldeter Nebenämter, die Beurlaubung, die Besteuerung des Diensteinkommens, die Unfallversicherung der Kommunalbeamten sowie die Anstellung von Militäranwärtern im Gemeindedienst, das Kautions- und Defektenwesen (vgl. AA. I 1 a).

**) Darüber, auf welche Kommunalbeamte sich das Gesetz bezieht, s. das zu §§ 1 und 2 Bemerkte.

des Landtages, für den Umfang der Monarchie mit Ausschluß der Hohenzollernschen Lande,*) was folgt:

Allgemeine Bestimmungen.

§ 1.

Als Kommunalbeamter im Sinne dieses Gesetzes[1][2] gilt, wer als Beamter für den Dienst eines Kommunal-

*) Die Hohenzollernschen Lande waren von dem Geltungsgebiete des KBG. ursprünglich ausgeschlossen, weil zur Zeit seines Inkrafttretens eine Neuregelung des gesamten dort bisher geltenden Gemeindeverfassungsrechts in Aussicht genommen war. Nachdem diese inzwischen durch die Hohenzollernsche Gemeindeordnung vom 2. Juli 1900 (GS. 189) erfolgt ist, hat das KBG. auch für die Hohenzollernschen Lande Geltung mit folgenden aus §§ 87 ff. der genannten Gemeindeordnung sich ergebenden Maßgaben:

§ 87. Das Gesetz, betreffend die Anstellung und Versorgung der Kommunalbeamten, vom 30. Juli 1899 (Gesetz-Samml. S. 141) wird hinsichtlich der Beamten der Stadt- und Landgemeinden (§ 1) mit den aus den folgenden Bestimmungen sich ergebenden Maßgaben sinngemäß eingeführt.

§ 88. Die Besoldungen der städtischen Beamten werden vor ihrer Wahl oder Anstellung von der Gemeindevertretung festgesetzt.

Hinsichtlich der besoldeten Bürgermeister und der etwa sonst noch gegen Gehalt angestellten Mitglieder des städtischen Gemeindevorstandes unterliegt die Festsetzung der Besoldung in allen Fällen der Genehmigung des Bezirksausschusses. Der Regierungspräsident kann verlangen, daß ihnen die zu einer zweckmäßigen Verwaltung angemessenen Besoldungsbeträge bewilligt werden.

§ 89. Den nach § 55 Abs. 2 gewählten besoldeten und pensionsberechtigten Bürgermeistern in Stadt- und Land-

verbandes (§§ 8—22) gegen Besoldung[3]) angestellt ist.[4])[5])[6]) Die Anstellung erfolgt durch Aushändigung einer Anstellungsurkunde.[7—15])

1. Die in § 1 gegebene Begriffserläuterung soll keine allgemein gültige Definition des Begriffs „Kommunalbeamter" darstellen, sondern nur den Wortlaut des Gesetzes festlegen. Es

---

gemeinden sind, sofern nicht mit Genehmigung des Bezirksausschusses (Amtsausschusses § 103) ein anderes festgesetzt ist, bei eintretender Dienstunfähigkeit, oder wenn sie nach abgelaufener Wahlperiode nicht wieder gewählt werden, folgende Pensionen zu gewähren:

$^{15}/_{60}$ der Besoldung nach sechsjähriger Dienstzeit,

$^{30}/_{60}$ der Besoldung nach zwölfjähriger Dienstzeit,

$^{42}/_{60}$ der Besoldung nach vierundzwanzigjähriger Dienstzeit.

Nach zwölfjähriger Dienstzeit steigt die Pension mit jedem weiter zurückgelegten Dienstjahr um $^{1}/_{60}$ bis zum Höchstbetrage von $^{42}/_{60}$ der Besoldung.

§ 90. Das Recht auf den Bezug der Pension ruht, wenn und solange ein Pensionär im Staats- oder Kommunaldienst ein Diensteinkommen oder eine neue Pension bezieht, insoweit als der Betrag des neuen Einkommens unter Hinzurechnung der zuvor erdienten Pension den Betrag des von dem Beamten vor der Pensionierung bezogenen Diensteinkommens übersteigt.

§ 91. Die Witwen und Waisen der pensionsberechtigten Stadt-Bürgermeister, der sonstigen pensionsberechtigten Beamten der Stadtgemeinden und der besoldeten Bürgermeister der Landgemeinden erhalten, falls nicht ein anderes mit Genehmigung des Bezirksausschusses (Amtsausschusses) festgesetzt ist, Witwen- und Waisengeld nach den für die Witwen und Waisen der unmittelbaren Staatsbeamten geltenden Vorschriften unter Zugrundelegung des von dem Beamten im Augenblicke des Todes erdienten Pensionsbetrags. Dabei tritt an die Stelle der für das Witwengeld bei unmittelbaren Staatsbeamten vorgeschriebenen Höchstsätze der Höchstsatz von 2 000 Mark.

sind daher die Kriterien des § 1 nicht maßgebend für die Frage, ob jemand Beamter im Sinne des StGB. (§§ 350, 359) ist (RGSt. 35 S. 325). Doch hat das OVG. der Vorschrift des § 1 insofern eine erweiterte Wirksamkeit zugesprochen, als es die Anwendbarkeit des Kommunalsteuerprivilegs, des Disziplinargesetzes, der Erhebung des Konflikts bei gerichtlicher Verfolgung von Amts- und Diensthandlungen von der Aushändigung der in § 1 vorgesehenen Anstellungsurkunde abhängig gemacht hat (vgl. OVG. 42 S. 69 ff.; 53 S. 428; PVBl. 24 S. 805; 30 S. 104; 34 S. 755). Auch bei Entscheidung der Frage, wer Kommunalbeamter im Sinne der RVO., des Versicherungsgesetzes für Angestellte und des Mannschaftsversorgungsgesetzes vom 30. Mai 1906 ist, wird man die Definition des § 1 KBG. zugrunde legen müssen.

2. Die Kommunalbeamten sind mittelbare Staatsbeamte, d. h. Beamte solcher Korporationen, die organisch in die Verfassung des Staates eingreifen, Zwecke zu erfüllen haben, die in direkter Beziehung zu den Aufgaben des Staates stehen (OVG. 16 S. 154; 19 S. 62; 20 S. 39; 43 S. 78 und PVBl. 24 S. 465). Doch ist der Begriff der Kommunal- und der mittelbaren Staatsbeamten nicht identisch; der letztere ist vielmehr der weitere (vgl. unten Anm. 5).

3. Der Begriff „Besoldung" ist weitergehend als der des Gehalts im Sinne des § 3 des Gesetzes (vgl. Anm. 3 zu § 4).

4. Die Definition des § 1 ist so gefaßt, daß sie einerseits über den Kreis der Kommunalbeamten hinausgeht, andererseits weder die Beamten aller Kommunalverbände, noch auch alle Beamten derjenigen Kommunalverbände umfaßt, auf die das Gesetz an sich Anwendung findet:

I. Einbezogen sind die Beamten der Amtsbezirke, welche letztere, ohne Kommunalverbände zu sein (§ 146 LGO. vom 3. Juni 1891) für den Bereich dieses Gesetzes den Kommunalverbänden gleichgestellt sind (§ 18 Abs. 4).

II. Nicht mitbetroffen sind:

a) die Beamten der kommunalständischen und landschaftlichen Verbände (MBl. 1892 S. 285),

b) bei allen an sich unter das Gesetz fallenden Kommunalverbänden: α) die **unbesoldeten** (ehrenamtlichen) Kommunalbeamten. In diese Kategorie fallen auch diejenigen, die als Entgelt ihrer Dienstleistungen lediglich eine im wesentlichen zur Deckung ihrer Amtsunkosten bestimmte Barentschädigung erhalten (AA. I 1 c); β) diejenigen Personen, die ein Kommunalamt nur als Nebenamt oder als Nebentätigkeit ausüben oder ein Kommunalamt führen, das seiner Art oder seinem Umfange nach nur als eine Nebentätigkeit anzusehen ist (§ 2 Abs. 2 und Anm. 4 ebenda).

III. Nur **teilweise mitbetroffen** sind: α) die besoldeten Mitglieder der **städtischen** Gemeindevorstände, insofern auf sie — abgesehen von den allgemeinen Bestimmungen der §§ 1—7 nur die §§ 14 u. 15 Anwendung finden (siehe Vorbem. zu § 14); β) die Beamten der Provinzen und der Kommunalverbände der Regierungsbezirke Cassel und Wiesbaden sowie des Landes-Kommunalverbandes Lauenburg, auf die nur die allgemeinen Bestimmungen des Gesetzes Anwendung finden (§ 22); γ) die auf Probe, zur vorübergehenden Beschäftigung und zur Vorbereitung angestellten Kommunalbeamten, auf die nur die §§ 1 Abs. 2, 6, 7 und 10 des G. Anwendung finden sollen (§ 2).

Mit diesen Maßgaben (II u. III) bezieht sich das Gesetz demnach auf die Beamten: der Städte, Landgemeinden, rheinischen Landbürgermeistereien, westfälischen Ämter, Zweckverbände, Amtsbezirke und Kreise, der Provinzialverbände und der Bezirksverbände der Regierungsbezirke Cassel und Wiesbaden, sowie des Landeskommunalverbandes Lauenburg. Besonders sind im Gesetze behandelt die Verhältnisse der Gemeinde-**Forst**beamten (§ 23).

5. **Lehrer** an Gemeindeschulen, sowohl an höheren wie an niederen Schulen, fallen **nicht** unter das Gesetz; sie sind — wenigstens nach der herrschenden Ansicht — zwar mittelbare Staatsbeamte, aber nicht Gemeindebeamte (Art. 23, 24 BU.; RGZ. 37 S. 298; OVG. 14 S. 75; MBl. 1858 S. 156; PVBl.

31 S. 537 ff. u. 670; 33 S. 145; vgl. auch die Nebeneinanderstellung in Art. III G. vom 31. Mai 1882, Anm. 9 zu § 12 des G.).

Zu den Kommunalbeamten gehören ferner nicht die Lehrer an den städtischen Lehrer- und Lehrerinnenseminaren (RGZ. 70 S. 417). Auch Personen, die an einer Fortbildungsschule Unterricht erteilen, sind nicht Gemeindebeamte, selbst dann nicht, wenn die Schule von der Gemeinde errichtet ist und unterhalten wird, und wenn die Anstellung der Lehrer der Gemeindebehörde zusteht (OVG. im PVBl. 34 S. 452).

6. Zu den Kommunalbeamten im Sinne des § 1 gehören nicht die Beamten (Bureau-, Kanzlei- und Unterbeamten) der Landesversicherungsanstalten, obwohl sie gemäß § 1348 RVO. die Rechte und Pflichten der Kommunalbeamten haben. Diese Personen bleiben vielmehr Beamte der Versicherungsanstalten und deren Organe; die Aushändigung einer gemäß § 1 KBG. ausgestellten Anstellungsurkunde ist daher nicht erforderlich und für ihre Anstellung nicht ohne weiteres entscheidend (OVG. 42 S. 62 und im PVBl. 25 S. 447). Abweichend hiervon hat jedoch das Reichsgericht den § 7 des KBG. auch auf die Beamten der Landesversicherungsanstalten für anwendbar erklärt (PVBl. 30 S. 294; RGZ. 69 S. 183; anders KG. im Recht 08 S. 717; vgl. Anm. 1 zu § 7 unten).

7. Die Definition des Gesetzes umfaßt nur die angestellten Kommunalbeamten. Einziges Kriterium der Anstellung ist die Aushändigung der die Anstellung als Kommunalbeamter aussprechenden Anstellungsurkunde. Weder die Leistung des Diensteides noch die Art der übertragenen Geschäfte bilden demnach hinfort ein wesentliches Moment für den Begriff der Anstellung. Ungenügend sind insbesondere für die Begründung des (Gemeinde-) Beamtenverhältnisses Willensäußerungen durch konkludente Handlungen (OVG. 42 S. 68; vgl. bezüglich des bisherigen Rechtszustandes PVBl. 11 S. 182; OVG. 18 S. 55; RGZ. 37 S. 225 und oben S. 15 in der Einleitung). Es kann also beispiels-

weise jetzt niemand mehr Kommunalbeamter im Dienste einer Stadtgemeinde ohne den Hoheitsakt der Anstellung als städtischer Beamter werden. Wird daher eine Landgemeinde in eine Stadtgemeinde umgewandelt, so werden folgerichtig die bisherigen Landgemeindebeamten nicht ohne weiteres städtische Beamte. Hierzu bedarf es vielmehr der Aushändigung einer neuen städtischen Anstellungsurkunde (RG. im PVBl. 26 S. 237).

Da die Aushändigung der Anstellungsurkunde der die Beamteneigenschaft begründende formale Akt ist, beginnt auch das Beamtenverhältnis mit der Aushändigung der Urkunde, es sei denn, daß in ihr ein früherer oder späterer Termin des Beginns angegeben ist (vgl. Preuß S. 406); anderer Ansicht OVG. im PVBl. 34 S. 755, wonach die im § 1 KBG. bestimmte gesetzliche Folge der Aushändigung der Anstellungsurkunde nicht nach dem Willen der Anstellungsbehörde rechtswirksam auf einen früheren Zeitpunkt als den der Aushändigung verlegt werden kann.

8. Die Bestimmung des letzten Satzes bezieht sich nur auf die Form der Willens ä u ß e r u n g seitens des Kommunalverbandes; nicht abgeändert werden die bestehenden Bestimmungen über die Formen, in denen der Anstellungswille der Gemeinden rechtsgültig z u r E n t s t e h u n g kommt (Anstellungsbeschluß, Wahl, Bestätigung).

9. Die Frage, in welchem Umfang die Kommunalverbände verpflichtet sind, B e a m t e anzustellen, und inwieweit sie berechtigt sind, gleich jedem privaten Arbeitgeber, Personen zu beschäftigen, die sie mittels p r i v a t r e c h t l i c h e n D i e n s t v e r t r a g e s (§§ 611 ff. BGB.) an sich fesseln, ist in dem KBG. nicht entschieden. Der gewichtige Unterschied besteht darin, daß im Gegensatz zu dem letzteren, dem privatvertraglichen Verhältnis, der Beamte zu dem Kommunalverband in ein durch öffentlich-rechtlichen Akt begründetes öffentlich-rechtliches Dienstverhältnis tritt, das ihn auch über die vertragsmäßigen und berufsmäßigen Pflichten hinaus, zu einer besonderen Treue gegen seinen Dienstherrn verpflichtet und ihn außerdem zugleich zum mittelbaren Staatsbeamten macht (s. OVG. 20 S. 128; 16 S. 154; 19 S. 62;

20 S. 39; ALR. § 69 II 10). Als leitender Grundsatz wird in der Judikatur und Literatur übereinstimmend der Satz aufgestellt, daß obrigkeitliche Funktionen, d. h. Funktionen, die organisch in die Verfassung des Staates eingreifen und Zwecke zu erfüllen haben, die in direkten Beziehungen zu den Aufgaben des Staates stehen (OVG. 20 S. 39), nur angestellten Beamten, daß dagegen mechanische, künstlerische, wissenschaftliche und technische Dienstleistungen auch den auf Grund von Privatdienstverträgen beschäftigten Personen übertragen werden dürfen (RGZ. 28 S. 84, 85; 37 S. 241 und im PVBl. 28 S. 86; RGSt. 31 S. 293; OVG. 20 S. 128; 27 S. 431; KG. in „Das Recht" 07 S. 144). Und zwar gilt dieser Grundsatz stets, gleichviel ob es sich um vorübergehende, um probeweise Verwaltung bestimmter Geschäfte oder um dauernde Besetzung der betreffenden Stelle handelt. Die AA. zum KBG. sagt unter Art. I 5 hierüber:

„Hiernach bleibt es den Verbänden namentlich unverwehrt, die im Arbeiterverhältnis stehenden und die ausschließlich in Betriebsverwaltungen beschäftigten, nicht mit obrigkeitlichen Funktionen ausgestatteten Personen im Wege der zivilrechtlichen Dienstmiete anzunehmen. So werden für die Dienste in städtischen Theatern, Museen, Badeetablissements, Gasanstalten, Schlachthöfen im allgemeinen Nichtbeamte angenommen werden können, während im Einzelnen einem Schlachthofvorsteher, welchem die Befugnis zum Erlaß polizeilicher Verfügungen (z. B. betreffs der Verweisung minderwertigen Fleisches auf die Freibank) übertragen werden soll, Beamteneigenschaft eingeräumt werden muß. Zu den mechanischen, auch von Nichtbeamten wahrnehmbaren Dienstleistungen werden die Funktionen von Pförtnern, Dienern, Kopisten, Arbeitern und anderen ähnlich beschäftigten Personen unbedenklich gerechnet werden können. Auch werden solche Beschäftigungsarten, welche von vornherein zeitlich oder sachlich begrenzt — z. B. die Bearbeitung einer kommunalen Entwässerungsanstalt usf. —, oder welche auf Probe oder zur Vorbereitung übertragen werden, nicht dem Beamten vorzubehalten, sondern zur privatrechtlichen Regelung freizugeben sein, sofern bei den betreffenden Geschäften obrigkeitliche Funktionen nicht in Betracht kommen."

Es werden demnach in bezug auf die Frage, ob Beamte anzustellen oder Privatbedienstete zu engagieren sind, zunächst die Kommunalbehörden selbst Entscheidung zu treffen haben. Demnächst wird jedoch der Aufsichtsbehörde das Recht nicht verschränkt werden können, nachzuprüfen, ob die Kommunalverbände ihrer Pflicht, zur Erledigung der obrigkeitlichen Geschäfte genügend zahlreiche Beamte anzustellen, nachgekommen sind.

Was die zulässigen Einwirkungen der Aufsichtsbehörden zur Herbeiführung einer den vorstehenden Ausführungen gemäßen Amtsorganisation in den Kommunalverbänden betrifft, so ist zunächst für das gesamte Gebiet der Ortspolizeiverwaltung an der durch das Polizeigesetz vom 11. März 1850 (V. vom 20. Sept. 1867, Lauenburgisches G. vom 7. Jan. 1870) begründeten staatlichen Organisationsbefugnis festzuhalten. Aber auch darüber hinaus bleibt es Recht und Pflicht der Aufsichtsbehörde, die Wahrnehmung obrigkeitlicher Funktionen durch Beamte — nötigenfalls im Wege des Zwanges — durchzusetzen. In der Berechtigung der Aufsichtsbehörde zu denjenigen Maßregeln, welche erforderlich sind, um die Verwaltung in dem ordnungsmäßigen Gange zu erhalten, und in der weiteren durch § 11 KBG. festgestellten Berechtigung zur Regulierung unzulänglicher Beamtenbesoldungen ist weiterhin die Befugnis enthalten, auch für solche Funktionen, welche zwar nicht obrigkeitlicher Natur sind, aber aus organisatorischen Gründen von besoldeten Beamten wahrgenommen werden müssen, die Anstellung solcher zu verlangen. Hiernach wird es der Aufsichtsbehörde zustehen, zur Verwaltung umfangreicher, verantwortlicher und ständiger Sekretärsgeschäfte in einem größeren Kommunalverbande, welche bisher in unzulänglicher Weise durch Privatschreiber des mit einem Dienstunkostenpauschsatze bedachten Bürgermeisters versehen worden sind, die Anstellung eines besoldeten Bureaubeamten zu verlangen (so bi AA. I 5). Vgl. auch OVG. 41 S. 151, 156, 160 und 59 S. 45, welche Entscheidungen den Aufsichtsbehörden das Recht zugestehen, aus organisatorischen Gründen die Errichtung neuer Beamtenstellen und die Anstellung besoldeter Beamten zu verlangen (s. auch Anm. 7 zu § 11).

10. Eine weitere in dem KBG. nicht behandelte Frage ist die, inwieweit die Kommunalverbände bei der Auswahl der Beamten an die Erfüllung bestimmter Vorbedingungen seitens der Beamten (persönliche Qualifikation) gebunden sind. Nach dieser Richtung ist zunächst zu bemerken, daß gesetzliche Bestimmungen über die wissenschaftliche oder technische Qualifikation der Kommunalbeamten nicht vorhanden sind. Die Verhältnisse der einzelnen Kommunalverbände sind auch, und zwar sowohl in bezug auf die vorhandenen Dienstzweige als auch in bezug auf die Leistungsfähigkeit der Verbände, von so großer Verschiedenheit, daß jede wie auch geartete gesetzliche Vorschrift als lästiger Zwang gefühlt werden müßte. Ist hiernach eine bestimmte fachliche oder wissenschaftliche Ausbildung auch nicht gesetzliches Erfordernis für die Anstellung in bestimmten Kommunalämtern, so pflegt man doch, zumal in den größeren Städten, das vorhandene Beamtenpersonal in höhere Beamte, mittlere oder Subalternbeamte und in Unterbeamte zu zerlegen, indem im allgemeinen dabei nicht nur die Leistungsverhältnisse, sondern auch der Grad der erlangten Vorbildung, und zwar in derselben Weise, wie bei den entsprechenden Klassen der Staatsbeamten zur Unterlage gemacht ist.

Trotz dieser Freiheit in bezug auf die Qualifikation der anzustellenden Beamten sind die Kommunalverbände dennoch in der Auswahl der Beamten bei Besetzung der Subaltern- und Unterbeamtenstellen in starkem Maße gebunden durch die gesetzlichen Bestimmungen, die hinsichtlich der Besetzung der Stellen im Dienst der Kommunalverbände mit Militäranwärtern bestehen. Die Verpflichtung der Kommunalverbände, gewisse Stellen ganz oder vorwiegend mit Militäranwärtern zu besetzen, beruht:

a) auf den vom Bundesrat in Ausführung des § 18 des Mannschaftsversorgungsgesetzes vom 31. Mai 1906 (RGBl. 593) unter dem 20. Juni 07 bekannt gemachten Grundsätzen für die Besetzung der mittleren, Kanzlei- und Unterbeamtenstellen bei den Kommunalbehörden mit Militäranwärtern und Inhabern des Anstellungsscheins (nebst den zu diesen Grundsätzen erlassenen Erläuterungen — MBl. 07 S. 308 ff.);

β) auf dem durch die vorstehend erwähnten „Grundsätze" in der Hauptsache aufrechterhaltenen preußischen Gesetze betr. die Besetzung der Subaltern- und Unterbeamtenstellen der Kommunalverbände mit Militäranwärtern vom 21. Juli 1892 (GS. 214) nebst AusfAnw. vom 30. Sept. 1892 (MBl. 285), vom 1. Dez. 1899 (MBl. 235) und vom 1. Sept. 1907 (MBl. 293).

11. Da die Anstellung eines Beamten Ausübung eines Hoheitsrechtes ist, kann ein klagbarer, d. h. im ordentlichen Rechtswege erzwingbarer Anspruch auf Anstellung nicht existieren, und zwar auch dann nicht, wenn etwa ein (staatsrechtlicher) Vertrag über die künftige Anstellung zwischen dem Kommunalverband und dem Anzustellenden geschlossen ist (RGZ. 53 S. 423). Da ferner die Anstellung nur durch Aushändigung der Anstellungsurkunde und schon mit dieser erfolgt, kann folgerichtig auch ein im ordentlichen Rechtswege verfolgbarer Anspruch auf Aushändigung der Anstellungsurkunde im allgemeinen nicht, sondern nur ausnahmsweise, z. B. in dem Falle als gegeben angesehen werden, wenn die schon ausgehändigt gewesene Anstellungsurkunde dem Beamten wieder abgenommen worden ist, es sich also um einen rein privatrechtlichen Streit über Eigentum und Besitz der Urkunde handelt.

Ebensowenig kann der Anspruch des Beamten auf Anerkennung seiner Eigenschaft als lebenslänglich angestellter Beamter oder der Anspruch auf Aushändigung einer Anstellungsurkunde im Wege des Verwaltungsstreitverfahrens geltend gemacht werden (OVG. 44 S. 48). Sollte der Kommunalverband es unterlassen, den rechtsgültig gefaßten Anstellungsbeschluß durch Aushändigung der Anstellungsurkunde auszuführen, so ist hiergegen nur die Beschwerde an die Aufsichtsbehörde zulässig, die erforderlichenfalls von den Zwangsbefugnissen des § 132 LVG. Gebrauch machen kann (OVG. 44 S. 50 und PVBl. 30 S. 184; vgl. auch Preuß S. 403, 404, 450).

Wohl zu unterscheiden von dem Fall einer Versäumung der Urkundenaushändigung an den Inhaber einer Amtsstelle, dessen Beamteneigenschaft von den Parteien gewollt, aber wegen jener Versäumnis nicht erreicht worden ist, ist der Fall, in welchem ein Kommunalverband Funktionen, die ordnungsmäßigerweise von einem Beamten wahrgenommen werden sollten, von einer im privatrechtlichen Dienstvertrag angenommenen Person versehen läßt, d. h. entweder eine Amtsstelle für diese Funktionen nicht schaffen oder eine bestehende Amtsstelle nicht mit einem Beamten besetzen will (vgl. AA. I 5 und oben Anm. 9).

12. Die Formvorschrift des zweiten Satzes bezieht sich, da das Gesetz rückwirkende Kraft nicht hat, nur auf diejenigen Beamten, die nach dem 31. März 1900 angestellt sind (OVG. im PVBl. 24 S. 22, 805; OVG. 35 S. 59 u. 40 S. 63; PVBl. 25 S. 77 u. 34 S. 123; darüber, ob Satz 2 des § 1 auch auf Magistratsmitglieder Anwendung findet, vgl. Vorbem. zu § 14).

Dagegen umfaßt Satz 1 auch die schon vorher angestellten Beamten, auf die auch alle übrigen Bestimmungen des KBG. — abgesehen von denjenigen über die Anstellung selbst — Anwendung finden. Ob die vor dem 1. April 1900 schon im Dienste der Gemeinden befindlichen Beamten als „angestellte Beamte“ im Sinne des Satzes 1 § 1 zu gelten haben, ist nach dem früheren Recht zu beurteilen (OVG. im PVBl. 34 S. 352). Zweifel über die rechtliche Eigenschaft solcher Kommunalbediensteter sollen nach der AA. (I 6) möglichst durch neue Vereinbarungen beseitigt werden. Doch ist dabei zu beachten, daß jemand, der infolge dauernder Beschäftigung mit Dienstverrichtungen nichtmechanischer Natur schon vor dem 1. April 1900 gemäß den Grundsätzen des RGZ. 37 S. 247 (vgl. Einleitung S. 15) trotz der in dem Dienstvertrag vorbehaltenen Kündigung die Eigenschaft eines lebenslänglich angestellten Beamten erlangt hatte, diese Eigenschaft nicht schon durch die bloße Aushändigung einer seine Anstellung als kündbarer Beamter aussprechenden Urkunde verliert, es sei denn, daß er sich mit der Neuregelung seines Beamtenverhältnisses ausdrücklich einverstanden erklärt hätte (vgl. PVBl. 24 S. 22; Komm. Arch. 1 S. 300 und VerwArch. 11 S. 495).

Auf Kommunalbeamte, die schon vor dem 1. April 1900 aus dem Dienstverhältnisse (z. B. durch Pensionierung) ausgeschieden sind, kann das Gesetz nicht angewendet werden (PVBl. 20 S. 208; 23 S. 635; 24 S. 506, 606).

13. Der Zusammenhang von Satz 2 mit Satz 1 ergibt, daß die Aushändigung der Anstellungsurkunde nicht bloß deklaratorische, sondern konstitutive Wirkung hinsichtlich des Beamtenverhältnisses hat (OVG. 35 S. 59; 42 S. 68; PVBl. 24 S. 209). Auf andere Bestimmungen der Anstellungsurkunde, z. B. solche über das Gehalt, erstreckt sich jedoch diese konstitutive Wirkung nicht (PVBl. 34 S. 797).

14. Über die Form der Anstellungsurkunden vgl. die AA. I 3 (im Anhang abgedruckt). Nach der Ansicht des RG. (vgl. PVBl. 34 S. 916) genügt bei Berufung in Amtsstellen, deren Inhaber unzweifelhaft Beamteneigenschaft haben, wie z. B. in die eines Gemeindevorstehers, eine schriftliche Eröffnung der Anstellungsbehörde an den betreffenden Beamten, daß ihm das näher bezeichnete Amt übertragen werde, um das im § 1 Satz 2 KBG. aufgestellte Formerfordernis der Aushändigung einer Anstellungsurkunde zu erfüllen.

Findet die Anstellung eines Beamten gemäß Ortsstatut zunächst auf Kündigung mit der Maßgabe statt, daß von einem bestimmten Zeitpunkt ab (nach 2, 5, 10 Jahren) die Anstellung mangels vorheriger Kündigung eine lebenslängliche wird, so brauchen nicht unbedingt zwei Anstellungsurkunden ausgestellt zu werden, wenn dies auch zulässig, unter Umständen sogar zweckmäßig ist (PVBl. 24 S. 607). Ebensowenig bedarf es einer neuen, zweiten Anstellungsurkunde, wenn es sich nur um das Aufrücken in eine höhere Stelle mit einem höheren Gehalt handelt (PVBl. 32 S. 489 und 34 S. 797).

Soweit den Probisten mit Rücksicht auf den obrigkeitlichen Charakter ihrer Tätigkeit Beamteneigenschaft beizulegen ist (vgl. Anm. 9 oben und Anm. 3 zu § 2), muß ihnen auch gemäß § 2 KBG. eine Anstellungsurkunde ausgehändigt werden. Erfolgt dann später ihre endgültige Anstellung, so bedarf es grundsätzlich einer neuen Anstellungsurkunde, sofern nicht bereits in der ersten Bestallung zum Ausdruck gebracht ist, daß nach Ablauf der Probezeit mangels vorheriger Kündigung die Anstellung eine endgültige wird (PVBl. 34 S. 798).

Alle Bestallungen, auch für die gemäß § 2 Abs. 1 KBG. angestellten Beamten, sind gemäß Tarifstelle 12 des preuß. StempelsteuerG. vom 30. Juni 1909 (GS. 535) mit 1,50 Mark stempelpflichtig; den Stempel hat nach der herrschenden Ansicht der Beamte zu tragen (PVBl. 25 S. 612; 34 S. 194).

15. Die Frage, wer die Anstellungsurkunde zu vollziehen hat, entscheidet sich nach der für den einzelnen Kommunalverband maßgebenden Städte-, Landgemeinde-, Kreis- oder Provinzialordnung.

§ 2.

Die Rechtsverhältnisse der auf Probe,[1]) zu vorübergehenden Dienstleistungen oder zur Vorbereitung angestellten Kommunalbeamten unterliegen den Bestimmungen dieses Gesetzes nur insoweit, als dies ausdrücklich vorgesehen ist.[2]) Die Anstellung auch dieser Beamten erfolgt nach § 1 Satz 2.[3])

Auf Personen, welche ein Kommunalamt nur als Nebenamt oder als Nebentätigkeit ausüben oder ein Kommunalamt führen, das seiner Art oder seinem Umfange nach nur als eine Nebentätigkeit anzusehen ist, findet dieses Gesetz keine Anwendung.[4])[5])

1. Die Dauer der probeweisen Beschäftigung darf bei städtischen und Kreiskommunal-Beamten den Zeitraum von 2 Jahren nur in Ausnahmefällen überschreiten (§ 10

Abs. 1, § 21); für die Beamten der Landgemeinden usw. ist die Dauer der Probezeit gesetzlich nicht begrenzt (§ 18; Ausnahmen s. § 19). — Die Bestimmungen betr. die Beschäftigung der im Gemeindedienst befindlichen Militäranwärter zur Probe oder Ausbildung werden durch das Gesetz nicht berührt (§ 10 Abs. 3 und die in Anm. 4 zu § 10 abgedruckten Bestimmungen des G. vom 21. Juli 1892).

2. Auf diese Beamten finden, ihre Anstellung gemäß Satz 2 § 1 vorausgesetzt (vgl. unten Anm. 3), nur die §§ 6, 7, 10 des G. Anwendung (wegen § 11 siehe Anm. 3 zu § 11). Sie sind demnach nur hinsichtlich des Anspruchs auf Reisekostenentschädigung und des Rechtsweges bei vermögensrechtlichen Streitigkeiten aus ihrem Dienstverhältnisse den dauernd angestellten Beamten gleichgestellt. Außerdem muß vor dem Antritt der Beschäftigung eine Regelung der Annahmebedingungen erfolgen (vgl. § 10 und Anm. 3 ebenda). Dagegen besteht ein gesetzlicher Anspruch auf vierteljährliche Vorauszahlung des Gehalts, sowie auf Pension, Gnadenkompetenzen und Hinterbliebenenversorgung für diese Beamten und ihre Hinterbliebenen nicht (PVBl. 23 S. 812).

3. Sofern nämlich eine Anstellung überhaupt erfolgt. In welchen Fällen die zur Probe, zu vorübergehender Beschäftigung oder zur Ausbildung angenommenen Personen als Beamte anzustellen und in welchen Fällen sie durch Privatdienstvertrag anzunehmen sind, hängt von der Art der zu übertragenden Geschäfte ab (vgl. Anm. 9 zu § 1, Begr. S. 14 Abs. 1 am Ende).

4. Diese Bestimmung soll nicht unbesoldete, im Ehrenamt befindliche Personen, wie Bezirksvorsteher, Armenkommissionsmitglieder, Gemeindeschöffen ausschließen — auf diese findet ohnehin gemäß § 1 das Gesetz keine Anwendung —, bezieht sich vielmehr in erster Reihe auf solche Personen, die für ihre Gemeindedienste zwar Entgelt empfangen, indessen nur nebenberuflich im Gemeindedienst tätig sind, z. B. Armenärzte, Krankenhausärzte, Schulärzte. Ob eine nebenberufliche Tätigkeit vorliegt, hängt von den Umständen des einzelnen Falles ab. Maßgebend für die Entscheidung der Frage wird neben der Art der Tätigkeit auch der Umfang der damit verbundenen Geschäfte sein. Es gehören hierher sowohl Inhaber solcher Ämter, deren Verwaltung im allgemeinen Zeit und Kraft eines Mannes nur nebenbei in Anspruch zu nehmen pflegt, auch als Kommunalbeamte, deren Hauptamt ein Staatsamt (z. B. Kreisausschuß-Sekretäre, die im Hauptamt Kreis-Sekretäre sind), oder deren Haupttätigkeit ein Handwerkerberuf ist (z. B. Nachtwächter, deren Hauptberuf das Schmiedehandwerk ist); so AA. I c. Die von der Abgeordnetenhauskommission hinzugefügten Worte „oder ein Kommunalamt führen, das seiner Art oder seinem Umfange nach nur als eine Nebentätigkeit anzusehen ist" machen deutlich, daß nicht nur das Verhältnis der Amtsgeschäfte zu den sonstigen Berufsgeschäften des Beamten bei Entscheidung der Frage nach der Anwendbarkeit des Gesetzes ausschlaggebend sein soll (das wäre durch die Worte „als Nebenamt oder als Nebentätigkeit ausüben" schon zum Ausdruck gebracht), sondern daß auch der *absolute* Umfang und die Art der Amtsgeschäfte in Betracht zu ziehen ist. Auch solche Personen, die ein anderweitiges Hauptamt oder einen sonstigen Hauptberuf nicht haben, indessen durch ein Kommunalamt nur in ganz geringfügigem Maße in Anspruch genommen sind, fallen nicht unter das Gesetz.

5. Streitigkeiten darüber, ob ein bloßes Nebenamt oder eine Nebentätigkeit vorliegt, sind in dem Verfahren gemäß § 7 KBG. zu entscheiden, vorausgesetzt, daß es sich hierbei um vermögensrechtliche Ansprüche des Beamten handelt.

Fordert indessen der Beamte zunächst die Aushändigung einer Anstellungsurkunde (§ 1 Satz 2), so gilt für diesen Fall das in Anm. 11 zu § 1 Gesagte.

§ 3.

Die Zahlung des Gehalts[1]) an Kommunalbeamte[2]) erfolgt in Ermangelung besonderer Festsetzungen vierteljährlich im Voraus[3–9]).

1. Der Begriff „Gehalt“ ist nicht identisch mit dem Begriff „Besoldung“ im Sinne des § 1 KBG. „Besoldung“ ist der weitergehende Begriff und umfaßt das gesamte Diensteinkommen, d. h. also das bare Gehalt, den etwaigen Anspruch auf Dienstwohnung, Wohnungsentschädigung, Wohnungsgeldzuschuß, Umzugskosten, auf sonstige Naturalbezüge, Repräsentations- und Dienstaufwandsgelder, fixierte oder nicht fixierte Fuhrkostenentschädigung, persönliche und sog. Funktionszulagen, unter Umständen auch Sporteln und Gebühren, wenn nämlich der Beamte auf diese angewiesen ist.

§ 3 bezieht sich nur auf einen Teil der Besoldung, nämlich auf das bare Gehalt.

2. Was das Anwendungsgebiet des § 3 anbetrifft, so ist zu beachten, daß sich dasselbe nicht auf die im § 2 Abs. 1 und 2 KBG. erwähnten Personen, d. h. auf die zur Probe, zu vorübergehender Beschäftigung und zur Vorbereitung Angestellten und die nebenberuflich im Kommunalamt tätigen Personen erstreckt. Dagegen gilt § 3 auch für die Magistratsmitglieder sowie in Städten ohne kollegialischen Gemeindevorstand für die Bürgermeister und deren Stellvertreter (Zweite Bürgermeister, Beigeordnete). Denn wenn es in § 14 auch heißt, daß es hinsichtlich der Besoldung dieser Personen bei den bestehenden Bestimmungen bewenden solle, so sind damit nur die Bestimmungen darüber gemeint, wer zu besolden ist, und in welcher Art die Besoldungen festgesetzt werden. Die allgemeinen Vorschriften des KBG. in den §§ 1—7 gelten durchweg auch für Magistratsmitglieder und Bürgermeister; lediglich bezüglich der mit § 8 beginnenden besonderen Bestimmungen besteht eine Ausnahmestellung für diese Personen nach § 14 (so auch Freytag S. 35, Kautz-Appelius S. 159, Oertel S. 534, Preuß S. 448; anders die 1. Auflage dieses Buches).

3. Inhaltlich entspricht der § 3 KBG. bis auf die Worte „in Ermangelung besonderer Festsetzungen“ der Bestimmung des § 1 des früher geltenden Gesetzes vom 6. Febr. 1881 (GS. 17), betr. die Zahlung der Beamtengehälter und die Bestimmungen

über das Gnadenquartal. Anderweite vertragliche oder auch generelle Regelung ist demnach zulässig. Die generelle Regelung braucht, da es sich um einen Gegenstand der Verwaltung, nicht der Verfassung handelt, nicht in der Form des Ortsstatuts zu erfolgen. Ein einfaches Reglement ist ausreichend. Für die Provinzial- und die ihnen gleichgestellten Beamten bewendet es bei § 96 PrO. und den dieser Bestimmung nachgebildeten Vorschriften (AA. II 1).

4. Rechtsnatur des Gehaltsanspruchs: Das Gehalt ist (wie die gesamte Besoldung) nicht nur Entlohnung für Dienstleistungen, sondern gleichzeitig auch Rente, die zum standesgemäßen Lebensunterhalt dient (OVG. 12 S. 45, 56; 14 S. 100; RGZ. 37 S. 160; 38 S. 320, 322; Laband, Staatsr. d. D. R. Bd. I S. 477 ff.; Preuß S. 106, 440, 449). Der Anspruch auf Gehalt ist daher zwar ein vermögensrechtlicher, indessen kein rein privatrechtlicher Anspruch. Der Standpunkt des OTr. (52 S. 320 und Striethorst 85 S. 368, vgl. darüber auch RGZ. 18 S. 175), daß das Beamtenverhältnis ein quasikontraktliches sei und nach den allgemeinen Vertragsgrundsätzen bei Nichterfüllung der Dienstfunktionen seitens des Beamten die §§ 270, 271 I 5 ALR. (nach BGB. würden §§ 325, 323 Abs. 3, 812 Abs. 1 in Betracht kommen) zur Anwendung kämen, ist heute allgemein verlassen. Erledigung der Amtspflichten und Gewährung der Besoldung stehen sich nicht als Leistung und Gegenleistung gegenüber. Die wichtigsten Konsequenzen dieser Auffassung des Gehalts als einer Rente sind:

a) ähnlich wie der Alimentationsberechtigte erwirbt der Beamte, sobald er den Beginn der Besoldungsperiode, d. h. also den Quartalsersten erlebt, den Anspruch auf die ganze fällige Besoldungsrate, gleichviel wann später der Tod eintritt. Das Gehalt gilt als für das ganze Quartal verdient, ist daher ein Teil des Nachlasses des Beamten und gebührt für das ganze Sterbequartal den Erben des Beamten, gleichviel ob diese mit den im § 4 KBG. aufgeführten Hinterbliebenen identisch sind oder nicht (s. Anm. 4 zu § 4 unten);

b) die Kosten für die Vertretung eines erkrankten oder sonst gegen seinen Willen an der Ausübung des Dienstes behinderten, z. B. eines in Strafhaft befindlichen Gemeindebeamten (RGZ. 38 S. 320) fallen dem Kommunalverband zur Last; nicht dem Beamten (MR. vom 9. April 1837 und vom 4. Juli 1837, Ann. S. 436, 687); der ME. vom 16. Dez. 1846, MBl. 1847 S. 2 ist also nicht mehr in Geltung, und es kann sich nur fragen, ob der Tatbestand der §§ 48, 49 DiszGesetz gegeben ist. Auch die KabO. vom 17. Mai 1820, nach der eine Entziehung des Gehalts außer dem Falle der Suspension bei längerer als vierwöchiger Freiheitsstrafe eintritt, gilt nicht mehr (RGZ. 38 S. 320, vgl. auch MBl. 04 S. 141 u. 05 S. 72).

c) Bei Beurlaubungen zur Wiederherstellung der Gesundheit bezieht der Beamte auf die ganze Dauer des notwendigen Urlaubs sein volles Gehalt weiter (in Analogie der Königl. Ordre vom 15. Juni 1863 [MBl. 137, s. auch JMBl. 191]; bei anderweitem Urlaub steht nach derselben Ordre dem Beamten für 1½ Monate der Gehaltsanspruch unverkürzt, für weitere 4½ Monate zur Hälfte, für die darüber hinausgehende Zeit kein Gehaltsanspruch mehr zu). — Wegen Fortzahlung und eventl. Kürzung des Gehalts während der Dauer militärischer Dienstleistung s. § 66 RMilG. vom 2. Mai 1874 (RGBl. 45) und AusfVorschrift dazu vom 17. Juli 1888 (MBl. 121). Kürzungen sind danach nur bei Offizieren des Beurlaubtenstandes und in Höhe der Offiziersbesoldung zulässig, bei Offizieren, die eigenen Hausstand mit Frau und Kind haben und ihren Wohnort verlassen müssen, auch nur insoweit, als das Diensteinkommen und die Offiziersbesoldung zusammen 3600 Mk. übersteigen; doch ist nach einem Urteil des KG. vom 17. Mai 1907 in Sachen Ziebarth gegen Berlin der § 66 RMilG. nur auf den Mobilmachungsfall, nicht dagegen auch auf Friedensübungen anwendbar. — Kommunalbeamten, die in den Reichstag oder Landtag eintreten (s. VU. Art. 78, Reichsverfassung Art. 21 Abs. 1, wonach sie hierzu keines Urlaubs bedürfen; ob die Bedingung der Nichtannahme eines Mandats bei der Anstellung gestellt werden darf, ist streitig, dafür OTr. 52 S. 320, Oertel S. 152; dagegen Kautz-Appelius S. 320), könnte an sich ein Abzug vom Gehalte in Höhe der Vertretungskosten gemacht werden (OTr. 52 S. 320). Im allgemeinen wird indessen hiervon in Analogie des StaatsMBeschl. vom 24. Okt. 1869 (s. MBl. 189, 276) Abstand genommen. — Wegen Entziehung des Gehalts im Falle unerlaubter Entfernung aus dem Amte s. § 8 des DiszGesetzes vom 21. Juli 1852, wegen Einbehaltung der Hälfte des Diensteinkommens auf Grund der Amtssuspension s. §§ 48 ff., insbesondere § 51 ebenda und das vorstehend zu b Gesagte. Abgesehen von den Fällen des Todes und der Pensionierung erlischt der Gehaltsanspruch regelmäßig mit dem Ende des Beamtenverhältnisses. Im Falle freiwilligen Ausscheidens oder unfreiwilliger Entfernung aus dem Amte muß daher das bereits empfangene Gehalt, soweit es für die Zeit nach dem Ausscheiden im voraus gezahlt war, zurückgezahlt werden (RGZ. im MBl. 1888 S. 148).

5. Pfändbarkeit des Gehalts: Vgl. § 850[8] und Abs. 2 ZPO., sowie § 46[7] und Abs. 2 der V. betr. das Verwaltungszwangsverfahren vom 15. Nov. 1899 (GS. 545) mit ErgänzungsV. vom 18. März 1904 (GS. 36), wonach regelmäßig nur der dritte Teil des 1500 Mark übersteigenden Diensteinkommens (nicht bloß Gehalts) der Pfändung unterworfen ist. Unbeschränkt zulässig ist die Pfändung des Gehalts, abgesehen von den in § 850 Abs. 4 ZPO. vorgesehenen Fällen, wegen kurrenter öffentlicher Abgaben und Disziplinarstrafen (vgl. § 46 Abs. 3 der genannten Verordnung).

Die Einkünfte, die zur Bestreitung eines Dienstaufwandes bestimmt sind, unterliegen weder der Pfändung noch sind sie bei der Ermittelung, ob und zu welchem Betrage ein Diensteinkommen der Pfändung unterliegt, zu berechnen (§ 850 Abs. 5 ZPO.).

Vgl. außerdem § 811 ZPO.

6. Übertragbarkeit des Gehaltsanspruchs. Anhangsparagraph 163 (zu § 108) AGO. I 24 — der nach RGSt. 7

S. 95 und RGZ. 44 S. 190 durch die veränderten Bestimmungen über die Beschlagnahme (ZPO.) nicht obsolet geworden ist — ist nach Art. 81 EG. z. BGB. auch weiterhin in Geltung geblieben. Jede Abtretung, Verpfändung oder Anweisung von Gehaltsforderungen der Beamten ist daher im Geltungsgebiete der AGO. ungültig. In den neuen Provinzen dagegen, in denen Anhangsparagraph 163 AGO. nicht gilt, entscheidet sich die Frage der Übertragbarkeit des Gehaltsanspruchs nach BGB. In Betracht kommen § 400 BGB., wonach eine Forderung nicht abgetreten werden kann, soweit sie der Pfändung nicht unterworfen ist, und §§ 1274 Abs. 2, 1279 BGB., wonach ein Pfandrecht an einer Forderung nicht bestellt werden kann, soweit die Forderung nicht übertragbar ist. Für die preußischen Kommunalbeamten außerhalb des Geltungsbereichs der AGO. gilt ferner § 411 BGB., wonach bei Abtretungen des übertragbaren Teils des Diensteinkommens, Wartegeldes oder Ruhegehalts die auszahlende Kasse durch Aushändigung einer von dem bisherigen Gläubiger ausgestellten, öffentlich beglaubigten Urkunde von der Abtretung zu benachrichtigen ist; bis zur Benachrichtigung gilt die Abtretung als der Kasse nicht bekannt (vgl. PVBl. 21 S. 184, 198 und Kautz-Appelius S. 288). Bezüglich der Pensionen findet sich das ausdrückliche Verbot der Zession und der Verpfändung in § 26 des PensionsG. vom 27. März 1872, hinsichtlich des Witwen- und Waisengeldes in § 17 des G. vom 20. Mai 1882 (vgl. Anm. 15 zu § 12 und Anm. 6 zu § 15 unten).

7. Aufrechnung. Die Aufrechnung ist gemäß § 394 BGB. nur insoweit zulässig, als die Gehaltsforderung pfändbar ist. (Kautz-Appelius S. 289; Oertel S. 532; Kappelmann im PVBl. 21 S. 198 und RGZ. 55 S. 1).

8. Verjährung erfolgt in vier Jahren: §§ 197, 198, 201 BGB. Der Anspruch auf die Gehaltsrate pro 1. Jan. bis 31. März 1912 verjährt mit Ablauf des 31. Dez. 1916. Wegen Unterbrechung der Verjährung s. §§ 208, 209, 210 BGB.

9. Besteuerung: Auf dem Gebiete der staatlichen Besteuerung bestehen keine Privilegien, wohl aber auf dem Ge-

biete der Gemeindebesteuerung nach dem Gesetz betr. die Heranziehung der Beamten zur Gemeindeeinkommensteuer vom 16. Juni 1909 (GS. 489) nebst ME. vom 6. Juli 1909 (MBl. 163). Danach werden die mittelbaren Staatsbeamten in den Gemeinden zur Einkommensteuer gleich den übrigen dieser Steuer unterworfenen Personen herangezogen, sofern nicht mehr als 125 % Zuschläge erhoben werden. Bei höheren Zuschlägen trifft der Mehrbetrag nur den auf das außerdienstliche Einkommen entfallenden Teil des Steuersatzes. Das Gesetz bezieht sich jedoch nur auf die nach dem 31. März 1909 in das Amtsverhältnis eingetretenen Beamten. Hinsichtlich des Diensteinkommens der schon vor dem 1. April 1909 angestellten Beamten, sowie hinsichtlich der Naturaldienste und der steuerlichen Behandlung der Ruhegehälter, der laufenden Unterstützungen, der Wartegelder, der Witwen- und Waisen-, Sterbe- und Gnadenbezüge kommen § 41 KAG. vom 14. Juli 1893 (GS. 152) und die V. vom 23. Sept. 1867 (GS. 1648) in Betracht. Danach darf das Diensteinkommen nur mit der Hälfte seines Betrages angerechnet und veranlagt werden; die Gemeindeabgaben davon dürfen insgesamt den Betrag von 1—2 % (je nach der Höhe des Diensteinkommens) des Gesamtbetrages des Diensteinkommens nicht überschreiten. Die Witwen- und Waisenpensionen sowie geringe Pensionen der Beamten selbst, die Gnaden- und Sterbemonate usw. sind ganz befreit (§ 1 der V.). Besteuerungsgemeinde ist die des Wohnsitzes, nicht die des Sitzes der Behörde (§ 41 KAG.). Wegen der Berechnung des „Diensteinkommens" behufs Versteuerung s. § 4 und § 1 Nr. 7 V. vom 23. Sept. 1867. Wegen weiterer Einzelheiten wird auf Kautz-Appelius S. 207 ff. sowie auf Noell-Freund, Kommunalabgabengesetz, 7. Aufl., S. 413 ff. verwiesen.

§ 4.

Die Hinterbliebenen[1]) eines Kommunalbeamten[2]) erhalten für das auf den Sterbemonat folgende Vierteljahr noch die volle Besoldung[3]) des Verstorbenen (Gnadenquartal);[4])[5]) war der Verstorbene pensioniert,[6])

so gebührt ihnen die Pension noch für den auf den Sterbemonat folgenden Monat (Gnadenmonat).[7]) Dabei finden die für die unmittelbaren Staatsbeamten geltenden Bestimmungen[8]) mit der Maßgabe Anwendung, daß an Stelle der Genehmigung des Verwaltungschefs und der Provinzialbehörde, auf deren Etat die Pension übernommen war, die Genehmigung der Kommunalverwaltungsbehörde [9]) tritt.[10])

Vorbemerkung: Der § 4 ist nachgebildet dem früher für die Staatsbeamten geltenden § 2 des G. vom 6. Febr. 1881 (GS. 17) und dem § 5 des G. vom 11. Juni 1894 (GS. 109) betr. das Ruhegehalt der Lehrer usw. (wegen der jetzt für die unmittelbaren Staatsbeamten geltenden Bestimmungen über die Gnadenkompetenzen vgl. Anm. 8 unten). Die Bestimmung soll nur den Mindestbetrag der Leistungen gesetzlich festlegen. Günstigere Bestimmungen zu erlassen, steht den Gemeinden frei. In Berlin und Frankfurt a. M. z. B. haben die Hinterbliebenen von Pensionären Anspruch auf ein Gnaden q u a r t a l.

1. Als Hinterbliebene sind in der Regel nur die Witwe und die ehelichen oder legitimierten Nachkommen anzusehen; ausnahmsweise auch Verwandte der aufsteigenden Linie, Geschwister, Geschwisterkinder oder Pflegekinder, deren Ernährer der Beamte ganz oder überwiegend gewesen ist und die er in Bedürftigkeit zurückgelassen hat, oder wenn und soweit der Nachlaß nicht ausreicht, um die Kosten der letzten Krankheit und der Beerdigung zu decken (§ 3 des G. vom 7. März 1908 und § 31 des G. vom 27. März 1872, beide unten Anm. 8 abgedruckt).

Die geschiedene Ehefrau ist nicht als Witwe anzusehen und gehört daher nicht zu den Hinterbliebenen.

Die Adoptivkinder stehen den Pflegekindern, nicht den ehelichen Kindern gleich (MBl. 08 S. 157).

2. § 4 KBG. findet keine Anwendung auf die nur nebenamtlich im Kommunalamt tätigen sowie die auf Probe, zu vor-

übergehenden Dienstleistungen und zur Vorbereitung beschäftigten Personen (PBBl. 27 S. 100). Wohl aber fallen unter § 4 auch die in § 14 genannten besoldeten Magistratsmitglieder.

3. Das heißt nicht bloß das „Gehalt"; Wohnungsentschädigung und Wohnungsgeldzuschuß sowie Zulagen werden ebenfalls weiter gewährt, dagegen fallen Entschädigungen für baren Dienstaufwand, wie Fuhrkosten, nicht unter die Besoldung im Sinne des § 4 (PBBl. 27 S. 100). Wegen der Dienstwohnung s. § 5 KBG.

4. Dieser Ausdruck besagt keineswegs, daß die eigentliche Gnadenbewilligung immer die volle Dauer eines Vierteljahrs umfaßt; er dient vielmehr lediglich der Berechnung, indem er grundsätzlich das Ende der Gnadenbewilligung auf den Ablauf des auf den Sterbemonat folgenden Vierteljahrs festlegt. Da das gesamte Gehalt für das Sterbequartal als verdient gilt, demnach der Anspruch darauf dem Beamten auch ohne die Bestimmungen über die Gnadenbewilligung gewährleistet ist (Anm. 4a zu § 3), so ergibt sich, daß eine eigentliche Gnadenbewilligung für einen ein-, zwei- oder dreimonatigen Zeitraum gewährt wird, je nachdem der Beamte im ersten, zweiten oder dritten Monat des Kalenderquartals gestorben ist. Trat beispielsweise der Tod im April ein, so erstreckt sich die Gnadenbewilligung nur auf den Monat Juli; ist der Beamte im Mai gestorben, so umfaßt die Gnadenbewilligung die Monate Juli, August; dagegen sind die Gnadenkompetenzen für volle 3 Monate, nämlich Juli, August, September zu gewähren, wenn der Todesfall sich im Juni ereignet hat. Das von dem Beamten dadurch, daß er den ersten Tag des Quartals noch erlebt hat, wirklich verdiente Gehalt gehört zu seinem Nachlasse und gebührt seinen Erben, gleichgültig, ob das Gehalt noch bei Lebzeiten des Beamten oder erst nach seinem Tode zur Auszahlung gelangt ist. Dagegen gehört der über das Sterbequartal gezahlte Betrag nicht zum Nachlasse des Beamten, gebührt daher den Gnadenberechtigten (Anm. 1) ohne Rücksicht darauf, ob sie die Erben des Beamten sind oder nicht, und kann von Gläubigern des Beamten nicht mit Beschlag

belegt werden. Bezüglich der Pfändbarkeit der Gnadenkompetenzen für die Gläubiger der empfangsberechtigten Hinterbliebenen ist jetzt § 850[8] und Abs. 2 ZPO. maßgebend. Bezüglich der Besteuerung s. Anm. 9 zu § 3.

5. Ist ein Beamter während der im Disziplinarwege erfolgten Amtssuspension vor rechtskräftiger Beendigung des Disziplinarverfahrens verstorben, so gebühren seinen Hinterbliebenen, da die Eigenschaft eines Beamten nur durch die wirklich erfolgte Entlassung oder durch die in einem rechtskräftig gewordenen Erkenntnis ausgesprochene Amtsentsetzung verloren geht, die Gnadenkompetenzen in voller Höhe; die Vertretungskosten dürfen nicht in Anrechnung gebracht werden, da mit dem Tode des Beamten auch die Folgen seiner Schuld aufhören (MBl. 1841 S. 159, 204).

6. War die Pensionierung zwar ausgesprochen, aber noch nicht eingetreten, so sollte schon nach der KabO. vom 30. März 1842 (MBl. 245) den Hinterbliebenen Anspruch auf die dreimonatige Gehaltszahlung zustehen. Nach dem Wortlaut des § 4 „w a r der Verstorbene pensioniert" kann es jetzt keinem Zweifel mehr unterliegen, daß in diesen Fällen das Gnaden q u a r t a l in vollem Umfange geschuldet wird.

Als Pensionierung im Sinne des § 4 gilt auch die Belassung der Pension oder eines Teiles derselben als Unterstützung bei Entfernung aus dem Amt durch Disziplinarerkenntnis (§ 16 Abs. 3 des G. vom 21. Juli 1852). Voraussetzung des Anspruchs auf den Gnadenmonat ist aber in diesem Falle, daß der Beamte, dem die Pension teilweise auf Zeit belassen war, noch innerhalb dieser Zeit stirbt (JMBl. 1859 S. 309; Seydel, Disziplinargesetz, S. 106; von Rheinbaben dgl. S. 130). Anspruch auf Witwen- und Waisengeld haben indessen die Hinterbliebenen eines derart entlassenen Beamten nicht (MBl. 1891 S. 95 u. 1901 S. 206).

7. Die Bestimmung über das Recht der Hinterbliebenen eines pensionierten Beamten auf den Gnaden m o n a t hat hier anscheinend nur wegen des äußeren Zusammenhanges mit den Bestimmungen über das Gnaden q u a r t a l Platz gefunden. Den-

noch ist sie keineswegs, wie die Begr. irrtümlich annimmt, deshalb unnötig, weil nach § 12 (s. bez. der Landgemeinde- usw. Beamten § 18 Abs. 2, bez. der Kreisbeamten § 21) die Vorschriften für die Pensionierung der unmittelbaren Staatsbeamten und danach auch der die Bestimmung über den Gnadenmonat enthaltende § 31 des Pensionsges. vom 27. März 1872 (GS. 268) ohnehin auf die Kommunalbeamten für anwendbar erklärt worden sind. Die Bestimmung hat vielmehr erhebliche Bedeutung: Einmal haben die §§ 1—7 auch für Provinzialbeamte Geltung; sodann lassen §§ 12, 18 Abs. 2 (21) anderweitige, wenn auch aufsichtsbehördlich zu genehmigende Abmachungen zu, während § 4 einen unbedingten, durch Vereinbarungen nicht zu beseitigenden Anspruch auf den Gnadenmonat für alle vom Gesetze betroffenen Kommunalbeamten (mit Ausnahme der im § 2 genannten) schafft.

Den Hinterbliebenen eines pensionierten unmittelbaren Staatsbeamten wird jetzt (vgl. G. vom 27. Mai 1907, GS. 95) nicht nur ein Gnadenmonat, sondern ein Gnadenvierteljahr gewährt. Bei den Kommunalbeamten verbleibt es aber mit Rücksicht auf die positive Bestimmung in § 4 KBG. bei dem Gnadenmonat, soweit nicht anderweitige, günstigere Vereinbarungen oder allgemeine Festsetzungen getroffen sind (vgl. oben Vorbemerkung).

8. Die geltenden Bestimmungen über die Gnadenkompetenzen der unmittelbaren Staatsbeamten lauten:

a) Gesetz betr. die Zahlung der Beamtenbesoldung und des Gnadenvierteljahrs vom 7. März 1908 (GS. 35).

„§ 2. Hinterläßt ein unmittelbarer Staatsbeamter, welcher eine etatsmäßige Stelle bekleidete, eine Witwe oder eheliche oder legitimierte Nachkommen, so wird die volle Besoldung des Verstorbenen noch für die auf den Sterbemonat folgenden drei Monate (Gnadenvierteljahr) unter Anrechnung der vor dem Tode fällig gewordenen Besoldungsteile gewährt. An wen das Gnadenvierteljahr zu gewähren ist, bestimmt der Verwaltungschef oder die von ihm bezeichnete Behörde. — In gleicher Weise kann den Hinterbliebenen eines unmittelbaren

Staatsbeamten, welcher eine etatsmäßige Stelle nicht bekleidete, aber zur Befriedigung eines dauernden Bedürfnisses und nicht nur aushilfsweise beschäftigt war, das Gnadenvierteljahr von den ihm in festen monatlichen oder vierteljährlichen Beträgen zustehenden Diensteinkünften gewährt werden.

§ 3. Das Gnadenvierteljahr kann von dem Verwaltungschef oder der von ihm bezeichneten Behörde auch dann gewährt werden, wenn der Verstorbene Verwandte der aufsteigenden Linie, Geschwister, Geschwisterkinder oder Pflegekinder, deren Ernährer er ganz oder überwiegend gewesen ist, in Bedürftigkeit hinterläßt, oder wenn und soweit der Nachlaß nicht ausreicht, um die Kosten der letzten Krankheit und der Beerdigung zu decken."

Vgl. auch die AusfBest. vom 11. April 1908 (MBl. 92 u. 131).

b) § 31 des PensionsG. vom 27. März 1872 (GS. 268, s. auch die AbänderungsG. vom 31. März 1882 [GS. 132], vom 30. April 1884 [GS. 126], vom 20. März 1890 [GS. 43], sowie vom 25. April 1896 [GS. 87] und vom 27. Mai 1907 [GS. 95]):

„Hinterläßt ein Pensionär eine Witwe oder eheliche oder legitimierte Nachkommen, so wird die Pension noch für die auf den Sterbemonat folgenden drei Monate (Gnadenvierteljahr) unter Anrechnung des vor dem Tode des Pensionärs fällig gewordenen Betrages gezahlt. Die Zahlung erfolgt im voraus in einer Summe.

An wen die Zahlung erfolgt, bestimmt die Provinzialbehörde, auf deren Etat die Pension übernommen war.

Die Zahlung kann auf Verfügung dieser Behörde auch dann stattfinden, wenn der Verstorbene Verwandte der aufsteigenden Linie, Geschwister, Geschwisterkinder oder Pflegekinder, deren Ernährer er ganz oder überwiegend gewesen ist, in Bedürftigkeit hinterläßt, oder wenn und soweit der Nachlaß nicht ausreicht, um die Kosten der letzten Krankheit und der Beerdigung zu decken."

Vgl. hierzu oben Anm. 1 und 7. Wegen des sonstigen Inhalts des PensionsG. s. Anm. 15 zu § 12.

9. D. i. der Magistrat bezw. Bürgermeister (in Städten ohne kollegialischen Vorstand), Gemeindevorstand, Amtmann, Verbandsvorstand, Amtsvorsteher, Kreisausschuß oder Provinzialausschuß, je nachdem es sich um die Hinterbliebenen des Beamten einer Stadt- oder Landgemeinde, eines Amtes, Zweckverbandes oder Amtsbezirkes, eines Kreises oder einer Provinz handelt (AA. II 2). Die Zustimmung der Stadtverordneten, Gem.-Versammlung usw. ist nicht erforderlich.

Sind mehrere Hinterbliebene vorhanden, so hat die Kommunalverwaltungsbehörde zu bestimmen, in welchen Anteilen die Gnadenbezüge auf die einzelnen zu verteilen sind.

10. Streitige Ansprüche der Hinterbliebenen auf die Gnadenbezüge aus § 4 sind auf dem im § 7 KBG. vorgeschriebenen Wege zu verfolgen (PVBl. 24 S. 322).

§ 5.

In dem Genusse der von dem verstorbenen Beamten[1]) bewohnten Dienstwohnung ist die hinterbliebene Familie[2]) in Ermangelung anderweiter Festsetzungen[3]) nach Ablauf des Sterbemonats noch drei fernere Monate zu belassen. Hinterläßt der Beamte keine Familie, so ist denjenigen, auf welche sein Nachlaß übergeht,[4]) unter der gleichen Voraussetzung eine vom Todestage an zu rechnende einmonatliche Frist[5]) zur Räumung der Dienstwohnung zu gewähren.

In jedem Falle müssen Arbeits- und Sitzungszimmer sowie sonstige, für den amtlichen Gebrauch bestimmte Räumlichkeiten sofort geräumt werden.

Vorbemerkung. Der § 5 KBG. entspricht bis auf die Worte „in Ermangelung anderweiter Festsetzungen“ im allgemeinen der Vorschrift des § 9 des ReichsbeamtenG. vom 31. März 1873 (RGBl. 61); vgl. auch § 33 des LehrerbesoldungsG. vom 26. Mai 1909 (GS. 93).

Der § 5 KBG. trat an die Stelle der früher für Kommunalbeamten geltenden Vorschrift der Nr. 3 der KabO. vom 27. April 1816 (GS. 134).

1. Auf die im § 2 bezeichneten Beamten ist die Bestimmung des § 5 nicht anwendbar.

2. „Familie" umfaßt alle die Personen, die mit dem Beamten verwandt oder verschwägert sind und auf Grund dieser Verwandtschaft oder Schwägerschaft seinen Hausstand teilten. Auf die Alimentationspflicht gegenüber dem Verwandten kommt es nicht an.

3. Die Bestimmung ist also dispositiver Natur. Im einzelnen Falle durch Abrede, generell sowohl in der Form eines einfachen Reglements, wie auch in der (nicht erforderlichen) Form des Ortsstatuts, kann Abweichendes festgesetzt werden.

4. Die Berechtigten aus Satz 2 sind nur Universalsukzessoren (Erben, Erbschaftskäufer), nicht Legatare oder Erwerber einzelner Nachlaßstücke.

5. Die einmonatige Frist rechnet nach § 188 BGB. von Monatsdatum zu Monatsdatum.

§ 6.

Über die Art und Höhe der Reisekostenentschädigung,[1]) welche den Kommunalbeamten, einschließlich der im § 2 Absatz 1 erwähnten,[2]) bei Dienstreisen[3]) zugebilligt werden sollen, können[4]) die Kommunalverbände Vorschriften erlassen.[5]) Kommen solche in Fällen, in welchen ein Bedürfnis der Regelung besteht,[6]) nicht zustande,[7]) so kann die Aufsichtsbehörde[8]) die erforderlichen Vorschriften erlassen, welche solange in Geltung bleiben, bis anderweite Bestimmungen seitens der Kommunalverbände getroffen sind.[9]) [10])

Vorbemerkung: Der § 6 KBG. handelt von der Reisekostenentschädigung. Er verdankt seine Entstehung dem Umstande, daß die einfache Anwendung der bezüglichen, die unmittelbaren Staatsbeamten betreffenden Vorschriften (vgl. jetzt das G. betr. die Reisekosten der Staatsbeamten vom 26. Juli 1910 [GS. 150] nebst AusfBest. vom 24. Sept. 1910 [GS. 269], sowie PVBl. 31 S. 797; 32 S. 59; 33 S. 435 u. 523) auf die Kommunalbeamten untunlich war, weil die Bestimmungen jener Gesetze auf der staatlichen Rangordnung beruhen, die auf die Kommunalbeamten unanwendbar ist. Zudem wäre eine einheitliche Regelung für die Kommunalbeamten der ganzen Monarchie nicht der Verschiedenheit sowohl der örtlichen Verhältnisse wie auch der Leistungsfähigkeit der Kommunen gerecht geworden. Aus diesen Gründen überläßt zwar § 6 Art und Höhe der Entschädigung der Bestimmung der einzelnen Kommunalverbände, statuiert aber an sich einen obligatorischen Anspruch der Kommunalbeamten auf Reisekostenentschädigung (anders die herrschende Meinung, Freytag S. 47; Jebens PVBl. 21 S. 67; Oertel S. 528; Kautz-Appelius S. 165). Für die hier vertretene Ansicht spricht die Entstehungsgeschichte des Paragraphen.

Im Regierungsentwurf lautete nämlich der Eingang des § 6: „Kommunalbeamte einschließlich &c. erhalten bei Dienstreisen außerhalb ihres Amtsbezirks Tagegelder und Reisekosten. Über die Höhe derselben können die Kommunalverbände Vorschriften erlassen." Gegen diese Fassung richtete sich in der Herrenhauskommission ein Bedenken, das den Anspruch auf Reisekostenentschädigung überhaupt nicht obligatorisch schaffen wollte, und ein anderes, das zwar den Anspruch als solchen, aber nicht die Einzelheiten desselben (Tagegelder und Reisekosten) festlegen wollte. Nur diesem zweiten Bedenken wurde stattgegeben; denn in erster Lesung wurde ein Antrag, den Paragraphen so zu fassen: „Über die Höhe der Tagegelder und Reisekosten der Kommunalbeamten einschließlich der in § 2 Abs. 1 erwähnten bei Dienstreisen können" usw. abgelehnt, dagegen der Antrag: „Kommunalbeamte &c. erhalten bei Dienstreisen außerhalb ihres Geschäftsbezirks eine Reisekostenentschädigung. Über Art und Höhe derselben usw." angenommen. Diese Fassung, welche die obligatorische Natur des Anspruchs zweifellos hervortreten läßt, wurde in zweiter Lesung wegen der inzwischen für erforderlich erachteten Streichung der Worte „außerhalb ihres Geschäftsbezirkes“ umgestaltet, ohne daß indessen in dem Kommissionsbericht die Absicht erwähnt wird, durch diese Änderung den Anspruch der Kommunalbeamten auf Reisekostenentschädigung seiner obligatorischen Natur zu berauben. (HHK. S. 6, 7.)

Wenn demgegenüber ausgeführt wird, daß trotz der Entstehungsgeschichte des § 6 doch der Wortlaut des Gesetzes: „zugebilligt werden sollen“ (richtig „soll“) gegen die obligatorische Natur des Anspruchs entscheidend ins Gewicht falle (so z. B. Jebens a. a. O.), so ist dabei wohl zunächst der Sprachgebrauch des KBG., ferner die Stellung des § 6 im System und schließlich auch sein Wortlaut nicht genügend gewürdigt worden. Nach dem Sprachgebrauch des KBG. sind diejenigen Vorschriften, die nicht obligatorischer, sondern fakultativer Natur sein sollten, stets mit den Worten eingeleitet oder bezeichnet „sofern nichts anderes festgesetzt ist“ oder „in Ermangelung anderweiter Festsetzungen“ (§§ 3, 5 [9, 10], 12, 15 KBG.). Die Bestimmung über die Reisekostenentschädigung ist ferner in den allgemeinen Teil des KBG. verwiesen, d. h. unter diejenigen Bestimmungen, die der Gesetzgeber für so fundamental hielt, daß er sie nicht, wie die Normen der §§ 8—15, nur den Städten auferlegen, sondern für sämtliche vom Gesetze betroffenen Kommunalbeamten maßgebend sein lassen wollte (s. hinsichtlich der Provinzialbeamten den Wortlaut des § 22 KBG.). Könnte es hiernach vielleicht noch zweifelhaft erscheinen, ob der Gesetzgeber die Bestimmung des § 6 wirklich als eine so fundamentale angesehen habe, so wird dies vollends bewiesen durch den Wortlaut des § 6 selbst, wenn man diesen mit § 2 KBG. zusammenhält. Im § 2 ist gesagt, daß auf die zur Probe usw. angestellten Personen nur diejenigen Bestimmungen des Gesetzes Anwendung finden sollen, in welchen diese Anwendbarkeit ausdrücklich ausgesprochen ist. Augenscheinlich ging das Gesetz davon aus, daß die noch nicht definitiv an die Gemeinden gefesselten Beamten nur in gewissen Fundamentalrechten den definitiv angestellten Kommunalbeamten gleich behandelt werden sollten. In § 6 — und zwar nicht bloß im Entwurf, sondern auch im jetzt geltenden Wortlaut — findet sich nun dieser Hinweis auf die probeweise usw. Beschäftigten. (Außerdem nur noch in § 2 Satz 2 hinsichtlich § 1, und im § 7.) Offenbar wurde neben der Regelung der Anstellung und des Rechtsweges bei vermögensrechtlichen Streitigkeiten nur die Regelung der Reisekostenentschädigung für wichtig genug erachtet, diesen Bestimmungen auch die probeweise usw. beschäftigten Personen zu unterwerfen. Der Hinweis in § 6 auf diese Personen wäre völlig unverständlich und zwecklos, wenn es in der Tat den Kommunalverbänden und der Aufsichtsbehörde nach § 6 freistände, zu bestimmen, ob überhaupt Reisekostenentschädigungen gewährt werden sollen oder nicht. Denn wenn die rechtliche Möglichkeit vorhanden ist, keinem Beamten Reisekostenentschädigung zu gewähren, so schließt diese gesetzliche Ermächtigung als plus doch zweifellos das minus ein, nur gewissen Klassen der Kommunalbeamten Reisekostenentschädigung zu gewähren, womit dann den Kommunen die tatsächliche und rechtliche Möglichkeit gegeben wäre, die auf Probe usw. Beschäftigten entgegen dem Wortlaute des § 6 von dem Rechte auf Reisekostenentschädigung auszuschließen. § 6 KBG. ist nichts anderes, als der öffentlich-rechtliche Ausdruck des aus allgemeinen Rechtsgrundsätzen sich ergebenden Anspruchs jedes Beamten, für solchen notwendigen Dienstaufwand, der nach den Bestimmungen des Anstellungsvertrages nicht schon durch die fixierten Besoldungen oder Remunerationen gedeckt sein soll, aus Mitteln seines Dienstherrn, d. i. hier des Kommunalverbandes, entschädigt zu werden. In diesem Sinne ist schon vor Erlaß des KBG. und von je her nicht daran gezweifelt worden, daß jeder Kommunalbeamte Anspruch auf Ersatz der notwendigen Auslagen für eine Dienstreise hat. Daß dieser Rechtssatz vom KBG. absichtlich abgelehnt worden sei, und daß statt des obligatorischen Anspruchs ein fakultativer geschaffen werden sollte, ist von vornherein nicht anzunehmen und läßt sich auch aus der Entstehungsgeschichte keineswegs entnehmen. Freigegeben ist den Kommunalverbänden und der Aufsichtsbehörde nur die Bestimmung darüber, wie sie den Anspruch erfüllen wollen, nicht aber, ob sie ihn erfüllen wollen. Daraus, daß den Kommunen zweifellos freie Entscheidung darüber gegeben ist, ob sie Reglements über die Reisekostenentschädigung erlassen wollen oder nicht (Anm. 4), folgt keineswegs, daß die Anerkennung des Anspruchs auf Reisekostenentschädigung in ihr Belieben gestellt ist.

1. Die Reisekostenentschädigung kann sowohl in Pauschalsätzen, wie in Tagegeldern und davon getrennt zu berechnenden Reisegebühren, wie endlich im Ersatz der aufgewendeten angemessenen Kosten bestehen. Nach dem ME. vom 27. Aug. 1903 (MBl. 192) ist es gesetzwidrig, wenn Kommunen die Dienstreiseentschädigungen verschieden festsetzen, je nachdem es sich um Gerichtsgebühren oder um Dienstreisen in kommunalen Angelegenheiten handelt.

2. D. s. die auf Probe, zu vorübergehenden Dienstleistungen und zur Vorbereitung angestellten Kommunalbeamten; vgl. hierzu Vorbemerkung.

Nur auf wirkliche Kommunalbeamte bezieht sich § 6. Es fallen also beispielsweise Stadtverordnete nicht darunter (RGZ. 41 S. 363).

3. Ob eine „Dienstreise" vorliegt, wird ev. nach vorgängigem Beschlußverfahren im ordentlichen Rechtswege zu entscheiden sein (§ 7). Selbstverständlich ist es zulässig, in den von den Kommunalverbänden erlassenen Vorschriften eine Bestimmung dahin zu treffen, daß Dienstreisen nur auf Anordnung oder mit Genehmigung des Bürgermeisters oder des Magistrats usw. angetreten werden dürfen.

Die Bestimmung des § 7 G. vom 26. Juli 1910 (GS. 150), daß Tagegelder und Reisekosten bei Dienstreisen unter 2 km nicht gewährt werden, gilt an sich für die Kommunalbeamten nicht. Indessen sind die Gemeinden berechtigt, eine entsprechende Bestimmung in den bezüglichen Gemeindebeschluß aufzunehmen. Eine nach § 6 zu entschädigende Dienstreise liegt nur vor, wenn es sich um eine kommunale Angelegenheit handelt; darunter fallen auch die polizeilichen Funktionen des Bürgermeisters nach § 62

StO. (GBBl. 29 S. 815). Dagegen regelt sich die Entschädigung für Dienstreisen von Kommunalbeamten im Gebiete der unmittelbaren Staatsverwaltung nicht nach § 6 (vgl. Brauchitsch, Anm. 3 zu § 6 KBG.).

4. Den Erlaß solcher reglementärer Vorschriften durch die Kommune direkt zu erzwingen, ist demnach die Aufsichtsbehörde nicht in der Lage; weigert sich die betreffende Kommune, solche Vorschriften zu erlassen, so kann die Aufsichtsbehörde nur den im Satz 2 bezeichneten Weg wählen und die zur Ausführung der von ihr erlassenen Vorschriften erforderlichen Geldbeträge nach Feststellung derselben ev. zwangsweise in den Etat einstellen; erläßt dagegen die Kommune zwar Vorschriften, die indessen der Aufsichtsbehörde nicht ausreichend erscheinen, so hat die Staatsaufsichtsbehörde, da ihr in diesem Falle der Weg vorherigen Erlasses eigener Vorschriften nach dem Wortlaute des Gesetzes nicht gegeben ist (Anm. 7), keine Möglichkeit zwangsweiser Einwirkung, weil in diesem Falle die betreffende Gemeinde es nicht unterlassen hat, die ihr gesetzlich obliegenden, von der Behörde innerhalb der Grenzen ihrer Zuständigkeit festgestellten Leistungen auf den Etat zu bringen, die gesetzlichen Voraussetzungen einer Zwangsetatisierung also nicht gegeben sind.

5. Und zwar in Form des einfachen Gemeindebeschlusses; ortsstatutarische Form oder Genehmigung der Aufsichtsbehörde ist nicht erforderlich. An die Bestimmungen für die Staatsbeamten sind die Kommunen inhaltlich nicht gebunden (cfr. Vorbem.).

Nach der AA. II 3 soll, wenn auch angesichts der großen örtlichen Verschiedenheiten davon abgesehen werden muß, für das Gebiet der Monarchie Grundlinien behufs einer einheitlichen Regelung dieser Materie zu ziehen, doch tunlichst auf die Vermeidung weitgehender Abweichungen der Vorschriften innerhalb der einzelnen Regierungsbezirke hingewirkt und dieser Gesichtspunkt überall dort zur Geltung gebracht werden, wo wegen der gewählten ortsstatutarischen Form oder wegen erforderlich gewordener Feststellung der Aufsichtsbehörde (§ 6 Satz 2) staatliche Mitwirkung erforderlich wird.

Die nach § 6 KBG. gültig erlassenen Vorschriften über die Art und Höhe der Reisekostenentschädigung haben bindende Kraft auch Dritten gegenüber, insbesondere gegenüber dem Justizfiskus; die Gerichte haben nur das ordnungsmäßige Zustandekommen der Vorschriften, nicht auch die Angemessenheit der Sätze nachzuprüfen (vgl. Kautz-Appelius, S. 168, PVBl. 28 S. 228 und 30 S. 5).

6. Ob ein solches Bedürfnis besteht, entscheidet die Aufsichtsbehörde, gegen deren Entschließung die Beschwerde (vgl. Anm. 8) und, falls Zwangsvollstreckungsmaßregeln (Zwangsetatisierung) vorliegen, die Klage bei dem OVG. gegeben ist. Die letztere dürfte übrigens, da nur die Prüfung der Zulässigkeit und Gesetzmäßigkeit der Zwangsetatisierung Sache des Verwaltungsgerichts ist, sich mit der Frage, ob ein Bedürfnis zum Erlasse aufsichtsbehördlicher Bestimmungen über Reisekosten und Tagegelder vorlag, nicht zu befassen haben, und daher dann regelmäßig aussichtslos sein, wenn eine Weigerung der Kommune, selbst die erforderlichen Vorschriften zu erlassen, vorgelegen, die Aufsichtsbehörde demnächst diese Vorschriften erlassen und die erforderlichen Beträge festgestellt hat.

7. Nur in diesem Falle, nicht in dem anderen, daß Vorschriften zwar erlassen werden, dieselben inhaltlich aber nach Ansicht der Aufsichtsbehörde nicht ausreichen, ist die Aufsichtsbehörde befugt, selbst den Erlaß der bezüglichen Vorschriften vorzunehmen. (So anscheinend auch Jebens im PVBl. 21 S. 68). Wenn im Gegensatz zu dem Gesagten Kautz-Appelius S. 166 der Aufsichtsbehörde das Recht zum Erlasse eigener Vorschriften auch dann zuweisen, wenn sie die von der Kommune erlassenen Vorschriften für unzureichend erachtet, so erscheint diese Auffassung als im inneren Widerspruch stehend mit der in der Ausführungsanweisung ganz deutlich zum Ausdruck gekommenen Ansicht, daß die „Festsetzungen" der Kommunen nach § 6 Satz 1 an sich nicht staatlicher Mitwirkung (Genehmigung) bedürfen, wenn sie nicht ausnahmsweise in der Form des Ortsstatuts abgefaßt werden (AA. Art. II unter 1 u. 3). Denn weist man der Aufsichtsbehörde das Recht zu, auch die schon

erlassenen Gemeindevorschriften sachlich nachzuprüfen und eventuell von Satz 2 des § 6 Gebrauch zu machen, so heißt das de facto nichts anderes, als ein Genehmigungsrecht der Behörde einzuführen. Der Aufsichtsbehörde kommt allerdings ein Einfluß auf die Gestaltung der Vorschriften gesetzlich zu, indessen nur vor dem Erlasse der Vorschriften, insbesondere — gemäß Satz 2 des § 6 — wenn die Kommune den Erlaß solcher Vorschriften ganz verweigert. Erweisen sich die schon erlassenen Vorschriften der Kommune als so willkürlich gewählt und unzureichend, daß die Beamten einen einigermaßen ausreichenden Ersatz ihrer Auslagen dabei nicht finden, so ist jeder einzelne Beamte gemäß § 7 in der Lage, den ihm vermeintlich zustehenden höheren Anspruch (siehe Vorbemerkung) gegen die Kommune geltend zu machen. Zwar haben im allgemeinen die Gerichte die Angemessenheit behördlich erlassener Reglements nicht zu prüfen. Da aber, wo bei Erlaß solcher Reglements Willkür an Stelle von normalen Verwaltungsgrundsätzen getreten ist, wird man den Gerichten auf dem Gebiete des Beamtenvermögensrechts ähnliche Kontrollbefugnisse zugestehen müssen, wie sie für ähnliche Fälle das OVG. sich hinsichtlich der Prüfung der Angemessenheit von Polizeiverordnungen und Polizeiverfügungen ausnahmsweise beigelegt hat. Mit der hier vertretenen Auffassung steht auch im Einklang der ME. vom 27. Aug. 1903 (MBl. 192), nach dem unangemessene Reglements, soweit ortsstatutarische Festsetzungen erfolgen, durch Versagung der Genehmigung, im übrigen aber durch entsprechende Einwirkung auf die Kommunalverbände zu verhindern sind (vgl. auch Oertel S. 530 und Freytag S. 49).

8. Aufsichtsbehörde ist hier wie z. B. auch in § 9 Abs. 1 die mit der laufenden Kommunalaufsicht betraute Staatsbehörde, nicht die zur Mitwirkung bei dieser Aufsicht berufene Selbstverwaltungsbeschlußbehörde; für Städte mithin der Regierungspräsident, nicht der Bezirksausschuß (AA. II 3).

Gegen die Entscheidung der Aufsichtsbehörde findet die Beschwerde nach den allgemeinen Grundsätzen statt, so z. B. gemäß § 7 ZustGes. gegen eine Anordnung des Regierungspräsidenten binnen 2 Wochen an den Oberpräsidenten. Für Berlin tritt an die Stelle des Regierungspräsidenten der Oberpräsident und an dessen Stelle der Minister des Innern.

9. Daß die von der Aufsichtsbehörde erlassenen Vorschriften formell von dieser wieder aufgehoben werden müssen, damit die später erlassenen Kommunalbeschlüsse in Wirksamkeit treten können, ist nach dem Wortlaut („bleiben in Geltung, bis") nicht anzunehmen (anders Freytag, S. 51, 52; Kautz-Appelius S. 170; Oertel S. 530). Gegen diese Ansicht spricht keineswegs die Bestimmung der AA. unter Art. II Nr. 3 (am Schluß): „Die Aufsichtsbehörde hat, nachdem sie gegebenenfalls die Vorschriften erlassen hat, dieselben wieder aufzuheben, sobald anderweite Bestimmungen seitens der Kommunalverbände getroffen sind." Denn die Aufhebung solcher Vorschriften der Aufsichtsbehörde ist auch dann noch — schon um der nötigen Klarheit willen — wünschenswert, wenn die Vorschriften der Aufsichtsbehörde ipso jure ihre Geltung verloren haben. Nicht das ist fraglich, ob die Aufhebung der Vorschriften der Aufsichtsbehörde gegebenenfalls ausgesprochen werden soll — das ist sicher zweckmäßig —, sondern ob diesem Ausspruche konstitutive oder deklaratorische Bedeutung zukommt. Darüber aber schweigt die AA. und konnte auch nur schweigen, da der Wortlaut des Gesetzes, wie eingangs bemerkt, Zweifel nicht zuläßt.

10. Diese subsidiäre Regelung durch Eingreifen der Aufsichtsbehörde ist unter anderem auch deshalb für erforderlich erachtet worden, weil nach der Praxis des Reichsgerichts (vgl. RGZ. 41 S. 363) bei Zeugen- und Sachverständigenvernehmungen von Kommunalbeamten in den Fällen des § 14 der Gebührenordnung für Zeugen und Sachverständige vom 20. Mai 1898 (RGBl. 369, 691) die auf Grund gesetzlicher Bestimmung erlassenen Reglements der Kommunalverbände der Berechnung der gerichtsseitig diesen Beamten zu gewährenden Vergütungen zugrunde zu legen sind. § 14 l. c. lautet:

„Öffentliche Beamte erhalten Tagegelder und Erstattung

von Reisekosten nach Maßgabe der für Dienstreisen geltenden Vorschriften, falls sie zugezogen werden:

1. als Zeugen über Umstände, von denen sie in Ausübung ihres Amtes Kenntnis erhalten haben;
2. als Sachverständige, wenn sie aus Veranlassung ihres Amtes zugezogen werden und die Ausübung der Wissenschaft, der Kunst oder des Gewerbes, deren Kenntnis Voraussetzung der Begutachtung ist, zu den Pflichten des von ihnen versehenen Amtes gehört.

Werden nach den Vorschriften dieses Paragraphen Tagegelder und Reisekosten gewährt, so findet eine weitere Vergütung an den Zeugen oder Sachverständigen nicht statt."

§ 7.

Der Bezirksausschuß beschließt über streitige vermögensrechtliche Ansprüche der Kommunalbeamten einschließlich der in § 2 Absatz 1 erwähnten Beamten [1]) aus ihrem Dienstverhältnisse,[2]) insbesondere über Ansprüche auf Besoldung,[3]) Reisekostenentschädigung,[4]) Pension [5]) sowie über streitige Ansprüche der Hinterbliebenen der Beamten auf Gnadenbezüge [6]) oder Witwen- und Waisengeld.[7]) Die Beschlußfassung erfolgt, soweit sie sich auf die Frage erstreckt, welcher Teil des Diensteinkommens bei Feststellung der Pensionsansprüche als Gehalt anzusehen ist,[8]) vorbehaltlich der den Beteiligten [9]) innerhalb zwei Wochen bei dem Bezirksausschuß gegen einander zustehenden Klage im Verwaltungsstreitverfahren. Im übrigen findet gegen den in erster oder auf Beschwerde in zweiter Instanz ergangenen Beschluß [10]) binnen einer Ausschlußfrist von sechs Monaten nach Zustellung desselben die Klage im ordentlichen Rechtswege statt.[11])[12]) Die Beschlüsse sind vorläufig vollstreckbar.

Bei den in §§ 18—20 erwähnten ländlichen Kommunalverbänden tritt an die Stelle des Bezirksausschusses sowohl für das Beschluß- als auch für das Verwaltungsstreitverfahren der Kreisausschuß.[13])

1. Der persönliche Geltungsbereich des § 7 reicht soweit, wie der persönliche Geltungsbereich des KBG. überhaupt (s. Anm. 1, 4, 5, 6 zu § 1). Insbesondere findet § 7 auf die auf Probe, zu vorübergehender Beschäftigung und zur Vorbereitung angenommenen Personen und auch auf die besoldeten Magistratsmitglieder Anwendung.

Nach RG. (vgl. PVBl. 30 S. 294) erstreckt sich § 7 auch auf die Beamten der Landesversicherungsanstalten (anders KG. im Recht 08 S. 717; vgl. Anm. 6 zu § 1).

Auf die Lehrer an den städtischen Lehrerseminaren findet § 7 keine Anwendung (RGZ. 70 S. 417; vgl. Anm. 5 zu § 1).

2. D. h. über alle vermögensrechtlichen Ansprüche der Kommunalbeamten, die durch den Dienstvertrag und die Anstellung des Beamten begründet werden, oder aus Anlaß derselben entstehen (s. auch RGZ. 14 S. 367). Die Bestimmung ist eine Erweiterung der Vorschriften der §§ 20 Abs. 4, 36 Abs. 3 ZustGes. Sehr wohl möglich ist, daß gelegentlich der Erhebung von vermögensrechtlichen Ansprüchen auf dem Wege des § 7 incidenter die Frage streitig wird, ob der Antragsteller, und eventuell wann er als Beamter angestellt worden, und welches Diensteinkommen ihm bewilligt ist. Alsdann ist der Bezirksausschuß und der ordentliche Richter incidenter über diese Frage zu entscheiden allerdings berufen. Immer aber muß daran festgehalten werden, daß weder der Anspruch als Kommunalbeamter angestellt oder als lebenslänglich angestellter Kommunalbeamter anerkannt zu werden, noch der Anspruch, die erhaltene Anstellung um deswillen zurückdatiert zu erhalten, weil der Betreffende nach den bestehenden Bestimmungen früher, als geschehen, zur Anstellung hätte gebracht werden sollen, ein vermögensrechtlicher Anspruch ist, daß vielmehr alle diese Ansprüche die Vornahme eines Hoheitsaktes zum Gegen-

stande haben, demnach an und für sich auch nicht auf dem Wege des § 7 ausgetragen werden können (OVG. 44 S. 48). Auf die rechtzeitige Anstellung kann immer nur im Aufsichtswege hingewirkt werden (RGZ. 49 S. 1, s. auch oben Anm. 11 zu § 1 und PVBl. 23 S. 73, 506; 24 S. 145; 32 S. 47). Deshalb können auch Militäranwärter mit der Behauptung, sie hätten nach § 15 Abs. 3 der Grundsätze vom 20. Juni 07 früher als geschehen angestellt werden müssen, im ordentlichen Rechtswege weder das etatsmäßige Stellengehalt für diejenige Zeit einklagen, in welcher sie tatsächlich noch nicht als Gemeindebeamte angestellt waren, noch Schadensersatzansprüche aus der verspäteten Anstellung geltend machen (so RGZ. 43 S. 423; 48 S. 86 und III 345/01 in Sachen Rogge und Gen. c/a Berlin, sowie PVBl. 24 S. 145).

Auch da, wo das System der Alterszulagen eingeführt ist, besteht ein im Rechtswege verfolgbarer Anspruch auf Bewilligung von Alterszulagen nicht, auch dann nicht, wenn die Alterszulage im Etat bereits ausgeworfen und von den Gemeindebehörden etatsmäßig für die Stelle festgesetzt ist; wohl aber ist wegen bereits bewilligter Alterszulagen der Rechtsweg eröffnet. (RGZ. 59 S. 413).

Nur auf das bei der Anstellung zugesicherte Gehalt sowie die bewilligten Alterszulagen besteht ein Rechtsanspruch. Meint der Beamte, daß ihm eine Alterszulage zu Unrecht vorenthalten werde, so muß er sich beschwerdeführend an die Aufsichtsbehörde wenden, die aber auch nur im Falle des § 11 KBG. eingreifen kann. Ob die Alterszulage mit Recht oder Unrecht versagt ist, wird im ordentlichen Rechtswege nicht geprüft (RGZ. 48 S. 321). Eine Ausnahme könnte nur dann vorliegen, wenn durch die Anstellungsurkunde selbst (PVBl. 30 S. 532) oder durch die in dieser etwa in bezug genommene Besoldungsordnung (indem diese dadurch zum integrierenden Bestandteil des Anstellungsvertrages gemacht ist) das Recht auf die Alterszulagen dem Beamten ausdrücklich zugesichert, oder endlich, wenn die Besoldungsordnung in der Form eines Ortsstatuts festgesetzt ist, ohne daß in dem Ortsstatut der Anspruch auf Alterszulagen von einer jedesmaligen Bewilligung abhängig gemacht ist. (PVBl. 34 S. 794).

Keine Anwendung findet § 7 hinsichtlich des Anspruchs auf Ausstellung einer Anstellungsurkunde (s. Anm. 11 zu § 1) und bezüglich der Frage, ob ein Beamter unter das KBG. fällt (z. B. ob er als im Gemeindedienst nur nebenberuflich tätig anzusehen ist), soweit nicht etwa auch diese Fragen nur incidenter bei Prüfung vermögensrechtlicher Ansprüche mitentschieden werden müssen. (Vgl. Anm. 5 zu § 2).

Zu den vermögensrechtlichen Ansprüchen aus dem Dienstverhältnisse gehört auch der Anspruch auf ein Zeugnis, da es dazu bestimmt ist, das wirtschaftliche Fortkommen desjenigen zu sichern, auf dessen Leistungen es sich bezieht (KG. in der Rechtsprechung der Oberlandesgerichte 13 S. 423; dagegen PVBl. 27 S. 937 und 31 S. 267).

3. Besoldung, weitergehend als der Begriff „Gehalt" (Anm. 8), umfaßt das gesamte Diensteinkommen, also auch den Anspruch auf Dienstwohnung, Wohnungsentschädigung, Wohnungsgeldzuschuß, auf sonstige Naturalbezüge, Repräsentations- und Dienstaufwandsentschädigung, fixierte oder nicht fixierte Fuhrkostenentschädigung, persönliche und sog. Funktionszulagen.

Darüber, daß die eingeklagte Besoldung bewilligt sein muß, vgl. Anm. 2.

4. Vgl. § 6. Der Rechtsweg gegen den Beschluß des Kreis- und Bezirksausschusses setzt voraus, daß der Beschluß über einen bestimmten Betrag lautet; der allgemeine Ausspruch, daß der Beschwerdeführer einen Anspruch auf Reisekosten und Tagegelder habe, genügt nicht. (RGZ. im PVBl. 32 S. 649).

5. Vgl. §§ 12, 18, 19, 21, 24.

Die Anwendung des § 7 auf streitige P e n s i o n s ansprüche setzt folgerichtig voraus, daß vorher die Pensionierung bereits ausgesprochen ist; bloße Feststellungsklagen, etwa darüber, ob gewisse Teile des Diensteinkommens pensionsfähig sind, können im Wege des § 7 nicht geltend gemacht werden (OVG. 45 S. 452; PVBl. 23 S. 610; 24 S. 548; 25 S. 63 u. 329; anders anscheinend

RGZ. 59 S. 162). — Bezüglich des Verfahrens bei zwangsweiser Pensionierung s. Anm. 3 zu § 12.

6. Vgl. §§ 4, 5.

7. Vgl. §§ 15, 18, 21, 23³, 24.

8. Zum pensionsfähigen Gehalt gehört bei den Kommunalbeamten (die besoldeten Magistratsmitglieder ausgenommen, s. Anm. 3 zu § 14) das ganze zuletzt bezogene Diensteinkommen einschließlich der Naturalbezüge und solcher persönlichen Zulagen, die nicht ausdrücklich als nichtpensionsfähig bezeichnet und für die ganze Amtsdauer des Inhabers als fortlaufende Vergütung für die gesamte Tätigkeit bewilligt sind, dagegen ausschließlich zufälliger und vorübergehender Remunerationen, sog. Funktionszulagen, und der Repräsentations- und Dienstaufwandsgelder (MR. vom 30. Sept. 1866 im MBl. S. 212; MR. vom 21. Okt. 1867 [MBl. 1868 S. 63]; OVG. 13 S. 175, 180 und OVG. im PVBl. 29 S. 126 und 31 S. 273). Vgl. endlich § 10 des Pens.-Ges. vom 27. März 1872 und Anm. 6 zu § 12.

Über den rechtlichen Charakter der sog. Funktionszulagen vgl. PVBl. 23 S. 233; 27 S. 101 und 32 S. 806. Besonders gewährte Kleidergelder sind Dienstaufwandskosten und nicht anzurechnen (OVG. im PVBl. 28 S. 294).

Die Zuständigkeit des Verwaltungsstreitverfahrens hinsichtlich der Entscheidung der Frage, welcher Teil des Diensteinkommens als Gehalt anzusehen ist, tritt auch ein, wenn es sich um Feststellung der von der Höhe der Pension abhängigen Hinterbliebenenversorgungsansprüche handelt (PVBl. 24 S. 322; 28 S. 294). Dagegen ist nicht im Verwaltungsstreitverfahren, sondern im ordentlichen Rechtswege darüber zu entscheiden, welches Diensteinkommen dem Beamten zur Zeit seiner Pensionierung rechtlich zustand (OVG. im PVBl. 33 S. 616).

Daß der Bezirksausschuß einen besonderen Beschluß darüber fasse, welcher Teil des Diensteinkommens bei Festsetzung der Pension als Gehalt anzusehen sei, ist nicht erforderlich; dem Bezirksausschuß ist vielmehr durch § 7 schlechthin die Zuständigkeit gegeben, die Pensionen in streitigen Fällen festzusetzen (OVG.

vom 9. Okt. 1903 II 1696; PVBl. 25 S. 329; OVG. 43 S. 106; 45 S. 452). Das gilt aber nur für das Beschlußverfahren aus § 7; das sich anschließende Verwaltungsstreitverfahren beschränkt sich auf die Frage, welcher Teil des Diensteinkommens bei Feststellung des Pensionsanspruchs als Gehalt anzusehen ist, während die Festsetzung eines bestimmten Ruhegehaltes vor den ordentlichen Richter gehört (OVG. im PVBl. 34 S. 381).

9. Das sind der Kommunalverband einerseits, der Beamte und seine Hinterbliebenen andererseits.

In der Provinz Westfalen, in welcher der Kassenverband, zu dem die Amtsverbände und Landgemeinden vereinigt sind, an Stelle der früher verpflichteten Kommunalverbände die pensionierten Beamten wegen ihrer Ruhegehaltsansprüche zu befriedigen hat, kann auch die Pensionskasse gegen den in Ruhestand getretenen Beamten im Verwaltungsstreitverfahren gemäß § 7 KBG. klagen, wenn sie die Pensionsfähigkeit einer dem Beamten von dem Kommunalverband bewilligten Zulage bestreitet (OVG. 61 S. 25).

10. Gegen die in erster Instanz erlassenen Beschlüsse des Bezirksausschusses ist, soweit der Rechtsweg offen steht, die an die 14 tägige Frist gebundene Beschwerde an den Provinzialrat gegeben (§ 121 LVG.). Eine Erschöpfung der Beschwerdeinstanz braucht indessen — im Gegensatze zu dem Rechte der Reichs- und Staatsbeamten (RBeamtenG. vom 31. März 1873 § 150 [RGBl. 61]; G. vom 24. Mai 1861 § 2 [GS. 242]; Ges. vom 30. April 1884 Art. I § 23 [GS. 126]) — der Klage im Rechtswege nicht vorauszugehen. Soweit das Verwaltungsstreitverfahren eintritt, ist die Beschwerde gegen den Beschluß des Bezirksausschusses nicht gegeben (§ 50 Abs. 2 LVG.; vgl. auch Brauchitsch I Anm. 216 zu § 121 LVG.). Wegen der Zuständigkeit für Berlin s. Anm. 12.

Die Anrufung und Entscheidung des Bezirksausschusses ist Voraussetzung für die Erhebung der Klage im ordentlichen Rechtswege und im Verwaltungsstreitverfahren. Der Mangel einer solchen Vorentscheidung begründet die Einrede der Unzulässigkeit des Rechtsweges. Indessen genügt es, wenn die Vorentscheidung vor Erlaß des Urteils erster Instanz ergeht (RGZ. 57 S. 78).

Ist gegen den Beschluß des Bezirksausschusses aus § 7 verspätet Beschwerde eingelegt, so rechnet die sechsmonatige Frist zur Klageerhebung von der Zustellung des Beschlusses erster Instanz (DtschJurZtg. 09 S. 1389).

Auch gegen den eine sachliche Entscheidung über den geltend gemachten Anspruch ablehnenden Beschluß des Bezirksausschusses findet die Klage aus § 7 statt (RGZ. 59 S. 166).

11. Zuständig ist je nach der Höhe des Anspruchs das Land- oder Amtsgericht, sofern es sich nicht etwa um einen unmittelbaren Staatsbeamten handelt, der kommissarisch ein Gemeindeamt verwaltet und dieserhalb Ansprüche an den Fiskus erhebt, in welchem letzteren Falle gemäß § 39 Nr. 1 AG. z. GVG. und § 70 Abs. 3 GVG. stets die Landgerichte zuständig sind.

Auch nach früherem Rechte stand der Rechtsweg den Gemeindebeamten für ihre vermögensrechtlichen Ansprüche aus dem Dienstverhältnis offen (RGZ. 28 S. 357), indessen ohne daß bisher die Erhebung der Klage an Innehaltung einer Präklusivfrist gebunden war.

12. Für Berlin ist, da das Gesetz eine anderweitige ausdrückliche Bestimmung nicht enthält, im Beschlußverfahren an Stelle des Bezirksausschusses der Oberpräsident zuständig (§ 43 Abs. 3 LVG.). Gegen den Beschluß des Oberpräsidenten ist, soweit der Rechtsweg offen steht, Beschwerde an den Minister des Innern gegeben (§ 43 Abs. 1 LVG.).

13. Der Instanzenzug bei Streitigkeiten über vermögensrechtliche Ansprüche der Kommunalbeamten ist nunmehr folgender:

A. Bei städtischen, Kreis- und Provinzialbeamten:

1. Beschluß des Bezirksausschusses (für Berlin des Oberpräsidenten); hiergegen
   a) falls es sich um die Frage handelt, welcher Teil des Diensteinkommens bei Feststellung der Pension als Gehalt anzusehen sei, binnen zwei Wochen:

2. Klage bei dem Bezirksausschusse (auch für Berlin § 43 Abs. 3 LVG.), gegen dessen Entscheidung
3. Berufung an das OVG. (§ 83 LVG.);
   b) in allen anderen Fällen, eventuell nach Erschöpfung der Beschwerdeinstanz (Provinzialrat) [in Berlin Minister des Innern]:
2. der binnen sechs Monaten nach Zustellung des anzugreifenden Beschlusses zu beschreitende ordentliche Rechtsweg (Anm. 11).

B. Bei Beamten der ländlichen Kommunalverbände und Amtsbezirke:
1. Beschluß des Kreisausschusses; hiergegen
   a) falls es sich um die Frage handelt, welcher Teil des Diensteinkommens bei Feststellung der Pension als Gehalt anzusehen ist, binnen zwei Wochen:
2. Klage bei dem Kreisausschuß, gegen dessen Entscheidung
3. Berufung an den Bezirksausschuß (§ 82 LVG.), gegen dessen Entscheidung noch
4. Revision an das OVG. (§ 93 LVG.) gegeben ist;
   b) in allen anderen Fällen, eventuell nach Erschöpfung der Beschwerdeinstanz (Bezirksausschuß):
2. der binnen sechs Monaten nach Zustellung des anzufechtenden Beschlusses zu beschreitende ordentliche Rechtsweg (Anm. 11).

Die Rechtsmittelfrist im Verwaltungsstreit- und Beschwerdeverfahren ist durchweg (§§ 51, 85, 95 LVG.) eine zweiwöchige.

Beamte der Stadtgemeinden.*)

§ 8.

Die Anstellung der städtischen Beamten erfolgt, unbeschadet der Vorschriften in §§ 9 und 10, auf Lebenszeit.[1])

---

*) Welche Kommunen als Stadtgemeinden im Sinne des Gesetzes anzusehen sind, bestimmt § 16.

Für die Beamten der städtischen Betriebsverwaltungen [2]) findet Absatz 1 nur insoweit Anwendung, als die Stadtgemeinden dies beschließen.[3])[4]) Welche Verwaltungszweige zu den städtischen Betriebsverwaltungen zu rechnen sind,[5]) kann durch Ortsstatut [6])[7]) festgesetzt werden.

Vorbemerkung: Die §§ 8 und 9 des KBG. stellen die Anstellungsgrundsätze für die städtischen Beamten fest, zu denen § 10 einige Ausnahmen bringt. Die Grundsätze sind:

a) Bei allen städtischen Beamten, die Beamte der eigentlichen Stadtverwaltung sind, ist die Anstellung auf Lebenszeit die Regel; ausnahmsweise sind Anstellungen auf Zeit und Kündigung zugelassen auf Grund von Ortsstatuten oder — in einzelnen Fällen — auf Grund von aufsichtsbehördlich genehmigten Beschlüssen.

b) Bei den Beamten der städtischen Betriebsverwaltungen gilt umgekehrt, vorausgesetzt, daß sie überhaupt als Gemeindebeamte angestellt werden (s. Anm. 9 zu § 1), die nicht-lebenslängliche Anstellung als Regel; lebenslängliche Anstellung greift hier nur insoweit Platz, als sie ausdrücklich beschlossen wird.

c) Soweit Kündigung zulässig ist, darf sie nur auf Grund eines Kollegialbeschlusses erfolgen.

Die §§ 8—10 finden nur auf die nach dem Inkrafttreten des Gesetzes zur Anstellung gelangenden Beamten Anwendung; doch empfahl die AA. (III. 3) die Einführung des Gesetzes als eine passende Gelegenheit, die im Gebiete der Städteordnungen für die östlichen Provinzen, für Westfalen und Frankfurt a. M. vielfach hervorgetretenen Zweifel über Lebenslänglichkeit oder Kündbarkeit der Anstellung städtischer Beamten, von deren Dienstleistungen es nicht klar feststand, ob sie mechanischer bezw. vorübergehender Natur wären, dadurch zu beseitigen, daß im Wege der Vereinbarung zwischen Stadtgemeinden und Beamten entweder eine Deklaration des bisherigen Rechtsverhältnisses erfolgte oder das bisherige Dienstverhältnis aufgelöst, und eine neue Anstellung nach Maßgabe dieses Gesetzes vorgenommen wurde.

1. Diese Bestimmung bezieht sich auf alle städtischen Beamten, mit Ausnahme der Beamten der städtischen Betriebsverwaltungen, der auf Probe, zu vorübergehender Beschäftigung oder zur Vorbereitung angenommenen, sowie der städtischen Forstbeamten (§ 23[1]); sie bezieht sich also, soweit nicht etwa gemäß § 9 Abs. 1 Abweichungen festgesetzt sind, auch auf die zu mechanischen Dienstleistungen angenommenen sog. Unterbeamten. Bezüglich letzterer gesetzlich die Kommunen von dem Erfordernis der lebenslänglichen Anstellung allgemein zu befreien, wie dies noch in der jüngsten preußischen StO., der StO. f. H.-N. vom 4. Aug. 1897 (GS. 254) § 61[6] geschehen war, hat man wegen des in der Judikatur schwankenden Begriffes der „mechanischen" Dienstleistungen (s. Einleitung) unterlassen, und zwar umsomehr, als die Städte durch § 9 Abs. 1 die Möglichkeit haben, bestimmt bezeichnete Beamtenkategorien ortsstatutarisch von der lebenslänglichen Anstellung auszuschließen. — Die Bestimmung bezieht sich nicht auf die Magistratsmitglieder und die Bürgermeister und deren Stellvertreter (in Städten ohne kolleg. Gemeindevorstand); s. Anm. 4 zu § 1 und § 14.

Erfolgt die Anstellung von Beamten, die nach § 8 Abs. 1 auf Lebenszeit anzustellen sind, dennoch auf Kündigung, so ist der Vorbehalt der Kündigung rechtlich unwirksam.

Auf die Eigenschaft eines lebenslänglich angestellten Beamten kann seitens des Beamten (etwa gelegentlich einer Neuanstellung in einem höheren oder besser besoldeten, kündbaren Amte) verzichtet werden (vgl. KG. im Recht 07 S. 326). Es kann aber auch der andere Weg gewählt werden, dem Beamten Eigenschaft und Kompetenzen des lebenslänglichen Amtes dauernd zu belassen und ihn unter Anrechnung dieser Kompetenzen kündbar in dem neuen Amte anzustellen. Dann tritt er bei Kündigung ohne weiteres in das alte lebenslänglich verliehene Amt zurück (PVBl. 25 S. 510).

2. Ob ein Beamter als Beamter der eigentlichen städtischen Verwaltung oder als Beamter einer städtischen Betriebsver-

waltung anzusehen ist, hängt von der Natur der ihm übertragenen Geschäfte ab und ist daher quaestio facti. Im allgemeinen wird der Inhalt der Anstellungsurkunde, eventuell auch der der Ortsstatuten (Satz 3 des § 8) entscheidend sein (s. auch Anm. 9 zu § 1 und Anm. 4, 5 unten). Über die Begrenzung des Kreises der Betriebsverwaltungen siehe das zu Satz 3 Gesagte (Anm. 5).

3. Es genügt einfacher Gemeindebeschluß, Ortsstatut (§ 11 StO., Anm. 6 unten) ist nicht erforderlich (PVBl. 30 S. 599).

4. Die Angestellten der städtischen Betriebsverwaltungen können demnach sein: a) durch Privatdienstvertrag angenommene Personen; b) auf Zeit oder Kündigung angestellte; c) lebenslänglich angestellte Personen. In den Fällen zu b und c hat die Anstellung nach der im § 1 Satz 2 KBG. festgesetzten Form zu erfolgen.

5. Die Abgrenzung des Kreises der „Betriebsverwaltungen" ist theoretisch überaus schwierig; eine Definition zu geben, hat das Gesetz absichtlich vermieden. Sicher ist, daß alle rein gewerblichen Unternehmungen „Betriebsverwaltungen" darstellen; im übrigen dürfte die richtige Entscheidung im Einzelfalle nur so zu finden sein, daß man prüft, ob die betreffende Verwaltung sich als integrierender Teil der allgemeinen und eigentlichen Verwaltung, d. h. derjenigen Verwaltung darstellt, die den obrigkeitlichen und sonstigen, im wesentlichen gemeindlichen Aufgaben dient; wenn dies nicht der Fall ist, kann im allgemeinen eine Betriebsverwaltung für vorliegend erachtet werden. Bei der Beratung des KBG. wurde in der HHKommission zur Verdeutlichung des Unterschiedes vergleichsweise der Unterschied zwischen Finanzvermögen (d. i. werbendem, wirtschaftlichem, dem Zweck nach für die Staatszwecke nicht wesentlichem Vermögen) und dem eigentlichen, d. h. für die Staatszwecke wesentlichen Verwaltungsvermögen des Staats (vgl. Laband, Staatsrecht Bd. II S. 854) herangezogen. Sehr wohl möglich ist dabei, daß ein dem gleichen Zwecke dienender Betrieb, z. B. eine Anlage zur Erzeugung elektrischen Lichts, in der einen Gemeinde, wo sie vielleicht nur zur Beleuchtung des Rathauses dient und

von einem Manne bedient wird, als Zweig der allgemeinen Verwaltung, in der anderen Gemeinde, wo die Erzeugung elektrischen Lichts gewerblich ausgenutzt wird, als Betriebsverwaltung anzusehen ist. Denn wesentlich kommt für das Vorliegen einer Betriebsverwaltung auch Art und Umfang des betreffenden Betriebes in Betracht. Erforderlich ist insbesondere, daß der Betrieb ein besonderes Personal besitzt und ein gesondertes wirtschaftliches Unternehmen darstellt. Auch die etatsmäßige Behandlung des betreffenden Betriebes ist von Erheblichkeit, insofern die Aufnahme der gesamten Einnahme- und Ausgabepositionen des Betriebes in den Gemeindeetat auf einen Zweig der Gesamtverwaltung, die Einstellung nur des Überschusses der Betriebseinnahmen oder nur des Fehlbetrages in den Gemeindeetat auf das Vorhandensein einer abgesonderten Betriebsverwaltung schließen lassen wird. Nicht notwendig ist es, daß mit der betreffenden Gemeindeveranstaltung ein technischer Betrieb verbunden ist. (OVG. 39 S. 49). Auch wird die Eigenschaft einer Verwaltung als „Betriebsverwaltung" nicht schon dadurch ausgeschlossen, daß

a) der Betrieb in erster Linie aus Gründen des öffentlichen Interesses, nicht um der Gewinnerzielung willen betrieben wird;
b) mit dem Betriebe Monopol- oder Benutzungszwang (Zwangsrechte verbunden sind;
c) einzelne der im Betriebe tätigen Personen obrigkeitliche Funktionen auszuüben haben.

Mit diesen Maßgaben können im allgemeinen Bahnunternehmungen, Fuhrparks, Fähr- und Schiffahrtsunternehmungen, Sparkassen, Hafenanlagen und Lagerhäuser, Gas-, Wasser-, Elektrizitätswerke, Markthallen, Schlacht- und Viehhöfe, Kur- und Badeverwaltungen (Schwimm-, Brause- und andere Badeanstalten), Theater-, Konzertunternehmungen, zoologische Gärten als Betriebsunternehmungen angesehen werden, ohne daß indessen dies Verzeichnis die an sich begrifflich hierzu geeigneten Unternehmungen erschöpft. — Vgl. OVG. 39 S. 47 und HHK. S. 12—15.

6. D. i. durch einen im allgemeinen durch den Bezirksausschuß, in Berlin durch den Oberpräsidenten genehmigten Gemeindebeschluß, vgl. StO. Oe. § 11; StO. W. § 11; StO. Rh. § 10; StO. SH. §§ 17, 18; StO. H. §§ 1—3; StO. HN. § 13; GemVG. f. Fr. § 3; ferner ZustGes. § 16 Abs. 3; LVG. § 43. Bezüglich der Städte in Neuvorpommern und Rügen s. § 17 des G. — Bei versagter Genehmigung ist Beschwerde an den Provinzialrat, für Berlin an den Minister des Innern gegeben (LVG. § 121. § 43).

7. Unterläßt es eine Stadtgemeinde, den Kreis der Betriebsverwaltungen ortsstatutarisch festzustellen, so unterliegt im Streitfalle die Frage, ob eine Betriebsverwaltung vorliegt und der betreffende Beamte als Beamter einer Betriebsverwaltung anders als lebenslänglich angestellt werden durfte, richterlicher Prüfung. Sind dagegen die Zweige der städtischen Verwaltung, die als „Betriebsverwaltungen" im Sinn des § 8 zu gelten haben, durch Ortsstatut festgestellt, so ist der Richter an den Inhalt dieses Ortsstatuts gebunden (PVBl. 27 S. 101). Dem widerspricht keineswegs der Satz, daß der Richter die Gesetzlichkeit des Ortsstatuts zu prüfen berechtigt und verpflichtet ist. Denn in bezug auf die Frage, ob ein Geschäftszweig „Betriebsverwaltung" ist, ist gemäß § 8 KBG. die Stadtgemeinde, sofern nur die Formen des Ortsstatuts innegehalten sind, souverän; sie kann daher bei dieser Bestimmung nicht in die Lage kommen, materiell gegen das Gesetz zu verstoßen (OVG. im PVBl. 30 S. 105).

§ 9.

Abweichungen von dem Grundsatze der Anstellung auf Lebenszeit (§ 8 Absatz 1) können durch Ortsstatut [1]) oder in einzelnen Fällen mit Genehmigung der Aufsichtsbehörde [2]) festgesetzt werden.[3])

Soweit hiernach eine Anstellung auf Kündigung zulässig ist, darf die Kündigung nur auf Grund eines Beschlusses des kollegialischen Gemeindevorstandes

(Magistrats) oder, wo ein solcher nicht besteht, eines aus dem Bürgermeister und den Beigeordneten (Schöffen, Ratmänner) gebildeten Kollegiums erfolgen.[4])[5])

1. Über Ortsstatute vgl. Anm. 6 zu § 8.

Bei Genehmigung des Ortsstatuts hat der Bezirksausschuß das Recht, nicht nur die Gesetzmäßigkeit, sondern auch die Zweckmäßigkeit und Notwendigkeit des Statuts zu prüfen. Die Bestätigung des Statuts entzieht dem mit ihm befaßten Verwaltungs- oder ordentlichen Richter die Prüfung der Notwendigkeit und Zweckmäßigkeit, nicht aber die der Gesetzmäßigkeit des Statuts. (OVG. 2 S. 107; 3 S. 97; 4 S. 117, 145; 9 S. 29; 11 S. 104; 12 S. 177).

Die Ortsstatuten können bezüglich bestimmter Kategorien von Gemeindebeamten sowohl eine Altersgrenze festsetzen, vor deren Erreichung durch den Beamten die Kommune zur Anstellung auf Lebenszeit nicht zu schreiten braucht, als auch die lebenslängliche Anstellung von einer vorherigen mehrjährigen Beschäftigung des Anzustellenden (der auch schon vorher auf Zeit oder Kündigung angestellt gewesen sein kann) in dem Dienste der betreffenden Gemeinde abhängig machen; auch können die Beamten nach Analogie der Magistratsmitglieder auf eine bestimmte Reihe von Jahren mit Pensionsberechtigung für den Fall der Nichtwiederernennung angestellt werden (Begr. S. 18 und HHK. S. 10, 11).

Die Abweichungen sind nicht auf den Kreis der mechanisch tätigen Beamten beschränkt. Die AA. sagt hierüber:

„Während in dem bezeichneten Teile des Staatsgebiets bisher nur die zu vorübergehenden oder zu mechanischen Dienstleistungen bestimmten Beamten auf Kündigung angestellt werden durften, will das Gesetz, welches die erstere Beamtengruppe unter besondere Bestimmungen (§§ 2, 10) stellt, den Gemeinden die Berechtigung verleihen, neben den mechanischen noch andere Funktionen des Amtsorganismus durch kündbare Beamte versehen zu lassen. In dem hiernach veränderten Umfange soll das Anstellungsprinzip der angeführten Städteordnungen fortan allgemein zur Geltung gelangen.

Zu dem Ende werden die mit der Genehmigung von Abweichungen vom Prinzip der lebenslänglichen Anstellung städtischer Beamten betrauten Behörden, d. h. bei ortsstatutarischer Regelung die Bezirksausschüsse, in Einzelfällen die Regierungspräsidenten (§ 9 al. 1, Art. II Nr. 3 a. E.), die Genehmigungsanträge der Stadtgemeinden einer wohlwollenden Prüfung nach der Richtung zu unterwerfen haben, ob die Wünsche der Kommunen durch die lokalen Verhältnisse begründet sind. Insbesondere werden für die Zulassung von Abweichungen folgende Gesichtspunkte zu beachten sein:

a) Für Dienstleistungen, welche nach den Ausführungen in Art. I Nr. 5 auch von Nichtbeamten wahrgenommen werden können, insbesondere also für solche rein technischer, wissenschaftlicher, künstlerischer oder mechanischer Natur wird die Anstellung von Beamten auf Lebenszeit nicht verlangt werden können.

b) Auch wird die Anstellung auf Lebenszeit abhängig gemacht werden dürfen von der Erreichung eines gewissen Lebensalters (etwa des dreißigsten Jahres) allein oder in Verbindung mit der Zurücklegung einer mehrjährigen Dienstzeit in der Stadt.

c) Bezüglich der Frage, inwieweit etwaigen Anträgen auf kündbare Anstellung von Polizeiexekutivbeamten zu entsprechen sein wird, bleibt unter anderem zu prüfen, welche Garantien für eine sachgemäße, gerechte Ausübung des Kündigungsrechts aus der Gesamtlage der städtischen Verhältnisse zu entnehmen sind.

d) Die Abweichung wird auch in einer Anstellung auf bestimmte Zeit etwa mit Pensionsberechtigung für den Fall nicht erfolgender Wiederernennung, bestehen können, sofern ein derartiges lokales Bedürfnis nachgewiesen wird."

2. D. i. in den Städten der Regierungspräsident, für Berlin der Oberpräsident. Der Landrat ist auch in den nicht kreisfreien Städten, wenngleich alle Berichte durch ihn zu gehen haben und sich der Regierungspräsident zur Handhabung der Aufsicht seiner bedienen kann, im allgemeinen nicht, sondern nur, soweit die Polizeiverwaltung in Frage kommt, Aufsichtsbehörde der Städte.

Beschwerdeinstanz ist der Oberpräsident, in Berlin der Minister des Innern (§ 7 ZustGes.).

3. Es ist Gemeindebeschluß, also Mitwirkung der Stadtverordneten erforderlich, Magistratsbeschluß oder Vertrag zwischen Magistrat und Beamten unter Genehmigung der Aufsichtsbehörde genügt nicht. Der Wortlaut dieser Bestimmung rührt aus der StO. f. HN. her (§ 61[8] daselbst), man muß daher nach dem dortigen Zusammenhange interpretieren. Nach dem Vorgange der übrigen StO. weist die StO. f. HN. den Stadtverordneten die Funktion zu, über alle Gemeindeangelegenheiten zu beschließen, soweit dieselben nicht ausschließlich dem Magistrat überwiesen sind. Nun weist zwar § 61[6] l. c. (gleich § 56[6] StO. Oe.) dem Magistrat die Anstellung der Gemeindebeamten zu, aber erstens nicht ausschließlich, indem der Magistrat zur vorherigen Anhörung der Stadtverordneten verpflichtet ist, und zweitens ist dem Magistrat nur die Anstellung als solche, nicht die freie Bestimmung über die Modalitäten der Anstellungen zugewiesen.

4. Anwendbar auch auf Beamte der Betriebsverwaltungen, sofern dieselben gemäß § 1 angestellt sind. Die Bestimmung ist deshalb für erforderlich erachtet worden, weil auch die auf Kündigung angestellten städtischen Beamten Pensionsansprüche gemäß § 12 KBG. haben und demgemäß besondere Ursache vorliegt, einer mißbräuchlichen Anwendung des Kündigungsrechts und damit einer willkürlichen Beeinträchtigung des Pensionsanspruchs vorzubeugen. Sie entspricht der für die unmittelbaren Staatsbeamten gültigen Bestimmung in § 5[6] der Regierungsinstruktion vom 23. Okt. 1817 (GS. 248). Einer Mitwirkung der Stadtverordneten bedarf es nicht. Die Kündigung kann auch vorgenommen werden, ohne daß es sich um eine disziplinare Maßregel zu handeln braucht (PVBl. 32 S. 15). Ausgesprochen werden muß die Kündigung von der anstellenden Behörde. — Gegen die an sich rechtsgültig ausgesprochene Kündigung steht dem

Beamten die Beschwerde an die Aufsichtsbehörde **nicht** zu. Die Zweckmäßigkeit der gesetzlich und vertraglich zulässigen Kündigung zu prüfen, ist die Aufsichtsbehörde nicht befugt, und zwar auch dann nicht, wenn es sich um einen kündbar angestellten Beamten handelt, dessen Anstellung die Bestätigung der Aufsichtsbehörde, wie z. B. bei den Polizeiexekutivbeamten, erforderte (OVG. 51 S. 52). Nur ausnahmsweise, in den Fällen nämlich, in denen seitens des Beamten behauptet wird, daß eine Kündigung überhaupt nicht zulässig sei, oder daß der Kündigungsbeschluß nicht gesetzlich gefaßt sei, steht der Aufsichtsbehörde das Recht zu, diese Umstände zu prüfen. Diese Ansicht wurde bei der Beratung des KBG. in der HH. allgemein geteilt. Ein Antrag, ein organisiertes Beschwerdeverfahren gegenüber allen Kündigungsbeschlüssen einzuführen, wurde von den Regierungskommissaren selbst mit dem Bemerken bekämpft, daß hierdurch der Unterschied zwischen lebenslänglichen und kündbaren Beamten verwischt würde. Dennoch soll gelegentlich der Bestätigung der vorgelegten Ortsstatuten hier und da seitens der Aufsichtsbehörden versucht worden sein, eine Art Nachprüfungsrecht hinsichtlich der materiellen Gründe ergangener Kündigungsbeschlüsse ortsstatutarisch einzuführen. Im Streitfalle kommt, soweit es sich um vermögensrechtliche Ansprüche handelt, § 7 KBG. in Anwendung.

Aber auch die Gerichte haben nur die Zulässigkeit der Kündigung, nicht die Angemessenheit und das Vorliegen eines wichtigen Kündigungsgrundes zu prüfen (KG. im Recht 1907 S. 325; vgl. auch RG. im PBBl. 33 S. 586 und 34 S. 134).

Das Kündigungsrecht wird weder durch den Ablauf zehnjähriger Dienstzeit noch durch Dienstunfähigkeit des Beamten nach Ablauf derselben ausgeschlossen (OVG. 54 S. 489); durch die Kündigung erlöschen alle Ansprüche aus dem Dienstverhältnisse, insbesondere auch Pensionsansprüche. Ein Anspruch auf Pension bezw. ein Schadensersatzanspruch kann nur dann in Frage kommen, wenn das Kündigungsrecht von der Verwaltungsbehörde dazu mißbraucht ist, dem dienstunfähig gewordenen Beamten, dessen Entlassung nicht durch andere Gründe veranlaßt ist, geflissentlich den Anspruch auf Pension abzuschneiden (RGZ. 81 S. 100 ff. und im PVBl. 34 S. 134; vgl. auch Anm. 2 zu § 12).

Nach erfolgter Kündigung muß erforderlichenfalls dem Beamten ausreichende Befreiung vom Dienste zuteil werden, damit er sich rechtzeitig eine anderweite Beschäftigung suchen kann (RG. im Recht 1907 S. 325).

5. Die Kündigungsfrist bestimmt sich in Ermangelung besonderer Vorschriften nach § 621 BGB.

§ 10.

Der Anstellung kann eine Beschäftigung auf Probe vorangehen.[1]) Dieselbe darf in der Regel die Dauer von zwei Jahren nicht übersteigen. Eine Ausdehnung der probeweisen Beschäftigung ist nur mit Genehmigung der Aufsichtsbehörde [2]) zulässig.

Im übrigen hat bei Beamten, welche probeweise oder zu vorübergehenden Dienstleistungen oder zum Zwecke der Vorbereitung beschäftigt werden, die Regelung [3]) der Annahmebedingungen vor dem Antritt der Beschäftigung zu erfolgen.

Durch die vorstehenden Bestimmungen wird § 13 des Gesetzes, betreffend die Besetzung der Subaltern- und Unterbeamtenstellen der Kommunalverbände mit Militäranwärtern, vom 21. Juli 1892 (Gesetz-Samml. S. 214) nicht berührt.[4])

1. Auch die gemäß § 10 auf Probe, zu vorübergehenden Dienstleistungen und zur Vorbereitung angenommenen Personen können gemäß § 2 Abs. 1 Satz 2 durch Aushändigung einer Anstellungsurkunde als Gemeindebeamte angestellt werden; sie müssen angestellt werden, sofern es sich um obrigkeitliche Funktionen handelt (s. Anm. 9 zu § 1 u. Anm. 3 zu § 2). Sind sie angestellt, so finden §§ 6 und 7 des KBG. auf sie Anwendung (§ 2 KBG. und Anm. 2 dazu). — Die Fassung des § 10 Abs. 1 erscheint insofern

nicht glücklich, als der gewählte Ausdruck „der Anstellung kann eine Beschäftigung .... vorangehen" dazu verleiten kann, anzunehmen, daß sich die Bestimmung ausschließlich auf die mittels Privatdienstvertrages auf Probe usw. angenommenen Personen beziehen sollte; indessen ergibt einmal der Zusammenhang mit Abs. 2, in dem von „Beamten, welche probeweise usw. beschäftigt werden", die Rede ist, außerdem aber auch die Begründung zu dem Gesetzentwurfe (Drucksachen des Herrenhauses, Session 1899 Nr. 27 S. 14 a. E.), daß § 10 sich gerade auf die auf Probe, vorübergehend oder zur Vorbereitung beschäftigten mit Beamteneigenschaft angestellten Personen beziehen soll.

2. Siehe Anm. 2 zu § 9.

3. Die Bestimmung des Abs. 2 soll einen im Interesse sowohl der Stadtgemeinden als auch der Beamten liegenden Zwang zur völlig klaren und erschöpfenden Regelung der Annahmebedingungen vor Antritt der zur Probe, zu vorübergehenden Dienstleistungen oder zur Vorbereitung einzugehenden Beschäftigungsverhältnisse herbeiführen. „Ihre Durchführung wird insbesondere denjenigen Streitigkeiten vorbeugen, welche über die Frage entstanden sind, ob das Beschäftigungsverhältnis eines Bureauhilfsarbeiters oder eines sonstigen zur Aushilfe angenommenen Beamten ein lediglich vorübergehendes sei oder nicht. Zu dem Ende wird die in § 10 al. 2 vorgeschriebene zuvorige Regelung der Annahmebedingungen bei vorübergehenden Dienstleistungen den Gegenstand der Beschäftigung und die voraussichtliche Dauer derselben neben den vermögensrechtlichen Momenten zu umfassen haben." (AA. III 4).

Bei der Regelung der Annahmebedingungen ist — sofern nicht die Ausdehnung der probeweisen Beschäftigung über zwei Jahre hinaus festgesetzt wird — die Aufsichtsbehörde nicht beteiligt.

Keiner Regelung der Annahmebedingungen im Sinne des Abs. 2 bedarf es bei den durch Privatdienstvertrag probeweise, zu vorübergehenden Dienstleistungen oder zum Zwecke der Vorbereitung angenommenen Personen; Abs. 2 bezieht sich nur auf Beamte.

4. Hinsichtlich der Verpflichtung der Stadtgemeinden, gewisse Stellen ganz oder vorwiegend mit Militäranwärtern zu besetzen, vgl. Anm. 10 zu § 1.

§ 13. G. vom 21. Juli 1892 lautet:

„Die Anstellungsbehörden sind zur Berücksichtigung von Bewerbungen nur dann verpflichtet, wenn die Bewerber eine genügende Befähigung für die fragliche Stelle beziehungsweise den fraglichen Dienstzweig nachweisen. Darüber, ob der Bewerber genügende Befähigung besitzt, entscheidet auf Beschwerde die staatliche Aufsichtsbehörde.

Sind für gewisse Dienststellen oder für gewisse Gattungen von Dienststellen besondere Prüfungen (Vorprüfungen) vorgeschrieben, so hat der Militäranwärter auch diese Prüfungen abzulegen. Auch kann, wenn die Eigentümlichkeit des Dienstzweiges dies erheischt, die Zulassung zu dieser Prüfung oder die Annahme der Bewerbung überhaupt von einer vorgängigen informatorischen Beschäftigung in dem betreffenden Dienstzweige abhängig gemacht werden, welche in der Regel nicht über drei Monate auszudehnen ist. Über die Zulässigkeit einer informatorischen Beschäftigung entscheidet die staatliche Aufsichtsbehörde.

Die Anstellung eines einberufenen Militäranwärters kann zunächst auf Probe erfolgen oder von einer Probedienstleistung abhängig gemacht werden. Die Probezeit darf vorbehaltlich der Abkürzung bei früher nachgewiesener Befähigung in der Regel höchstens sechs Monate, für den Dienst der Straßen- und Wasserbauverwaltung, mit Ausschluß der im § 3 bezeichneten Stellen,*) ein Jahr betragen. Handelt es sich um Anstellungen im Bureau- oder Kassendienst, so kann die Probezeit mit Ge-

*) d. s. die Stellen im Kanzleidienst und die mit wesentlich mechanischen Dienstleistungen verbundenen Stellen.

nehmigung der staatlichen Aufsichtsbehörde unter Zustimmung der zuständigen Militärbehörde ausnahmsweise bis auf die Dauer eines Jahres verlängert werden. Während der Anstellung auf Probe ist dem Anwärter das volle Stelleneinkommen, während der Probedienstleistung eine fortlaufende Remuneration von nicht weniger als Dreiviertel des Stelleneinkommens zu gewähren."

Aus dem vorstehenden § 13 sind jedoch in Geltung nur noch der letzte Satz des Abs. 1 und der letzte Satz des Abs. 2. Im übrigen ist jetzt maßgebend § 15 der Grundsätze des Bundesrats vom 20. Juni 1907 (vgl. Anm. 10 zu § 1), der folgenden Wortlaut hat:

„§ 15. 1. Die Anstellungsbehörden sind zur Berücksichtigung von Bewerbungen nur dann verpflichtet, wenn die Bewerber eine genügende Befähigung für die fragliche Stelle oder den fraglichen Dienstzweig nachweisen und in körperlicher sowie sittlicher Beziehung dafür geeignet sind.

2. Sind für gewisse Dienststellen oder für gewisse Gattungen von Dienststellen besondere Prüfungen (Vorprüfungen) vorgeschrieben, so haben die Militäranwärter usw. auch diese Prüfungen abzulegen. Auch kann, wenn es die Eigentümlichkeit des Dienstzweigs erheischt, die Zulassung zu dieser Prüfung oder die Annahme der Bewerbung überhaupt von einer vorgängigen informatorischen Beschäftigung in dem betreffenden Dienstzweig abhängig gemacht werden, die in der Regel nicht über drei Monate auszudehnen ist. Über die Zulässigkeit einer informatorischen Beschäftigung entscheidet in Zweifelsfällen die staatliche Aufsichtsbehörde.

3. Die Anstellung eines einberufenen Militäranwärters usw. kann zunächst auf Probe erfolgen oder von einer Probedienstleistung abhängig gemacht werden. Die Probezeit darf vorbehaltlich der Abkürzung bei früher nachgewiesener Befähigung in der Regel höchstens sechs Monate, für den Dienst der Straßen- und Wasserbauverwaltung, mit Ausnahme der im § 3 bezeichneten Stellen, ein Jahr betragen. Handelt es sich um Anstellungen

im Bureau- insbesondere Kassendienste, so kann die Probezeit mit Genehmigung der staatlichen Aufsichtsbehörde unter Zustimmung der zuständigen Militärbehörde ausnahmsweise bis auf die Dauer eines Jahres verlängert werden. Während der Anstellung auf Probe ist dem Anwärter das volle Stelleneinkommen, während der Probedienstleistung eine fortlaufende Remuneration von nicht weniger als drei Vierteln des Stelleneinkommens zu gewähren.

4. Einberufungen zur Probedienstleistung dürfen nur erfolgen, insoweit Stellen (§ 13 Abs. 1) offen sind; eine Entlassung Einberufener wegen mangelnder Vakanz kann daher nicht stattfinden.

5. Vor der Einberufung eines Militäranwärters usw. haben sich die Anstellungsbehörden die Urschrift des Zivilversorgungsscheins oder des Anstellungsscheins vorlegen zu lassen.

6. Spätestens bei Beendigung der Probezeit hat die Anstellungsbehörde darüber Beschluß zu fassen, ob der Stellenanwärter in seiner Stelle zu bestätigen beziehungsweise in den Zivildienst zu übernehmen oder wieder zu entlassen ist.

7. Die Art der Anstellung, namentlich auf Probezeit, Kündigung, Widerruf usw. regelt sich nach den landesrechtlichen Bestimmungen.

8. Nach erfolgter etatsmäßiger Anstellung wird der Zivilversorgungsschein oder der Anstellungsschein zu den Akten genommen."

§ 11.

Die Aufsichtsbehörde [1]) kann in Fällen eines auffälligen Mißverhältnisses zwischen der Besoldung und den amtlichen Aufgaben der Beamtenstelle [2]) verlangen, daß den städtischen Beamten [3]) die zu einer zweckmäßigen Verwaltung angemessenen und der Leistungsfähigkeit der Stadtgemeinde entsprechenden Besoldungsbeträge [4]) bewilligt werden, insoweit nicht die

Besoldung der betreffenden Stelle durch Ortsstatut festgesetzt ist.[5]) Im Falle des Widerspruchs der Stadtgemeinde erfolgt die Feststellung der Besoldungsbeträge durch Beschluß des Bezirksausschusses.[6])[7])

Betreffs der Polizeibeamten[8]) bewendet es bei der Bestimmung im § 4 Absatz 1 Satz 1 des Gesetzes über die Polizeiverwaltung vom 11. März 1850 (Gesetz-Samml. S. 265), § 4 Absatz 1 der Verordnung vom 20. September 1867 (Gesetz-Samml. S. 1529), § 5 Absatz 1 des Lauenburgischen Gesetzes vom 7. Januar 1870 (Offizielles Wochenblatt S. 13).[9])

Vorbemerkung: Die Bestimmungen des § 11 haben bei der Beratung des KBG. den heißesten Kampf hervorgerufen. Seine jetzige Fassung hat § 11 erst durch die Kommission des Herrenhauses erhalten. Im Entwurfe lautete der erste Absatz: „Die Besoldungen der städtischen Beamten müssen auskömmliche sein. Die Aufsichtsbehörde kann, in der Regel aber nur vor der Besetzung einer Stelle, verlangen, daß die zu einer zweckmäßigen Verwaltung angemessenen Besoldungsbeträge bewilligt werden." Diese Fassung enthielt gegenüber dem Stande der früheren Gesetzgebung einen schweren Eingriff in die Freiheit der Kommunen, insbesondere auch der Städte. Nach der Bestimmung des § 64 StO. Oe. (§ 64 StO. W., § 58 StO. Rh., § 77 StO. SH., § 69 StO. HN., § 71 GemBG. Fr., anders StO. H. § 47 in Verbindung mit § 3) stand der Aufsichtsbehörde ein Mitwirkungsrecht nur bei Festsetzung der Gehälter der Magistratsmitglieder und auch bei diesen nur vor Besetzung der Stellen zu; bei allen anderen Beamten — mit Ausnahme der Polizeibeamten und zum Teil auch der Gemeinde-Forstbeamten, für die besondere Vorschriften galten (s. Abs. 2 u. § 23 Abs. 2 und das dazu Bemerkte) — waren die Kommunen bei Festsetzung der Besoldungen frei (OVG. 27 S. 77). Der Eingriff erschien um so schwerer, als in dem sich an eine Zwangsetatisierung anschließenden Streitverfahren seitens des OVG. nur die Recht- und Gesetzmäßigkeit der Zwangsetatisierungsverfügung, nicht die Zweckmäßigkeit derselben nachgeprüft werden kann (OVG. 20 S. 65 und die dort zitierten Vorentsch.), also die materielle Frage der Auskömmlichkeit des Gehalts nicht Gegenstand der Nachprüfung des OVG. ist und sonach hierüber die Aufsichtsbehörde in allen Fällen souverän entschieden haben würde. Durch die jetzige Fassung ist die Schwere dieses Eingriffs nach drei Richtungen abgemildert worden:

a) Die Aufsichtsbehörde darf nur einschreiten, wenn ein auffälliges Mißverhältnis zwischen der Besoldung und den amtlichen Aufgaben der Stelle bei höherer Leistungsfähigkeit der Gemeinde besteht.
b) Die Aufsichtsbehörde darf nicht einschreiten, wenn die Besoldung der Stelle durch Ortsstatut — also durch Gemeindebeschluß, dessen Genehmigung einer anderen Stelle, dem Bezirksausschuß, übertragen ist — festgesetzt ist.
c) Im Streitfalle greift nicht die Zwangsetatisierung auf Grund der Feststellung der Aufsichtsbehörde Platz, sondern zunächst das Beschlußverfahren, in welchem in erster Instanz der Bezirksausschuß entscheidet (in zweiter Instanz der Provinzialrat).

Im allgemeinen mögen diese drei Änderungen zur Sicherung der Kommunen gegen eine allzuweite diskretionäre Gewalt der Aufsichtsbehörde ausreichen; für Berlin versagen die Sicherungen zu b und c, weil sowohl für die Genehmigung der Ortsstatuten als auch im formellen Beschlußverfahren für Berlin der Oberpräsident an die Stelle des Bezirksausschusses tritt (§ 43[3] LVG.), so daß im Streitfalle der Oberpräsident selbst über seine eigene Verfügung zu „beschließen" hat, wogegen der Stadt Berlin nur die Beschwerde an den Minister des Innern zusteht (§ 43 Abs. 1 l. c.).

[NB. Um auch für Berlin die Zuständigkeit des Bezirksausschusses zu begründen, hätte es nach § 43[3] LVG. einer ausdrücklichen Bestimmung in diesem Gesetze bedurft.]

1. Vgl. Anm. 2 zu § 9.

2. Die Prüfung der Frage, ob ein Mißverhältnis besteht und ob die Gemeinde „leistungsfähig" ist, erfolgt im Streitfalle im Wege des Beschlußverfahrens (Anm. 6). Ist die Gemeinde zur Leistung einer höheren Besoldung unfähig oder ist die Besoldung durch Ortsstatut festgesetzt, so kann auch bei einem auffallenden Mißverhältnisse eine Erhöhung der Besoldung seitens der Aufsichtsbehörde nicht verlangt werden.

§ 11 findet, seine sonstigen Vorbedingungen vorausgesetzt, vor und nach Besetzung der Beamtenstellen Anwendung (OVG. 41 S. 154).

3. § 11 bezieht sich auf alle besoldeten Kommunalbeamten mit Ausnahme der besoldeten Magistratsmitglieder (vgl. § 14 KBG.) und mit Ausnahme der auf Probe, zu vorübergehender Beschäftigung und zur Ausbildung angestellten Beamten (hinsichtlich der letzteren vgl. die ausdrückliche Bestimmung in § 2 Abs. 1 Satz 1). Auch die städtischen Forstbeamten fallen unter § 11 Abs. 1; eine Ausnahme gilt nur für die Gemeindeforstbeamten in der Rheinprovinz und in Westfalen, da in diesen Provinzen infolge Aufrechterhaltung der V. vom 24. Dez. 1816 (GS. 1817 S. 57) den Regierungspräsidenten ein unbeschränktes Recht auf zweckentsprechende Gehaltsregulierung zusteht (vgl. § 23 KBG. und Anm. 2 dazu).

4. Ein Zusatzantrag zu § 11, wonach die „Besoldungen" stets aus Grundgehalt, Alterszulagen und Wohnungsgeld bestehen sollten (wie dies für die Volksschullehrer im Lehrerbesoldungsgesetz vom 3. März 1897 festgesetzt ist), wurde in der Abgeordnetenhauskommission abgelehnt (s. StenBer. des AbgH. 1899, 76. Sitzung vom 16. Juni 1899 S. 2406). Ob die Besoldungsbeträge angemessen sind und der Leistungsfähigkeit der Gemeinde entsprechen, ist im Streitfalle im Beschlußverfahren zu erörtern.

5. Ein auf die betreffende Beamtenstelle bezügliches Ortsstatut macht demnach die Gemeinde von jeder Einwirkung der Aufsichtsbehörde frei, und zwar auch in dem Falle, daß durch inzwischen eingetretene tatsächliche Umstände das Arbeitspensum der Stelle erheblich erhöht ist; ein nach dem Erlaß des Ortsstatuts

eintretendes „Mißverhältnis“ der Besoldung zu den Aufgaben des Amts gibt der Aufsichtsbehörde kein Recht zum Einschreiten (PVBl. 24 S. 76). Auf der anderen Seite ist aber nicht zu verkennen, daß der Vorteil, durch das vorhandene Ortsstatut vor etwaigem Drängen der Aufsichtsbehörde auf Erhöhung der Gehälter geschützt zu sein, für die Kommunen durch den Nachteil einer Bindung durch das Ortsstatut teilweise wieder aufgewogen wird. Hat erst einmal eine ortsstatutarische Festlegung der Besoldungsordnung stattgefunden, so sind die Kommunen ohne Einwilligung des Bezirksausschusses nicht mehr in der Lage, die Gehälter zu erhöhen, Gehaltsskalen, die sich vielleicht nicht bewährt haben, zu ändern oder anderweitige Organisationsveränderungen im Beamtenkörper selbständig einzuführen. Sehr große Kommunen, oder solche Kommunen, deren Aufgaben sich infolge raschen Wachstums der Einwohnerzahl stark vermehren, und die infolgedessen eine gewisse Beweglichkeit in der Organisation ihres Beamtenapparates sich erhalten müssen, werden demnach eingehend zu prüfen haben, ob für sie ortsstatutarische Regelung zweckmäßig ist (s. auch Jebens im PVBl. 21 S. 72 oben).

Im übrigen vgl. hinsichtlich der Ortsstatute Anm. 6 zu § 8 und Anm. 1 zu § 9, woraus sich ergibt, daß der Bezirksausschuß bei Genehmigung des Ortsstatuts über die Besoldung auch die Angemessenheit der in dem Statut festgesetzten Besoldungsbeträge zu prüfen berechtigt ist. Dagegen erscheint es nicht zulässig, derartige Ortsstatute nur auf Zeit oder auf Widerruf zu genehmigen; denn durch eine solche Genehmigung würde der vom Gesetzgeber ausdrücklich beabsichtigte Zweck des § 11, die Kommunen auf dem Wege der ortsstatutarischen Festsetzung der Besoldungen vor jeder Einwirkung der Aufsichtsbehörde sicherzustellen, gerade vereitelt (so auch Oertel, S. 526).

6. Der Bezirksausschuß hat, wie bereits erwähnt, nicht nur die Recht- und Gesetzmäßigkeit des Verlangens der Aufsichtsbehörde, sondern auch die Zweckmäßigkeit desselben nachzuprüfen, ebenso die Frage, ob ein auffälliges Mißverhältnis zwischen der

Besoldung und den amtlichen Aufgaben der Beamtenstelle besteht, sowie ob die vorgeschlagenen Besoldungsbeträge angemessen sind und der Leistungsfähigkeit der Stadtgemeinde entsprechen. Gegen den Beschluß des Bezirksausschusses findet binnen zwei Wochen die Beschwerde an den Provinzialrat statt (§ 121 LVG.). Für Berlin ist der Oberpräsident, in der Beschwerdeinstanz der Minister des Innern zuständig (§ 43 Abs. 3 u. 1 LVG., s. auch Vorbemerkung oben).

Erst auf Grund des rechtskräftigen Feststellungsbeschlusses kann bei fernerer Weigerung der Gemeinde der Regierungspräsident (in Berlin der Oberpräsident, vgl. Ledermann-Brühl, Vorbem. B b β zu § 78 StO.) die Zwangsetatisierung verfügen (§ 19 ZustGes.); gegen diese Verfügung findet binnen 2 Wochen seit Zustellung (§ 21 Abs. 1 ZustGes.) die Klage bei dem Oberverwaltungsgericht statt, das aber ausschließlich die Recht- und Gesetzmäßigkeit, nicht auch die Zweckmäßigkeit der Zwangsetatisierungsverfügung nachzuprüfen hat (vgl. Vorbemerkung oben).

7. Nach OVG. 41 S. 151 (vgl. auch MBl. 02 S. 48, 71) ist die Zuständigkeit des Bezirksausschusses zur „Feststellung" der Beamtengehälter nicht nur dann gegeben, wenn es sich um Veränderung des Gehalts einer schon bestehenden Stelle vor oder nach der Besetzung handelt, sondern auch dann, wenn die mittels Zwangsetatisierung zu erzwingende Schaffung einer n e u e n Beamtenstelle in Frage steht; vgl. hierzu auch Anm. 9 zu § 1. — Rückwirkende Kraft darf sich der Feststellungsbeschluß nicht beilegen; die Erhöhung ist erst vom Tage des Feststellungsbeschlusses ab in den Haushalt einzustellen (OVG. 43 S. 111). Sollen im Wege des Feststellungsverfahrens auch Dienstalterszulagen in den Etat eingestellt werden, so setzt das Feststellungsverfahren voraus, daß vorher das Dienstalter des Beamten unstreitig festgesetzt ist und die Gemeinde die hiernach sich ergebenden jährlichen Besoldungsbeträge zu zahlen sich weigert (OVG. ebenda).

8. D. h. nur der e i g e n t l i c h e n exekutivisch tätigen, P o l i z e i beamten, wie Polizeiinspektoren, Polizeikommissare

Polizeisergeanten, Polizeidiener, Schutzleute usw.; nicht hierher gehören Verwaltungsbeamte, wie Polizeiassessoren, Sekretäre, Registratoren, Kanzlisten (vgl. übrigens § 89 Abs. 2 StO. SH. und Ledermann-Brühl, Anm. 2 zu § 56[6] StO.).

9. Die zitierten Gesetze stimmen miteinander überein. § 4 Abs. 1 des G. vom 11. März 1850 lautet:

„Über die Einrichtungen, welche die örtliche Polizeiverwaltung erfordert, kann die Bezirksregierung besondere Vorschriften erlassen. Die Ernennung aller Polizeibeamten, deren Anstellung den Gemeindebehörden zusteht, bedarf der Bestätigung der Staatsregierung."

Die Befugnis der Bestätigung übt jetzt nach § 7 ZustGes. der Regierungspräsident aus (in Berlin der Oberpräsident); wegen Festsetzung der Besoldungen von Polizeibeamten vgl. MBl. 1856 S. 122 und OVG. in PVBl. 25 S. 679; danach enthält das Recht des Regierungspräsidenten, die Gehälter der Polizeibeamten festzusetzen, zugleich das Recht, die festgesetzten Gehälter im Laufe der Dienstzeit zu erhöhen und Wohnungsgeld zu bewilligen. Das gleiche Recht wie der Regierungspräsident hat in der Rheinprovinz der Landrat gemäß § 32 der KrO. für die Rheinprovinz vom 30. Mai 1887, § 114 der Gemeindeordnung für die Rheinprovinz vom 23. Juli 1845 und § 24 ZustGes.

Eine ortsstatutarische Regelung der Besoldung der eigentlichen Polizeibeamten ist unzulässig.

§ 12.

Die städtischen Beamten [1][2]) erhalten bei eintretender Dienstunfähigkeit [3][4]) — sofern nicht mit Genehmigung des Bezirksausschusses [5]) ein anderes [6]) festgesetzt ist [7]) — Pension [8]) nach den für die Pensionierung der unmittelbaren Staatsbeamten geltenden Grundsätzen,[14]) wobei Artikel III des Gesetzes vom 31. März 1882, betreffend die Abänderung des Pensionsgesetzes vom 27. März 1872 (Gesetz-Samml. 1882

S. 133), insoweit er nicht durch das Gesetz vom 1. März 1891 (Gesetz-Samml. S. 19) abgeändert ist, unberührt bleibt.[9])

Als pensionsfähige Dienstzeit wird, unbeschadet der über die Anrechnung der Militärdienstzeit bei Militäranwärtern und forstversorgungsberechtigten Personen des Jägerkorps geltenden Bestimmungen [10]) und in Ermangelung anderweiter Festsetzungen [11]) nur die Zeit gerechnet, welche der Beamte in dem Dienste der betreffenden Gemeinde zugebracht hat.[12])

Die Bestimmungen des Gesetzes vom 31. März 1882, betreffend die Abänderung des Pensionsgesetzes vom 27. März 1872 (Gesetz-Samml. 1882 S. 133), in betreff der Beamten, welche das 65. Lebensjahr vollendet haben, können durch Ortsstatut auch für Kommunalbeamte in Kraft gesetzt werden.[13]—[17])

Hierzu ZustGes. § 20.

§ 20. Bezüglich der Dienstvergehen der Bürgermeister, Beigeordneten, Magistratsmitglieder und sonstigen Gemeindebeamten kommen die Bestimmungen des Gesetzes vom 21. Juli 1852 mit folgenden Maßgaben zur Anwendung:

1. 2. . . . . .

3. In dem Verfahren auf Entfernung aus dem Amte wird die Einleitung des Verfahrens von dem Regierungspräsidenten beziehungsweise dem Minister des Innern verfügt und von demselben der Untersuchungskommissar ernannt; an die Stelle der Bezirksregierung beziehungsweise des Disziplinarhofes tritt als entscheidende Disziplinarbehörde erster Instanz der Bezirksausschuß; an die Stelle des Staatsministeriums tritt das Oberverwaltungsgericht; den Vertreter der Staatsanwaltschaft ernennt bei dem Bezirksausschusse der Regierungs-

präsident, bei dem Oberverwaltungsgerichte der Minister des Innern.

In dem vorstehend bezüglich der Entfernung aus dem Amte vorgesehenen Verfahren ist entstehenden Falles auch über die Tatsache der Dienstunfähigkeit der Bürgermeister, Beigeordneten, Magistratsmitglieder und sonstigen Gemeindebeamten Entscheidung zu treffen.

1. D. h. alle angestellten städtischen Beamten, ob sie nun vor oder nach dem Inkrafttreten des KBG. (vgl. RGZ. 59 S. 162, s. auch Anm. 5), ob sie lebenslänglich, auf Zeit oder Kündigung angestellt, ob sie eigentliche Verwaltungsbeamte oder Beamte städtischer Betriebsverwaltungen sind, sofern nicht der Pensionsanspruch auf Grund genehmigter „Festsetzungen" (zu welchen auch Vereinbarungen zu rechnen) wegfällt; ausgeschlossen sind nur die zur Probe, zu vorübergehenden Dienstleistungen und zur Vorbereitung angestellten, sowie die nebenberuflich im Kommunalamt tätigen Beamten. Zweifellos pensionsberechtigt sind nunmehr die städtischen Standesbeamten (Gemeindebeamte auf Grund des § 4 Abs. 4 RG. vom 6. Febr. 1875; RGBl. 23), welchen bisher durch die Judikatur ein obligatorischer Anspruch auf Pension nicht zuerkannt war mit Rücksicht darauf, daß einerseits nach den Städteordnungen nur die lebenslänglich angestellten Beamten Pensionsansprüche hatten und daß andererseits die Standesbeamten wegen der Widerruflichkeit der zu ihrer Bestallung erforderlichen Genehmigung als lebenslänglich angestellte Beamte nicht anzusehen waren (RGZ. 39 S. 261). Auf Lehrer an städtischen Schulen bezieht sich die Bestimmung nicht. Ebenso nicht auf die besoldeten Magistratsmitglieder (s. § 14 KBG. und § 65 StO.).

2. Ein auf Kündigung angestellter Beamter ist nur dann pensionsberechtigt, wenn die Dienstunfähigkeit vor erfolgter Kündigung oder in der Zeit zwischen der Zustellung der Kündigung und der Beendigung des Dienstverhältnisses eingetreten ist (PVBl. 25 S. 461 und 34 S. 604).

Unter keinen Umständen ist es zulässig, die Pensionsansprüche eines kündbaren Beamten dadurch illusorisch zu machen, daß ihm wegen eingetretener Dienstunfähigkeit gekündigt wird. Die Anstellungsbehörde ist nicht befugt, auch nach Eintritt der materiellen Voraussetzungen, an die bei lebenslänglich angestellten Beamten die wirkliche Entstehung des Anspruchs auf Pension geknüpft ist, also Eintritt der Dienstunfähigkeit nach Zurücklegung einer mindestens 10 jährigen Dienstzeit oder als Folge einer erlittenen Dienstbeschädigung, den Erwerb dieses Rechts bei einem auf Kündigung angestellten Beamten dadurch zu hindern, daß sie den Eintritt der formalen Voraussetzung, die „Versetzung in den Ruhestand" — § 1 Abs. 1 des PensGes., vgl. Anm. 15 unten — durch die Kündigung des Dienstverhältnisses ausschließt. Vielmehr ist in einem solchen Falle die Kündigung der Versetzung in den Ruhestand gemäß § 1 des PensGes. gleichzustellen (RGZ. 81 S. 99 ff.; vgl. auch Anm. 4 zu § 9 KBG.).

3. Ob Dienstunfähigkeit vorliegt, prüft zunächst der Magistrat (in Städten ohne kollegialischen Gemeindevorstand der Bürgermeister) als vorgesetzte Dienstbehörde (§ 20 PensionsG. vom 27. März 1872; diese Zuständigkeit gilt auch bei den Magistratsmitgliedern; die Erklärung liegt darin, daß der Magistrat die Anstellungsbehörde auch für die Magistratsmitglieder ist. Die Aufsichtsbehörde ist Aufsichtsbehörde der Stadt, aber nicht „vorgesetzte" Behörde der einzelnen Magistratsmitglieder). Die Stadtverordnetenversammlung hat hierbei nicht mitzuwirken — wohl aber bei Feststellung der Pension; s. unten Anm. 8 —, da die Dienstaufsicht nur dem Magistrat zusteht. (OVG. 23 S. 60; nach Oertel im PVBl. 26 S. 605 haben dagegen die Stadtverordneten bei besoldeten Magistratsmitgliedern auch hinsichtlich der Frage der Dienstunfähigkeit mitzuwirken; vgl. auch PVBl. 31 S. 418).

Widerspricht der Beamte, so muß der Magistrat die Einleitung des förmlichen Verfahrens zum Zwecke der Feststellung der Dienstunfähigkeit bei dem Regierungspräsidenten beantragen (gegen dessen Verfügung die Beschwerde an den Minister des Innern zulässig ist, § 20 Abs. 1 Nr. 3 und Abs. 2 ZustGes.). Der Regierungspräsident und der Minister sind aber nur zuständig, die Einleitung des Verfahrens anzuordnen, nicht zuständig, die Versetzung in den Ruhestand auszusprechen, weil die Anwendung der §§ 88 bis 92 G. vom 21. Juli 1852 auf Kommunalbeamte gemäß § 94 ibid. ausgeschlossen ist. Beharrt der Beamte bei dem Widerspruch, so entscheidet über die Frage der eingetretenen Dienstunfähigkeit, da Gemeindebeamte (soweit sie nicht das 65. Jahr überschritten haben; hierüber unten Anm. 13) wider ihren Willen nur in den Formen des für die Entfernung aus dem Amte vorgeschriebenen Verfahrens pensioniert werden dürfen (§ 20 Abs. 2 ZustGes.), in erster Instanz der BzAussch., in zweiter Instanz das OVG. (§ 20 Abs. 1 Nr. 3 l. c.). Der ordentliche Rechtsweg ist bezüglich der Frage der Dienstunfähigkeit nicht gewährt (cf. RG. im PVBl. 33 S. 62). Dagegen erfolgt die Entscheidung darüber, ob die von den Verwaltungsbehörden festgestellte Dienstunfähigkeit die Folge einer Krankheit, Verwundung oder sonstigen Beschädigung ist, die der Beamte bei Ausübung des Dienstes oder aus Veranlassung desselben ohne eigenes Verschulden sich zugezogen hat (§ 1 Abs. 2 des PensGes. vom 27. März 1872), endgültig durch das ordentliche Gericht (RGZ. 74 S. 97).

Die vorstehend geschilderte Zuständigkeit ist gegeben sowohl in denjenigen Fällen, in denen ein Beamter vor dem Zeitpunkte des Eintritts der Pensionsberechtigung dienstunfähig geworden ist, als auch in denjenigen Fällen, in denen die Versetzung in den Ruhestand wider den Willen des Beamten herbeigeführt werden soll, nachdem er die Pensionsberechtigung erlangt hat (§§ 93, 95 G. vom 21. Juli 1852, von denen die Bestimmung des § 95 durch § 20 Abs. 2 ZustGes. eine Erweiterung erfahren hat; OVG. 23 S. 64).

Das förmliche Verfahren zum Zwecke der Feststellung der Dienstunfähigkeit aus § 20 Abs. 2 ZustGes. ist kein Disziplinarverfahren, von diesem vielmehr nach Inhalt und Zweck verschieden. Dadurch, daß der Beamte seine Dienstunfähigkeit bestreitet und daher seiner Versetzung in den Ruhestand widerspricht, macht er sich nicht eines Dienstvergehens schuldig; er darf daher nicht als Angeschuldigter bezeichnet und auch nicht mit Kosten belastet werden (OVG. 54 S. 480 und 61 S. 432).

In dem Verfahren ist lediglich über die Tatsache der Dienstunfähigkeit Entscheidung zu treffen, nicht auch darüber, ob dem Beamten eine Pension zusteht.

Das förmliche Verfahren zum Zwecke der Feststellung der Dienstunfähigkeit findet nicht statt gegenüber den auf Kündigung angestellten Gemeindebeamten (OVG. 54 S. 485).

Wenn die Anstellungsbehörde einem für seine ursprünglichen Dienstverrichtungen untauglich gewordenen Beamten eine andere Beschäftigung übertragen oder eine andere Dienststelle zugewiesen hat, so ist in dem Verfahren auf Feststellung der Dienstunfähigkeit die Frage der letzteren nach den Anforderungen desjenigen Dienstes zu beurteilen, die der ihm übertragene Pflichtenkreis bedingt (OVG. 55 S. 478). Dagegen kann sich der Beamte nicht darauf berufen, daß er auch in einer leichteren, als der ihm zuletzt übertragenen Dienststelle verwendbar sei. Für die Anstellungsbehörde besteht die Berechtigung, aber nicht die Verpflichtung, einem zur Erfüllung der Pflichten des ihm übertragenen Amtes dauernd unfähig gewordenen Beamten eine andere, seinen Kräften entsprechende Dienststelle oder Beschäftigung zuzuweisen (OVG. 56 S. 451).

4. Zweifelhaft ist, ob das Verfahren aus § 20 ZustGes. (vgl. Anm. 3 oben) auch dann einzutreten hat, wenn der Beamte mit der Behauptung, dauernd dienstunfähig zu sein, seine Pensionierung verlangt, der Magistrat aber die dauernde Dienstunfähigkeit nicht anerkennen will (vgl. PVBl. 34 S. 605). Praktische Bedeutung wird die Frage jedoch kaum haben, da der angeblich dauernd dienstunfähige Beamte regelmäßig dem Amte fern bleiben und dann in dem gemäß §§ 8—11 des DiszGesetzes vom 21. Juli 1852 zu eröffnenden Disziplinarverfahren festgestellt werden wird, ob das Fernbleiben begründet, d. h. auf Dienstunfähigkeit zurückzuführen ist oder nicht.

5. In Berlin des Oberpräsidenten, LVG. § 43. Die Be-

stimmung, daß abweichende Festsetzungen (s. Anm. 7) der Genehmigung bedürfen, ist mit Ausnahme der Provinz Hessen-Nassau, wo gemäß § 71 StO. vom 4. Aug. 1897 bezüglich der lebenslänglich angestellten Gemeindebeamten das Gleiche bereits galt, für das Gebiet der ganzen Monarchie neu (soweit nicht die Bürgermeister und besoldeten Magistratsmitglieder in Frage kommen). Die StO. für Hannover ließ als einzige StO. Vereinbarungen bezüglich des Ausschlusses oder Minderung des gesetzlichen Pensionsanspruchs nicht zu (§ 67 StO. H.), sondern gestattete nur die vertragsmäßige Anrechnung auswärtiger Dienstzeit. Hauptsächlich mit Rücksicht auf die Provinz Hannover ist daher die Bestimmung des § 24 zum Schutze erworbener Rechte aufgenommen worden.

Sind mit einem Beamten vor Inkrafttreten des KBG. (1. April 1900) Abmachungen dieser Art getroffen worden, so waren diese ohne Genehmigung gültig und haben ihre Gültigkeit auch durch das KBG. nicht verloren. Eine Rückwirkung des Gesetzes in diesem Umfange würde ein jus quaesitum der Stadtgemeinde verletzen. Ebenso OVG. 49 S. 136; entgegengesetzter Ansicht RGZ. 59 S. 163, wonach es auch in den Fällen, in denen der Ausschluß oder die Zahlung einer geringeren Pension, als sie dem Beamten nach § 12 KBG. zustehen würde, vor Erlaß des KBG. vereinbart oder festgesetzt ist, und in denen dies vor dem 1. April 1900 formlos zulässig war, seit dem Erlasse des KBG. dennoch der Zustimmung des Bezirksausschusses gemäß § 12 KBG. bedarf, um den Ausschluß oder die Verringerung des Pensionsanspruchs rechtsgültig zu machen (vgl. auch PVBl. 28 S. 299; 29 S. 413 und 32 S. 603).

Für „anderweite Festsetzungen", die nach dem 1. April 1900 getroffen werden, bedarf es der Genehmigung des Bezirksausschusses, gleichgültig, ob der betreffende Beamte bereits vor dem 1. April 1900 angestellt war oder nicht (vgl. auch AA. IV Nr. 2 Abs. 6).

6. Auch günstigere Pensionsbedingungen, soweit sie sich nicht auf die Anrechnung auswärtiger Dienstzeit beziehen (hierüber

vgl. Anm. 11 unten) bedürfen der Genehmigung des Bezirksausschusses.

Auf Grund des § 12 KBG. kann auch der Ausschluß des Pensionsanspruchs festgesetzt werden und zwar sowohl in dem Sinne, daß ein Pensionsanspruch überhaupt nicht gegeben ist, als auch dahin gehend, daß bei Eintritt der Dienstunfähigkeit innerhalb einer gewissen Zeit ein Pensionsanspruch nicht gegeben sein soll. Gerade, weil der gänzliche Ausschluß des Pensionsanspruchs festgesetzt werden kann, hat man, um einem Mißbrauch seitens der Städte bei reichlich angebotenem Beamtenmaterial vorzubeugen, die Genehmigung für erforderlich erachtet.

Über die Frage des Verzichts städtischer Beamter auf Pension vgl. PVBl. 30 S. 381.

Nach OVG. im PVBl. 31 S. 273 sind die Stadtgemeinden nicht berechtigt, die einem Beamten bewilligte Gehaltszulage einseitig oder auch mit seiner Zustimmung von der Ruhegehaltsberechtigung auszuschließen; zu einer derartigen Festsetzung bedarf es nach § 12 KBG. der Genehmigung des Bezirksausschusses. Eine ohne diese Genehmigung einem nach Inkrafttreten des KBG. angestellten Beamten unwiderruflich bewilligte, als nicht pensionsfähig bezeichnete Zulage, die im Besoldungsetat ausgebracht ist und weder für besondere amtliche Verrichtungen vorübergehend noch für Repräsentations- oder Dienstaufwandszwecke gewährt wird, bildet deshalb einen festen Teil des Gehalts und ist als solcher pensionsberechtigt.

7. Entweder im Wege des einzelnen Abkommens oder durch generelle Festlegung der Pensionsbedingungen in genehmigten Reglements oder Ortsstatuten (OVG. 33 S. 795).

8. Über die Bewilligung der Pension hat die Stadtverordnetenversammlung mitzubeschließen. Verweigern die Stadtverordneten die Fassung eines solchen Beschlusses oder berechnen sie oder der Magistrat die Pension anders, als der Beamte es beansprucht, so steht dem Beamten der Weg des § 7 KBG. offen. Ohne Beschreitung dieses Weges ist auf etwaige Beschwerde die Aufsichtsbehörde — der Regierungspräsident — zu einem zwangs-

weisen Einschreiten gegen die Stadt auf Bewilligung der beanspruchten Pension nicht befugt. Erst nach Ergehen eines BzAussch.-Beschlusses (§ 7 KBG.) kann gegen die Stadt, sei es im Wege der Zwangsetatisierung, sei es im Wege sonstiger Zwangsvollstreckungshandlungen, zwangsweise vorgegangen werden. — Je nachdem, ob es sich um die Frage handelt, welcher Teil des Diensteinkommens als (pensionsfähiges) Gehalt anzusehen ist oder ob die Höhe der Pension aus sonstigen Gründen unrichtig berechnet ist, ist der dem Beamten offen stehende Klageweg ein anderer (§ 7 KBG.).

9. Das Verhältnis der im Gesetzestext zitierten Gesetze zu einander ist folgendes: Das G. vom 31. März 1882 brachte in seinem Art. I einige Abänderungen des PensionsG. vom 27. März 1872, unter anderem auch solche der §§ 8 u. 16 des letzteren und zwar in dem Sinne, daß an Stelle der Einteilung des Gehalts (behufs Pensionsberechnung) in Achtzigstel die in Sechzigstel trat, daß die Höchstpension auf 45/60 festgestellt wurde und daß die vor dem Beginn des 21. Lebensjahres liegende Dienstzeit außer Ansatz bleiben sollte. Der oben zitierte Art. III, der auch nach dem Inkrafttreten des KBG. noch teilweise aufrecht erhalten bleibt, bestimmte, daß alle durch das G. vom 31. März 1882 eingeführten Abänderungen des Pensionsgesetzes nur auf unmittelbare Staatsbeamte und die im § 6 des Pensionsgesetzes bezeichneten Lehrer und Beamten (nicht aber auf Kommunalbeamte) Anwendung finden sollten; teilweise, nämlich soweit die erwähnten Änderungen der §§ 8 u. 16 des Pensionsgesetzes in Frage kommen, ist der Art. III G. vom 31. März 1882 durch das G. vom 1. März 1891 aufgehoben worden, indem durch letzteres diese Abänderungen auch auf städtische Beamte als auf solche mittelbaren Staatsbeamten, die auch im übrigen nach den Bestimmungen über die Pensionen der unmittelbaren Staatsbeamten pensioniert werden, übertragen wurden. Die anderweitigen Bestimmungen des G. vom 31. März 1882, die Änderungen der §§ 1 u. 30 des Pensionsgesetzes betrafen und die unfreiwillige Versetzung in den Ruhestand der über 65 Jahre alten Beamten zum Gegenstande hatten, sind dagegen bisher ohne Geltung für städtische Beamte geblieben

und erhielten auch durch das KBG. nicht obligatorische Geltung für dieselben (vgl. Abs. 3 des § 12 KBG. und Anm. 13). Insoweit bleibt also Art. III G. vom 31. März 1882 teilweise auch fernerhin gültig.

10. In Betracht kam früher § 107 des RG. vom 27. Juni 1871 (RGBl. 275) in der Fassung des G. vom 22. Mai 1893 (RGBl. 171). Jetzt ist maßgebend § 23 des Mannschaftsversorgungs G. vom 31. Mai 1906 (RGBl. 593); derselbe lautet:

„Den im Zivilstaatsdienste sowie im Kommunal- und Institutendienst usw. angestellten Militäranwärtern und forstversorgungsberechtigten Personen des Jägerkorps wird die Militärdienstzeit bei Ermittelung der Pension als pensionsfähige Dienstzeit nach Maßgabe des Reichsbeamtengesetzes oder doch mindestens soweit angerechnet, als die Zivildienstzeit nach den Vorschriften des Landesrechts angerechnet wird.

Landesrechtliche Vorschriften, welche hinsichtlich der Anrechnung der Militärdienstzeit günstiger sind, bleiben unberührt."

Danach hat bei diesen Personen, soweit ihre Pensionierung nach den für die Staatsbeamten maßgebenden Grundsätzen erfolgt (§ 12 Abs. 1 KBG.), die Militärdienstzeit bei Berechnung des pensionsfähigen Dienstalters in Anrechnung zu kommen (vgl. RGZ. 37 S. 235). Vertragliche Abmachungen, welche die Anrechnung eines Teils oder der ganzen Militärdienstzeit ausschließen, bedürfen der Genehmigung des Bezirksausschusses (in Berlin des Oberpräsidenten) gemäß Abs. 1 des § 12 KBG. Wegen der gesetzlichen Zulässigkeit derartiger Abmachungen s. MR. vom 14. Jan. 1898 (MBl. 23); ferner die AA. unter Art. IV Nr. 2 Abs. 2 und PBBl. 20 S. 103. Gegen den Willen der betroffenen Militäranwärter kann jedenfalls seitens der Kommunen die ganze oder teilweise Nichtanrechnung der Militärdienstzeit nicht festgesetzt werden; auch sind Ortsstatute, welche die Anrechnung eines Teils oder der ganzen Militärdienstzeit ausschließen, als im Widerspruch mit § 23 Mannschaftsversorgungsgesetz stehend (Reichsrecht geht vor Landesrecht) ungültig. (RGZ. 51 S. 46). Finden sich keine Militäranwärter, die sich freiwillig der Bedingung der Nichtanrechnung der Militärdienstzeit unterwerfen, so sind die Gemeinden dennoch verpflichtet, die Stelle mit einem Militäranwärter zu besetzen, sofern es sich um eine nach gesetzlicher Bestimmung mit einem Militäranwärter zu besetzende Stelle handelt.

Militäranwärter, bei denen die Anrechnung der Dienstzeit gemäß § 23 des Mannschaftsversorgungsgesetzes zu erfolgen hat, sind nach § 18 dieses Gesetzes ausschließlich die Inhaber des Zivilversorgungsscheins, auf den nach den §§ 15, 16 ebenda nur Anspruch haben Kapitulanten mit 12jähriger Dienstzeit oder solche mit kürzerer Dienstzeit, sofern sie wegen körperlicher Gebrechen im aktiven Dienst nicht mehr verwendet werden können und deshalb von der Militärbehörde entlassen sind. Dagegen gehören nicht zu den Militäranwärtern im Sinne des § 23 die Inhaber des Anstellungsscheins, ferner nicht inaktive Offiziere, denen die Aussicht auf Anstellung im Zivildienst verliehen worden ist, und endlich nicht solche Personen, die den Zivilversorgungsschein nach kürzerer Dienstzeit, als in den §§ 15, 16 angegeben, durch weiteren Dienst in der Gendarmerie erworben haben (RGZ. 79 S. 256 ff., 260 und PVBl. 34 S. 496). Die in der Gendarmerie verbrachte Dienstzeit ist keine Militärdienstzeit, da die Gendarmen nicht zum aktiven Heer gehören (PVBl. 32 S. 143).

Im übrigen sind bezüglich der Anrechnung der Militärdienstzeit bei Militäranwärtern noch folgende zwei Punkte zu erörtern:

a) Weder § 12 Abs. 2 KBG. noch § 23 des Mannschaftsversorgungsgesetzes machen einen Unterschied zwischen den Fällen, in denen es sich um Berechnung einer Pension handelt, und den anderen Fällen, in denen die Berechtigung zum Pensionsbezuge überhaupt (wegen Berechnung der 10jährigen Dienstzeit) fraglich ist. Daraus ergibt sich, daß den Militäranwärtern die Militärdienstzeit anzurechnen ist sowohl bei Berechnung der zum Erwerbe der Pensionsberechtigung erforderlichen Dienstzeit als auch bei Berechnung der Höhe der Pension (vgl. PVBl. 39 S. 566 und RGZ. 51 S. 46).

b) Für den Fall, daß ein Militäranwärter, der eine Militärpension bezieht, in städtische Dienste tritt und hier — unter Anrechnung seiner Militärjahre — abermals Pensionsansprüche erwirbt, war behufs Verhütung der hierdurch erfolgenden Doppelanrechnung der Militärdienstzeit durch § 108 Militärpensionsgesetzes (in der Gestalt des G. vom 22. Mai 1893, RGBl. 171) eine Kürzung der städtischen Pension vorgesehen. Jetzt bestimmt § 36 des Mannschaftsversorgungsgesetzes:

„Das Recht auf den Bezug der Rente (§§ 9—11) und der Gebührnisse aus den §§ 24, 25 ruht:

. . . . . .

3. während einer Anstellung oder Beschäftigung im Zivildienste nach Maßgabe folgender Vorschriften:
   a) es ruhen alle unter $^{21}/_{100}$ der Vollrente zuerkannten Rententeile;
   b) von höheren Renten ruhen außerdem alle $^{60}/_{100}$ der Vollrente übersteigenden Rententeile; . . . . . .
   c) . . . . . .
4. neben dem Bezug einer im Zivildienst erdienten Pension, soweit als Zivilpension und zuerkannte Rente zusammen den in der zuletzt bekleideten Stelle erreichbaren Höchstpensionsbetrag oder, wenn es für den Pensionär günstiger ist, soweit als die tatsächlich erdiente Zivilpension und die nach Nr. 3 b nicht ruhenden Rententeile zusammen den Betrag von 2000 Mark übersteigen. Der an den Pensionär nicht zu zahlende Rentenbetrag wird dem Zivilpensionsfonds erstattet.

Als Zivildienst gilt jede Anstellung oder Beschäftigung als Beamter oder in der Eigenschaft eines Beamten im Reichs-, Staats- oder Kommunaldienste, bei den Versicherungsanstalten für die Invalidenversicherung, bei ständischen oder solchen Instituten, welche ganz oder zum Teil aus Mitteln des Reichs, Staates oder der Gemeinden unterhalten werden, oder in solchen zu den vorbezeichneten nicht gehörenden Zivilstellen, welche ganz oder zum Teil den Militäranwärtern und den Inhabern des Anstellungsscheins vorbehalten sind, wenn und solange der Angestellte oder Beschäftigte durch diesen Dienst ein Einkommen bezieht.

Bei Berechnung des Zivildiensteinkommens sind diejenigen Beträge, welche für die Bestreitung eines Dienstaufwandes sowie zur Entschädigung für außergewöhnliche Teuerungsverhältnisse gewährt werden, nicht in Ansatz zu bringen; die Dienstwohnung ist mit dem pensionsfähigen oder sonst hierfür festgesetzten Werte, der Wohnungsgeldzuschuß oder eine dementsprechende Zulage mit dem pensionsfähigen Betrag oder, sofern er nicht pensionsfähig ist, mit dem Durchschnittssatz anzurechnen. Ist der wirkliche Betrag des Wohnungsgeldzuschusses oder der Zulage jedoch geringer, so ist nur dieser anzurechnen."

Im Gegensatz zu dem früheren Rechte, nach dem die Zivilpension um den Betrag der Militärrente zu kürzen war, ist nach § 36 des Mannschaftsversorgungsgesetzes eine Kürzung der Zivilpension unzulässig und kann auch nicht etwa durch ein Ortsstatut vorgesehen werden (RGZ. 81 S. 307).

Zu beachten ist, daß § 36 für den andern Fall, daß ein Militäranwärter zunächst in einen Zivildienst eintritt, hier unter Anrechnung seiner Militärdienstjahre Pension erdient, demnächst in einen andern Zivildienst, z. B. nun in städtischen Dienst eintritt und hier nach § 12 Abs. 2 KBG. und § 23 Mannschaftsversorgungsgesetz abermals Anspruch auf Anrechnung der Militärdienstzeit hat, keinerlei Bestimmung trifft. Will die Stadt in solchen Fällen die gesetzliche doppelte Anrechnungspflicht ausschließen, so muß sie eine entsprechende ortsstatutarische oder — behördlich genehmigte — vertragliche Bestimmung treffen (nach Abs. 1 des § 12 KBG., cf. jedoch PBBl. 33 S. 772).

Wegen Anrechnung der erdienten Militärpension auf die Zivilpension bei Offizieren vgl. §§ 24, 26 des OffizierpensionsG. vom 31. Mai 1906 (RGBl. 565).

Wegen Anrechnung der Militärdienstzeit bei Nichtmilitäranwärtern s. Anm. 12 unten.

Über die Frage der Anrechnung der Militärdienstzeit auf das Besoldungs d i e n st a l t e r der Zivilbeamten vgl. die Allerhöchste Ordre vom 22. April 1907 und die Verf. vom 31. Mai 1907 (MBl. 168), sowie die Verf. vom 13. Mai 1909 (MBl. 118); diese Bestimmungen beziehen sich nur auf unmittelbare Staatsbeamte.

11. Die anderweitigen Festsetzungen, die in Einzelabmachungen oder genereller Regelung (Reglement, Statut) bestehen können, dürfen hier (im Gegensatz zu Abs. 1) nur den Beamten g ü n st i g e r e Bestimmungen enthalten; deshalb ist auch von dem Erfordernis einer Genehmigung dieser Festsetzungen Abstand genommen (AA. IV 2 Abs. 3 am Ende).

12. Einschließlich der im Dienste derselben Kommune abgeleisteten Vorbereitungs- und Probedienstzeit sowie etwaiger Urlaubszeiten (RGZ. 37 S. 239; 41 S. 110), insofern Urlaub als fingierte Dienstzeit gilt. Daher muß auch solchen städtischen Beamten, die nicht Militäranwärter sind, diejenige militärische Dienstzeit — gleichviel ob dies aktive Dienstzeit oder Reservedienstzeit ist — auf ihr pensionsfähiges Dienstalter in Anrechnung gebracht werden, die sie n a ch ihrer Anstellung im städtischen Dienste abgeleistet haben. Soll die Anrechnung der aktiven Dienstzeit vermieden werden, so bleibt entweder nur übrig, die Beamten grundsätzlich erst anzustellen, wenn sie die Dienstzeit abgeleistet haben oder feststeht, daß sie sie nicht abzuleisten brauchen, oder aber sie bis zur Ableistung der Dienstzeit nur kündbar anzustellen und ihnen rechtzeitig vor Ableistung der aktiven Dienstzeit zu kündigen (alsdann ist Aufnahme der betreffenden Beamtenkategorien in das Ortsstatut, § 9 KBG., nötig); als letztes Aushilfsmittel bliebe eine ortsstatutarische oder im Einzelfalle mit Genehmigung der Aufsichtsbehörde vor der Anstellung erfolgende Festsetzung, daß die aktive Dienstzeit nicht auf das pensionsfähige Dienstalter in Anrechnung kommen solle. Die v o r der Anstellung liegende Militärdienstzeit braucht den Nichtmilitäranwärtern nicht angerechnet zu werden. Das gleiche gilt von der Zeit, während welcher der

Angestellte zwar im Dienste der pensionierenden Kommune beschäftigt, aber noch nicht Beamter war (PVBl. 34 S. 71).

13. Vgl. hierzu Anm. 9. In Betracht kommen hier die Abänderungen zu § 1 und § 30 des Pensionsgesetzes, die das G. vom 31. März 1882 einführte. Durch diese wurde den über 65 Jahre alten Beamten das Recht eingeräumt, auch ohne nachgewiesene Dienstunfähigkeit die Pensionierung zu fordern, gleichzeitig aber auch die Möglichkeit geschaffen, diese Beamten selbst gegen ihren Willen jederzeit ohne weiteres in den Ruhestand zu versetzen, sobald sie nur nach Ansicht ihrer unmittelbar vorgesetzten Dienstbehörde dienstunfähig sind. Durch die jetzt ermöglichte fakultative Übertragung dieser Grundsätze auf Kommunalbeamte mittels Ortsstatuts ist nunmehr das allgemeine Prinzip, daß Kommunalbeamte wider ihren Willen nur im Wege des Disziplinarverfahrens aus dem Amte entfernt werden können (Anm. 3), durchbrochen. Es ist fraglich geworden, ob ein Ortsstatut, das die Pensionierung der über 65 Jahre alten Beamten nach den Bestimmungen der Staatsgesetze zuläßt, auch Anwendung zu finden hat auf solche Beamte, die vor dem Inkrafttreten des KBG., also vor dem 1. April 1900, in den städtischen Dienst getreten sind. Die Antwort kann nur bejahend lauten. Die Verletzung eines jus quaesitum liegt nicht vor. Wenn allerdings im PVBl. 21 S. 120 zur Begründung dieser auch dort vertretenen Ansicht angeführt wird, daß ein jus quaesitum deshalb nicht vorliege, weil auf dem Gebiete des öffentlichen Rechts jura quaesita überhaupt keine dem Zivilrecht entsprechende Rolle spielten, so ist dieser Grund nicht stichhaltig. Schon der Wortlaut des § 24 KBG. beweist, daß sogar das Gesetz sich gescheut hat, in wohlerworbene Rechte publizistischen Charakters einzugreifen. Der wahre Grund der rückwirkenden Kraft jener Bestimmung ist vielmehr, daß es sich bei jener Vorschrift um eine — wenn auch materielle Wirkungen äußernde — Verfahrensvorschrift handelt. Denn die Bestimmung des G. vom 31. März 1882, welche die Pensionierung der über 65 Jahre alten Personen regelt, besagt keineswegs, daß etwa materiell die Voraussetzung der Pensionierung — dauernde Dienstunfähigkeit — modifiziert würde; auch bei den über 65 Jahre alten Beamten hat die die Pensionierung beantragende Stelle gewissenhaft zu prüfen, ob Dienstunfähigkeit vorhanden ist (s. auch PVBl. a. a. O., Oertel S. 544). Nur die Art der Feststellung der Dienstunfähigkeit ist erleichtert, indem statt des umständlichen Verfahrens einer ärztlichen Untersuchung und ev. des Streitverfahrens (s. Anm. 3) der einfache Antrag des Beamten oder der vorgesetzten Dienstbehörde auf Pensionierung als Feststellung der Dienstunfähigkeit angesehen wird. Verfahrensvorschriften gegenüber aber werden grundsätzlich jura quaesita nicht anerkannt (vgl. z. B. EG. zur ZPO. § 18, RGBl. 1877 S. 244 ff.).

14. § 12 Abs. 1 stellt das Prinzip auf, daß die Kommunalbeamten ihre Pension ständig nach den für die Pensionierung der unmittelbaren Staatsbeamten geltenden Grundsätzen, also nach den jeweiligen Grundsätzen erhalten (RGZ. 76 S. 390), es sei denn, daß das KBG. selbst ausdrückliche und erschöpfende Bestimmungen über die Pensionierung und die Hinterbliebenenfürsorge trifft, wie z. B. in den §§ 4, 12 Abs. 2, 13.

Die für die unmittelbaren Staatsbeamten geltenden Grundsätze sind gegenwärtig enthalten im PensionsG. vom 27. März 1872 (GS. 268), jetzt in der Fassung der Novellen vom 31. März 1882, 30. April 1884, 20. März 1890, 25. April 1896, 31. März 1905 (GS. 177) und 27. Mai 1907 (GS. 95) geltend. Anwendbar auf Kommunalbeamte sind nur die §§ 1, 8—13, 16, 17, 20, 21, 24, 25, 26, 29 (in Verbindung mit § 13 KBG., nicht mit §§ 27, 28 Pensionsgesetzes), 29 a, 30 Abs. 1. Keine Geltung hat insbesondere § 27, da dieser ganz (nicht bloß in Nr. 2) ersetzt ist durch § 65 Abs. 4 StO. und § 13 KBG., und ebenso hat keine unmittelbare Geltung § 31 Pensionsgesetzes, da dieser nur nach Maßgabe des § 4 KBG. Anwendung zu finden hat. Wohl aber ist auf städtische Beamte ohne weiteres anwendbar § 25 des PensGes., wonach die Pensionen für jedes Kalendervierteljahr im voraus in einer Summe zu zahlen sind (so auch Brauchitsch, Bd. III S. 341 und PVBl. 30 S. 285; anderer Ansicht mit Rücksicht auf

§ 4 KBG., der nur von einem Gnaden monat spricht, Oertel S. 544, PBBl. 28 S. 810 u. 33 S. 460).

Die Gesetze vom 12. Mai 1873, 15. April 1903 und 25. Juni 1910, die den Wohnungsgeldzuschuß unmittelbarer Staatsbeamter ziffernmäßig festsetzen und einen pensionsfähigen Durchschnittssatz bestimmen, sind keine Grundsätze im Sinne des § 12 KBG. (PBBl. 32 S. 95).

15. Die in Betracht kommenden Bestimmungen lauten in jetzt geltendem Wortlaut:

Gesetz, betreffend die Pensionierung der unmittelbaren Staatsbeamten vom 27. März 1872:

„§ 1. Jeder unmittelbare Staatsbeamte, welcher sein Diensteinkommen aus der Staatskasse bezieht, erhält aus derselben eine lebenslängliche Pension, wenn er nach einer Dienstzeit von wenigstens zehn Jahren infolge eines körperlichen Gebrechens oder wegen Schwäche seiner körperlichen oder geistigen Kräfte zu der Erfüllung seiner Amtspflichten dauernd unfähig ist und deshalb in den Ruhestand versetzt wird.

Ist die Dienstunfähigkeit die Folge einer Krankheit, Verwundung oder sonstigen Beschädigung, welche der Beamte bei Ausübung des Dienstes oder aus Veranlassung desselben ohne eigene Verschuldung sich zugezogen hat, so tritt die Pensionsberechtigung auch bei kürzerer als zehnjähriger Dienstzeit ein.

Bei Staatsministern, welche aus dem Staatsdienste ausscheiden, ist eingetretene Dienstunfähigkeit nicht Vorbedingung des Anspruchs auf Pension. Diese Bestimmung findet gleichfalls Anwendung auf diejenigen Beamten, welche das fünfundsechzigste Lebensjahr vollendet haben.

§ 8. Die Pension beträgt, wenn die Versetzung in den Ruhestand nach vollendetem zehnten, jedoch vor vollendetem elften Dienstjahre eintritt, $^{20}/_{60}$ und steigt mit jedem weiter zurückgelegten Dienstjahre bis zum vollendeten dreißigsten Dienstjahre um $^{1}/_{60}$ und von da ab um $^{1}/_{120}$ des in den §§ 10—12 bestimmten Diensteinkommens.

Über den Betrag von $^{45}/_{60}$ dieses Einkommens hinaus findet eine Steigerung nicht statt.

In dem im § 1 Abs. 2 erwähnten Falle beträgt die Pension $^{20}/_{60}$, ... des vorbezeichneten Diensteinkommens.

§ 9. Bei jeder Pension werden überschießende Talerbrüche auf volle Taler abgerundet.

§ 10. Der Berechnung der Pension wird das von dem Beamten zuletzt bezogene gesamte Diensteinkommen, soweit es nicht zur Bestreitung von Repräsentations- oder Dienstaufwandskosten gewährt wird, nach Maßgabe der folgenden näheren Bestimmungen zugrunde gelegt:

1. Feststehende Dienstemolumente, namentlich freie Dienstwohnung, sowie die anstatt derselben gewährte Mietsentschädigung, Feuerungs- und Erleuchtungsmaterial, Naturalbezüge an Getreide, Winterfutter usw., sowie der Ertrag von Dienstgrundstücken kommen nur insoweit zur Anrechnung, als deren Wert in den Besoldungsetats auf die Geldbesoldung des Beamten in Rechnung gestellt oder zu einem bestimmten Geldbetrage als anrechnungsfähig bezeichnet ist.
2. Dienstemolumente, welche ihrer Natur nach steigend und fallend sind, werden nach den in den Besoldungsetats oder sonst bei Verleihung des Rechts auf diese Emolumente deshalb getroffenen Festsetzungen und in Ermangelung solcher Festsetzungen nach ihrem durchschnittlichen Betrage während der drei letzten Etatsjahre vor dem Etatsjahre, in welchem die Pension festgesetzt wird, zur Anrechnung gebracht.*)
3. Bloß zufällige Diensteinkünfte, wie widerrufliche Tantieme, Kommissionsgebühren, außerordentliche Remunerationen, Gratifikationen und dergleichen kommen nicht zur Berechnung.
4. Das gesamte zur Berechnung zu ziehende Diensteinkommen einer Stelle darf den Betrag des höchsten Normalgehalts

*) Vgl. OVG. im PVBl. 25 S. 329.

derjenigen Dienstkategorie, zu welcher die Stelle gehört, nicht übersteigen.

Ohne diese Beschränkung kommen jedoch solche Gehaltsteile oder Besoldungszulagen, welche zur Ausgleichung eines von dem betreffenden Beamten in früherer Stellung bezogenen Diensteinkommens demselben mit Pensionsberechtigung gewährt sind, zur vollen Anrechnung.

§ 11. Ein Beamter, welcher früher ein mit einem höheren Diensteinkommen verbundenes Amt bekleidet und dieses Einkommen wenigstens ein Jahr lang bezogen hat, erhält, sofern der Eintritt oder die Versetzung in ein Amt von geringerem Diensteinkommen nicht lediglich auf seinen im eigenen Interesse gestellten Antrag erfolgt oder als Strafe auf Grund des § 16 des Gesetzes, betreffend die Dienstvergehen der nicht richterlichen Beamten usw. vom 21. Juli 1852 (GS. 465), oder des § 1 des Gesetzes, betreffend einige Abänderungen des Gesetzes über die Dienstvergehen der Richter vom 7. Mai 1851 usw. vom 22. März 1856 (GS. 201) gegen ihn verhängt ist, bei seiner Versetzung in den Ruhestand eine nach Maßgabe des früheren höheren Diensteinkommens unter Berücksichtigung der gesamten Dienstzeit berechnete Pension; jedoch soll die gesamte Pension das letzte pensionsberechtigte Diensteinkommen nicht übersteigen.

§ 12. Das mit Nebenämtern oder Nebengeschäften verbundene Einkommen begründet nur dann einen Anspruch auf Pension, wenn eine etatsmäßige Stelle als Nebenamt bleibend verliehen ist.

§ 13. Die Dienstzeit wird vom Tage der Ableistung des Diensteides gerechnet. Kann jedoch ein Beamter nachweisen, daß seine Vereidigung erst nach dem Zeitpunkte seines Eintritts in den Staatsdienst stattgefunden hat, so wird die Dienstzeit von diesem Zeitpunkte an gerechnet.*)

---

*) Wegen der Bedeutung der Vereidigung bei Berechnung der Dienstzeit behufs Pensionsberechnung vgl. PVBl. 25 S. 535.

§ 16. Die Dienstzeit, welche vor dem Beginne des achtzehnten Lebensjahres liegt, bleibt außer Berechnung.

Nur im Kriegsfalle wird die Militärdienstzeit vom Beginne des Krieges, beim Eintritt in den Militärdienst während des Krieges vom Tage des Eintritts ab gerechnet.

Als Kriegszeit gilt in dieser Beziehung die Zeit vom Tage einer angeordneten Mobilmachung, auf welche ein Krieg folgt, bis zum Tage der Demobilmachung.

§ 17. Für jeden Krieg, an welchem ein Beamter im Preußischen oder im Reichsheer oder in der Preußischen oder Kaiserlichen Marine oder bei den Kaiserlichen Schutztruppen teilgenommen hat, wird demselben zu der wirklichen Dauer der Dienstzeit ein Jahr zugerechnet; jedoch ist für mehrere in ein Kalenderjahr fallende Kriege die Anrechnung nur eines Kriegsjahres zulässig.

Wer als Teilnehmer an einem Kriege anzusehen ist, unter welchen Voraussetzungen bei Kriegen von längerer Dauer mehrere Kriegsjahre anzurechnen sind, welche militärische Unternehmung als ein Krieg im Sinne dieses Gesetzes anzusehen und welche Zeit als Kriegszeit zu rechnen ist, wenn keine Mobilmachung oder Demobilmachung stattgefunden hat, dafür ist die nach § 17 und § 7 der Reichsgesetze vom 31. Mai 1906 (RGBl. S. 565 und 593) in jedem Falle ergehende Bestimmung des Kaisers maßgebend.

Für die Vergangenheit bewendet es bei den hierüber durch Königliche oder Kaiserliche Erlasse gegebenen Bestimmungen.

§ 20. Zum Erweise der Dienstunfähigkeit eines seine Versetzung in den Ruhestand nachsuchenden Beamten ist die Erklärung der demselben unmittelbar vorgesetzten Dienstbehörde erforderlich, daß sie nach pflichtmäßigem Ermessen den Beamten für unfähig halte, seine Amtspflichten ferner zu erfüllen.

Inwieweit noch andere Beweismittel zu erfordern, oder der Erklärung der unmittelbar vorgesetzten Behörde entgegen für ausreichend zu erachten sind, hängt von dem Ermessen der über die Versetzung in den Ruhestand entscheidenden Behörde ab.

§ 21. Die Bestimmung darüber, ob und zu welchem Zeitpunkte dem Antrage eines Beamten auf Versetzung in den Ruhestand stattzugeben ist, erfolgt durch den Departements-Chef.

§ 24. Die Versetzung in den Ruhestand tritt, sofern nicht auf den Antrag oder mit ausdrücklicher Zustimmung des Beamten ein früherer Zeitpunkt festgesetzt wird, mit dem Ablauf des Vierteljahres ein, welches auf den Monat folgt, in welchem dem Beamten die Entscheidung über seine Versetzung in den Ruhestand und die Höhe der ihm etwa zustehenden Pension (§ 22) bekanntgemacht worden ist.

§ 25. Die Pensionen werden für jedes Kalendervierteljahr im voraus in einer Summe gezahlt.

§ 26. Das Recht auf den Bezug der Pension kann weder abgetreten noch verpfändet werden.

In Ansehung der Beschlagnahme der Pensionen bleiben die bestehenden Bestimmungen in Kraft.

§ 29. Die Einziehung, Kürzung oder Wiedergewährung der Pension auf Grund der Bestimmungen in den §§ 27 und 28 *) tritt mit dem Beginn desjenigen Monats ein, welcher auf das, eine solche Veränderung nach sich ziehende Ereignis folgt.

Im Falle vorübergehender Beschäftigung im Reichs- oder im Staatsdienste gegen Tagegelder oder eine anderweite Entschädigung wird die Pension für die ersten sechs Monate dieser Beschäftigung unverkürzt, dagegen vom siebenten Monate ab nur zu dem nach den vorstehenden Bestimmungen zulässigen Betrage gewährt.

§ 29 a. Die in dem § 27 Nr. 2 sowie in den §§ 28 und 29 für den Fall des Wiedereintritts eines Pensionärs in den Reichs- oder Staatsdienst getroffenen Vorschriften finden auf diejenigen unter die Vorschriften des § 6 fallenden pensionierten Lehrer

*) Dafür tritt bei Kommunalbeamten § 13 KBG. ein.

und Beamten, deren Pension nicht aus der Staatskasse zu zahlen ist, nur dann sinngemäße Anwendung, wenn sie im Dienste der zur Aufbringung ihrer Pension ganz oder teilweise verpflichteten Gemeinde oder Stiftung oder des betreffenden Kommunalverbandes wieder angestellt oder beschäftigt werden.

Ist ein unter die Vorschriften des § 6 fallender Pensionär, dessen Pension nicht aus der Staatskasse zu zahlen ist, in ein zur Pension berechtigendes Amt des unmittelbaren Staatsdienstes oder an einer der im § 6 Abs. 2 bezeichneten Unterrichtsanstalten, deren Unterhaltung anderen als den zur Aufbringung seiner Pension Verpflichteten obliegt, wieder eingetreten, so bleibt für den Fall des Zurücktretens in den Ruhestand bei der Entscheidung über eine ihm zu gewährende neue Pension die Dienstzeit vor seiner früheren Versetzung in den Ruhestand außer Anrechnung.

Diese Bestimmung findet auf diejenigen Pensionäre, deren Pension aus der Staatskasse zu zahlen ist, alsdann gleichfalls Anwendung, wenn sie in ein zu Pension berechtigendes Amt an einer der im § 6 Abs. 2 bezeichneten Unterrichtsanstalten, welche nicht vom Staate allein zu unterhalten sind, wieder eingetreten sind.

§ 30. Sucht ein nicht richterlicher Beamter, welcher das fünfundsechzigste Lebensjahr vollendet hat, seine Versetzung in den Ruhestand nicht nach, so kann diese nach Anhörung des Beamten unter Beobachtung der Vorschriften der §§ 20 ff. dieses Gesetzes in der nämlichen Weise verfügt werden, wie wenn der Beamte seine Pensionierung selbst beantragt hätte."

16. Der Pensionsanspruch fällt fort, wenn der Beamte durch Disziplinar- oder gerichtliches Urteil aus dem Dienste entlassen oder ihm der Pensionsanspruch nach anderweiter Beendigung des Dienstverhältnisses durch das Disziplinargericht ausdrücklich aberkannt wird (s. § 16 Nr. 2 G. vom 21. Juli 1852). Ein gerichtliches Strafurteil, das einen bereits pensionierten Beamten zu Zuchthausstrafe oder zum Verlust der bürgerlichen Ehrenrechte verurteilt, macht den Beamten nicht seines Pensionsanspruchs verlustig, und zwar auch dann nicht, wenn die dem Strafurteil zugrunde liegende Handlung schon vor der Pensionierung begangen war (RGZ. 2 S. 66; 38 S. 321; PVBl. 9 S. 157). Ebensowenig verliert ein Beamter, der nach Bewilligung seiner Pensionierung vor dem Tage, auf den seine Versetzung in den Ruhestand bestimmt ist, in strafgerichtliche Untersuchung gezogen und verhaftet wird, durch ein nach diesem Tage gegen ihn ergangenes, mit dem Verlust der bürgerlichen Ehrenrechte verbundenes Strafurteil den Anspruch auf die ihm bewilligte Pension. Wird dagegen das Strafurteil vor dem Tage, an dem der Ruhestand beginnen soll, rechtskräftig, so gelangt der Beamte nicht in den Besitz der Pension (RGZ. 17 S. 240, 242).

17. Erworbene Rechte hinsichtlich der Pension werden geschützt durch § 24 des G., dessen Bestimmung besonders wichtig für Hannover ist, wo bisher die in mehrfacher Beziehung günstigeren Bestimmungen des G. vom 24. Juni 1858 (Hannoversche GS. 119) galten. S. Anm. 5 oben und Vorbem. zu § 24.

§ 13.

Das Recht auf den Bezug der Pension (§ 12) ruht, wenn und solange ein Pensionär im Staats- oder Kommunaldienst [1]) ein Diensteinkommen oder eine neue Pension bezieht, [2]) insoweit als der Betrag des neuen Einkommens [3]) unter Hinzurechnung der zuvor erdienten Pension den Betrag des von dem Beamten vor der Pensionierung bezogenen Diensteinkommens übersteigt.[4])

Vorbemerkung: Die Bestimmung entspricht (bis auf das Wort „Kommunaldienst" statt „Gemeindedienst") dem Wortlaute des § 72 StO. HN. und vertritt bei den städtischen Beamten die Stelle des für die Staatsbeamten geltenden § 27 [3] des PensG. vom 27. März 1872. Absichtlich ist der Reichsdienst nicht erwähnt, um die Bestimmung konform zu halten mit den bezüglich der Magistratsmitglieder geltenden Vorschriften der StO. (§ 65 Abs. 4).

§ 27 Nr. 1 des PensionsG. gilt, da § 13 die Fälle des Ruhens der Pension offenbar erschöpfend regelt, für Kommunalbeamte nicht, es sei denn, daß ortsstatutarisch eine entsprechende Bestimmung getroffen ist.

1. Daß der Reichsdienst absichtlich, ebenso wie in § 65 Abs. 4 StO. nicht erwähnt ist, vgl. Vorbemerkung. Dennoch hat das RG. in zwei Entscheidungen (RGZ. 44 S. 203 u. 45 S. 306) angenommen, daß die Bestimmung des § 65 letzter Absatz StO. auch dann anzuwenden sei, wenn der Pensionär später wieder im deutschen (nichtpreußischen) Reichsdienst oder im Dienste einer außerpreußischen deutschen Gemeinde angestellt wird. Wie die AA. z. KBG. (Art. IV unter 2) mit Recht hervorhebt, werden diese Grundsätze des RG. konsequenterweise auch bei Auslegung des § 13 KBG. anzuwenden sein. Es liegt demnach der Tatbestand des § 13 auch vor, wenn der pensionierte Beamte im Reichsdienst, im außerpreußischen deutschen Staats- oder im außerpreußischen deutschen Gemeindedienst angestellt ist.

Zum Kommunaldienst gehört auch der Kreiskommunal- und Provinzialdienst, sowie der Dienst als Beamter eines Amts (PVBl. 24 S. 313).

2. Ein Diensteinkommen oder eine Pension im Staats- oder Kommunaldienst kann nur beziehen, wer als Beamter angestellt ist oder war. Für die Frage, ob eine solche neue Anstellung mit Beamteneigenschaft vorliegt, ist maßgebend das für das jeweilige neue Amt in Betracht kommende deutsche Staatsrecht (oder Reichsrecht). Jedenfalls ist eine vorübergehende Beschäftigung gegen Diäten kein Anstellungsverhältnis im Sinne dieser Bestimmung. Ebensowenig ein dauerndes, aber lediglich privatvertragliches Dienstverhältnis zum Reiche, einem Bundesstaat oder einer Gemeinde (über den Unterschied s. Anm. 9 zu § 1). Besteht aber ein neues Beamtenverhältnis, so ist § 13 anwendbar, gleichviel ob es sich um Anstellung auf Lebenszeit, auf Zeit oder Kündigung, auf Probe oder auf Widerruf handelt

(RGZ. 56 S. 1). Für die Wiederanstellung im preußischen Gemeindedienst ist die Tatsache der Aushändigung einer neuen Anstellungsurkunde an den Pensionär gemäß § 1 KBG. entscheidend (RGZ. im PBBl. 29 S. 480).

3. Die Frage, in welcher Höhe das neue Diensteinkommen bei Anwendung des § 13 anzusetzen ist, erledigt sich mit dem Satze, daß das reine Einkommen aus der neuen Stelle zu berücksichtigen ist, d. h. also das gesamte Diensteinkommen abzüglich einer etwaigen Entschädigung für Dienstausgaben (Repräsentationsgelder, Reisekosten, Dienstaufwandsgelder). Darauf, ob und wie die neue Anstellungsbehörde das neue Diensteinkommen auf dessen einzelne Arten (bares Gehalt, Naturalien, Dienstaufwandsgelder) verteilt, kommt es nicht endgültig an, vielmehr ist im Streitfalle unabhängig von dieser (unter Umständen willkürlichen) Festsetzung der neuen Anstellungsbehörde die Frage der Anwendbarkeit des § 13 und die Höhe des Rechnungsergebnisses aus dieser Anwendung im Wege des § 7 KBG. und zwar ev. im ordentlichen Rechtswege zur Entscheidung zu bringen. Die Bestimmung des § 7 KBG. allerdings, daß über die Spezialfrage, „welcher Teil des Diensteinkommens als Pension anzusehen ist", unter Ausschluß des Rechtsweges nur im Verwaltungsstreitverfahren entschieden werden dürfe, kann hier nicht Anwendung finden, da diese Bestimmung sich auf die erstmalige Festsetzung der Pension, nicht auf die spätere Kürzung auf Grund des § 13 bezieht.

4. Früheres Einkommen ist nur das, was der Beamte in derjenigen Dienststellung bezogen hat, aus der er seine Pension erhält, nicht aber auch andere zufällige Nebeneinkünfte, mögen diese auch vom Staate oder einer Gemeinde gewährt werden. So wenig private Einkünfte, die der Beamte zufälligerweise infolge seiner Vertrauensstellung als Magistratsmitglied bezogen hat (z. B. Einkünfte von Privatfeuerversicherungs- und ähnlichen Gesellschaften) unter das frühere Einkommen fallen, gehören dazu „Nebeneinkünfte" vom Staat oder von einer anderen Gemeinde (RGZ. 56 S. 3).

§ 14.

Betreffs der Anstellung, Besoldung und Pensionierung der Mitglieder des kollegialischen Gemeindevorstandes (Magistrats), sowie in Städten ohne kollegialischen Gemeindevorstand der Bürgermeister und deren Stellvertreter (zweite Bürgermeister, Beigeordnete), bewendet es bei den bestehenden Bestimmungen [1]) mit der Änderung, daß die Pension vom vollendeten zwölften Dienstjahre ab bis zum vierundzwanzigsten Dienstjahre alljährlich um $^1/_{60}$ steigt.[2])[3])

In der Provinz Hannover findet, unter entsprechender Aufhebung der Vorschrift des § 64 Absatz 2 der revidierten Städteordnung vom 24. Juni 1858 (Hannoversche Gesetz-Samml. S. 141), auch auf die im Absatz 1 gedachten Beamten die Berechnung der Pension nach Maßgabe des § 8 des Gesetzes vom 31. März 1882, betreffend die Abänderung des Pensionsgesetzes vom 27. März 1872 (Gesetz-Samml. 1882 S. 133), Anwendung.[4])

Vorbemerkung: Auf die Bürgermeister und Magistratsmitglieder in den Städten finden, wie bereits in Anm. 2 zu § 3 ausgeführt, die allgemeinen Bestimmungen des Gesetzes in den §§ 1—7 ebenfalls Anwendung. § 14 behält lediglich innerhalb des Rahmens der mit § 8 beginnenden besonderen Bestimmungen für „Beamte der Stadtgemeinden" den „besoldeten Magistratsmitgliedern" usw. eine Sonderstellung vor (MBl. 02 S. 226 u. 03 S. 122; AA. I 1 c, letzter Absatz und I 4). Es müssen daher auch die besoldeten Magistratsmitglieder eine Anstellungsurkunde gemäß § 1 Satz 2 KBG. erhalten. Was die Vollziehung der Anstellungsurkunden für Bürgermeister anlangt, so hat der Magistrat diese Urkunden zu erteilen und in der Urschrift zu vollziehen; der Stellvertreter des Bürgermeisters hat sie in der Ausfertigung zu unterzeichnen (MBl. 03 S. 122).

1. Vgl. StO. Oe. u. W. §§ 29—34, 64, 65, 84; StO. Rh. §§ 28—33, 58, 59, 90; StO. SH. §§ 28—34, 76—79, 99; GemVG. Fr. §§ 38—44, 71, 72, 86; StO. H. §§ 38—40, 43—51, 53—70 (s. auch Abs. 2 dieses Paragraphen); StO. HN. §§ 32—37, 69, 70, 72, 74, 75, 99 (§ 73 aufgehoben durch § 15 des G.); § 89 Hohenzoll. Gemeindeordnung.

2. Die Bestimmung „mit der Änderung usw." soll die in den bisherigen Grundsätzen liegende Härte beseitigen, daß die Pension der Bürgermeister, Beigeordneten und Magistratsmitglieder vom 13. bis 24. Dienstjahre nicht steigt. Da nach vollendetem 12. Dienstjahre die Hälfte, also $^{30}/_{60}$, gezahlt werden, bemißt sich nunmehr die Pension nach vollendetem 24. Dienstjahre auf $^{42}/_{60}$, nicht mehr auf $^{2}/_{3} = {}^{40}/_{60}$ des Gehalts wie bisher. Die früher vorhandene Härte wäre nach Inkrafttreten des KBG. um so fühlbarer geworden, als die nach § 15 KBG. eintretende Hinterbliebenenversorgung sich nach der Höhe der Pension richtet, und demnach bei den Bürgermeistern, Beigeordneten und Magistratsmitgliedern in den letzten der zwischen dem 13. und 24. liegenden Dienstjahre unverhältnismäßig niedrig gewesen wäre. Die in § 14 KBG. vorgeschriebene Berechnung der Pension gilt auch für die vor dem Inkrafttreten des KBG. angestellten Magistratsmitglieder.

3. Da die Vorschriften der staatlichen Pensionsgesetze nach § 12 KBG. nur für die Gemeindebeamten, nicht auch für die Magistratsmitglieder gelten, für diese vielmehr die bei Erlaß des KBG. über die Pensionierung bestehenden Bestimmungen weiter in Geltung bleiben, ist auch durch die Pensionsgesetznovelle vom 27. Mai 1907 (GS. 95) an der Berechnung der Pension nichts geändert worden. Es beträgt daher die Pension der Magistratsmitglieder gemäß § 65 StO. nach 10jähriger Dienstzeit nach wie vor $^{1}/_{4}$ ($^{15}/_{60}$) des Gehalts, während sie sich für die Gemeindebeamten nach § 8 des PensionsG. in der Fassung der erwähnten Novelle auf $^{20}/_{60}$ des Diensteinkommens stellt.

Ebenso besteht für Magistratsmitglieder an sich kein Anspruch auf vierteljährliche Vorauszahlung der Pension gemäß § 25 des PensionsG. vom 27. März 1872; denn bei Erlaß des KBG.

wurden die Pensionen monatlich im voraus gezahlt (PVBl. 33 S. 460).

Hinsichtlich der Magistratsmitglieder in der Provinz Hannover vgl. Anm. 4.

4. Hiernach finden also in Hannover bei Bemessung der Pension (nicht auch bezüglich der Pensionierung der Magistratsmitglieder im allgemeinen; bezüglich derselben verbleibt es vielmehr bei den Bestimmungen des § 64 Abs. 2 StO. H. und des § 64 Hannov. G. vom 24. Juni 1858) dieselben Grundsätze für die Bürgermeister und Magistratsmitglieder Anwendung wie für die übrigen städtischen Beamten. Der Grund für diese Bestimmung liegt darin, daß auch bisher schon in Hannover — im Gegensatz zu den übrigen Provinzen — die im § 14 erwähnten und die übrigen städtischen Beamten in bezug auf die Bemessung der Pensionen gleichgestellt waren, und es deshalb unbillig erschien, dort durch Ausschluß der einen Kategorie von der Neuregelung erst eine Ungleichheit zu erzeugen. Wegen der für Berechnung der Pension maßgebenden Grundsätze des § 8 G. vom 27. März 1872 s. Anm. 15 zu § 12. — Die Fassung ist ungenau: Es hätte heißen müssen: „finden ..... bei Berechnung der Pension die Bestimmungen des § 8 des G. vom 27. März 1872 in der Fassung des Art. I des G. vom 31. März 1882, betreffend Abänderung des Pensionsgesetzes vom 27. März 1872, Anwendung".

§ 15.

Die Witwen und Waisen der pensionsberechtigten [1]) Beamten der Stadtgemeinden, einschließlich der im § 14 aufgeführten [2]) Beamten, erhalten — sofern nicht mit Genehmigung des Bezirksausschusses [3]) ein anderes[4]) festgesetzt ist [5]) — Witwen- und Waisengeld nach den für die Witwen und Waisen der unmittelbaren Staatsbeamten geltenden Vorschriften [6])[7]) unter Zugrundelegung des von dem Beamten im Augenblick des Todes erdienten Pensionsbetrages; [8]) dabei tritt an die Stelle der für das Witwengeld bei unmittelbaren Staatsbeamten vorgeschriebenen Höchstsätze der Höchstsatz von 2000 Mark.[9])

Auf das Witwen- und Waisengeld kommen die Bezüge, welche von öffentlichen Witwen- und Waisenanstalten oder von Privatgesellschaften gezahlt werden, in demselben Verhältnisse in Anrechnung, in welchem die Stadtgemeinde sich an den vertraglichen Gegenleistungen beteiligt hat.[10]) Als Beteiligung der Stadtgemeinde wird es auch, soweit die Zeit vor dem Inkrafttreten des Gesetzes in Betracht kommt, angesehen, wenn die Gegenleistung seitens des Beamten auf Grund ausdrücklicher, bei der Anstellung übernommener Verpflichtung oder anderweiter Festsetzungen erfolgt ist.[11])[12])

Vorbemerkung: Erst das KBG. § 15 hat die obligatorische Reliktenversorgung der pensionsfähig angestellten städtischen Beamten für das ganze Gebiet der Monarchie eingeführt. Vorher bestand eine solche nur in Hessen-Nassau (§ 73 StO. f. HN.). — Auf die Hinterbliebenen der bereits vor dem 1. April 1900 pensionierten oder sonst ausgeschiedenen Beamten findet die Bestimmung keine Anwendung (PVBl. 23 S. 617 u. 635; 24 S. 506; RGZ. 55 S. 4). Ebenso haben die Hinterbliebenen solcher Beamten, die im Wege des Disziplinarverfahrens unter Belassung eines Teils der Pension auf Lebenszeit oder auf bestimmte Zeit entlassen sind, mit Rücksicht auf die Fassung der §§ 7, 5 Nr. 2 G. vom 20. Mai 1882, Art. I G. vom 28. März 1888 (vgl. Anm. 6 unten) keinen Anspruch auf Witwen- oder Waisengeld, und zwar auch dann nicht, wenn der Beamte noch während des Bezuges der belassenen Pension verstorben ist (vgl. Anm. 6 zu § 4).

1. Vgl. Anm. 1, 2 und 14 zu § 12.
2. Bürgermeister, Beigeordnete, Magistratsmitglieder.
3. In Berlin des Oberpräsidenten (LVG. § 43 Abs. 3).

4. Auch der Ausschluß des Reliktenanspruches kann generell festgesetzt oder im Einzelfall vereinbart werden und zwar auch dann, wenn über den Ausschluß des Pensionsanspruchs nichts vereinbart ist (Anm. 6 zu § 12).

5. Siehe Anm. 7 zu § 12.

6. Es kommen auch hier die jeweilig geltenden Grundsätze über Pensionierung und Hinterbliebenenversorgung der unmittelbaren Staatsbeamten zur Anwendung (vgl. Anm. 14 zu § 12).

Diese Vorschriften sind enthalten im G. vom 20. Mai 1882 (GS. 298) betr. die Fürsorge für die Witwen und Waisen der unmittelbaren Staatsbeamten (AusfVorschr. hierzu vom 5. Juni, 7. Juli, 27. Sept. 1882 [MBl. 100, 171, 248; JMBl. 159 u. 1883 S. 139 u. 1886 S. 123], sowie vom 30. Dez. 1884 [MBl. 1885 S. 7; JMBl. 1885 S. 32] und vom 1. Sept. 1898 [MBl. 224]); ferner im G. vom 28. März 1888 (GS. 48) betr. den Erlaß der Witwen- und Waisengeldbeiträge und den Novellen zum erstgenannten G. vom 1. Juni 1897 (GS. 193), vom 27. Mai 1907 (GS. 99) und vom 26. Mai 1909 (GS. 85). Die wichtigsten Grundsätze sind folgende: Das Witwengeld besteht in 40% der Pension, zu welcher der Beamte berechtigt war oder gewesen wäre, wenn er am Todestage pensioniert worden wäre, und beträgt mindestens 300, höchstens 2000 Mk. (bei Kommunalbeamten). [§ 8 des G. vom 20. Mai 1882]. Die geschiedene Ehefrau ist nicht als Witwe anzusehen. Das Waisengeld beträgt 1/5 des Witwengeldes für jedes eheliche oder legitimierte Kind, wenn die Mutter noch lebt, andernfalls, oder wenn die Mutter einen Anspruch nicht hat, 1/3 (§ 9 ebenda).

Witwen- und Waisengelder dürfen weder einzeln noch zusammen den (wirklichen oder fiktiven) Pensionsanspruch des Verstorbenen am Todestage übersteigen (§ 10). War die Witwe mehr als 15 Jahre jünger als der Beamte, so verringert sich das Witwengeld für jedes weitere angefangene Jahr des Altersunterschiedes bis zu 25 Jahren Unterschied um 1/20 seines Betrages, vermehrt sich aber bei einer mehr als fünfjährigen Dauer der Ehe für jedes angefangene weitere Jahr der Ehe um $^1/_{20}$, bis wiederum der volle Betrag erreicht ist (§ 12). Hat der Beamte die Ehe erst in den letzten drei Monaten vor seinem Tode und zu dem Zwecke geschlossen, der Witwe den Bezug des Witwengeldes zu beschaffen, oder hat er erst nach der Pensionierung geheiratet, so besteht kein Anspruch auf Witwengeld (§ 13). Abtretungen und Verpfändungen der Witwen- und Waisengelder sind ungültig (§ 17, s. EG. BGB. Art. 81, wegen Pfändbarkeit s. § 850[8] und Abs. 2 ZPO.). Witwen- und Waisengeldbeiträge werden nicht erhoben (G. vom 28. März 1888). Das Witwen- und Waisengeld wird monatlich im voraus vom Ablaufe des Gnadenquartals ab gezahlt (§ 15). Das Recht auf den Bezug endet: Beim Witwengelde mit dem Tode oder der Wiederverheiratung, beim Waisengeld bei Tod, Heirat und mit dem Ablauf des Monats, in welchem das 18. Lebensjahr vollendet wird; es ruht beim Verluste des deutschen Indigenats bis zur Wiedererlangung (§§ 18, 19). Wegen Fortfalls infolge Disziplinar- oder Strafurteils gegen den im Dienste befindlichen Beamten (der Anspruch fällt nicht schon infolge der strafbaren oder disziplinwidrigen Handlung fort) s. RGZ. 38 S. 321 und Anm. 16 zu § 12. Wegen des Rechtsweges siehe § 7 KBG. Über das Verfahren bei Kürzungen, wenn §§ 10 und 12 des G. vom 20. Mai 1882 zusammentreffen, vgl. MBl. 1901 S. 189.

7. Ansprüche der Hinterbliebenen von Beamten auf Grund des G. vom 2. Juni 1902 (GS. 153) betr. die Fürsorge für Beamte infolge von Betriebsunfällen bleiben ebenso wie die Ansprüche der Beamten selbst aus diesem Gesetze bestehen (vgl. hierzu Ledermann-Brühl, Anm. 60 b zu § 65 StO.). Solche Ansprüche gelten nur als Erweiterung der landesgesetzlichen Pensions- und Hinterbliebenenversorgungsansprüche und sind deshalb gemäß § 7 KBG. geltend zu machen (RGZ. 39 S. 354, welches Erkenntnis freilich auf die Zeit vor Erlaß des KBG. Bezug hat).

8. D. h. derjenigen Pension, die der Beamte entweder zur Zeit des Todes bezog oder bezogen hätte, wenn er in diesem Momente pensioniert worden wäre.

Bewilligt eine Stadt (wie z. B. Berlin) Reliktenversorgung ortsstatutarisch von einem früheren Zeitpunkte als vom Beginn der Pensionsberechtigung an, so ist es zweckdienlich, behufs Berechnung der Reliktenversorgung für die Kommunalbeamten für die vor dem 10. Dienstjahre, für die Magistratsmitglieder für die vor dem 12. Dienstjahre liegende Zeit eine fingierte Pensionsskala festzusetzen.

9. Dieser Höchstsatz ist auch durch die Novelle vom 27. Mai 1907 Art. II und durch § 4 des G. vom 26. Mai 1909, wonach der Höchstbetrag des Witwengeldes bei unmittelbaren Staatsbeamten 3000 Mk. beträgt, nicht abgeändert worden; wohl aber gilt der durch die erwähnten Gesetze auf 300 Mk. festgesetzte Mindestbetrag auch für Kommunalbeamte (PVBl. 28 S. 810 u. 30 S. 285).

Wie überall, gilt auch hier die gesetzliche Norm nur als Minimalgrenze. Höhere Witwen- und Waisengelder dürfen die Kommunen ohne weiteres bewilligen.

10. Die Bestimmung des Abs. 2 ist eine sachgemäße Erweiterung der Bestimmung des § 73 Abs. 2 StO. f. HN. Die Bedeutung des ersten Satzes ist die, daß die Bezüge, die aus den von den Stadtgemeinden behufs Versorgung der Hinterbliebenen ihrer Beamten mit öffentlichen oder privaten Kassen geschlossenen Verträgen fließen, insoweit sie durch Beitragsleistungen der Gemeinden erkauft sind, auf die Witwen- und Waisengelder dieses Gesetzes in Anrechnung gebracht werden sollen. Dabei wird aber Abs. 2 grundsätzlich nur dann anzuwenden sein, wenn es sich um Einkauf der Beamten bei Veranstaltungen handelt, die eine selbständige rechtliche Persönlichkeit darstellen. Waren die Beamten, wie dies in Berlin z. B. teilweise der Fall war, nur verpflichtet, gewisse Beiträge an die Stadthauptkasse zu zahlen, und leistete die Stadtgemeinde zu dem so entstehenden Versicherungskonto je nach Bedarf beliebig hohe Zuschüsse, um daraus die Witwengelder an die Mitglieder der Veranstaltung zu zahlen, so kommt einer solchen „Veranstaltung" der Charakter einer öffentlichen Witwen- und Waisen*anstalt* oder einer Privatgesellschaft nicht zu, so daß der § 15 Abs. 2 hierauf nicht Anwendung finden kann. Soll in solchen Fällen zugunsten der Kommune ein deren Aufwendungen entsprechender Ausgleich getroffen werden, so muß in Gemäßheit des § 15 Abs. 1 eine Minderung der gesetzlichen oder ortsstatutarischen Ansprüche gegenüber den betroffenen Beamten eintreten, die der Genehmigung des Bezirksausschusses (in Berlin des Oberpräsidenten) bedarf. Daneben bleiben dann die Ansprüche aus der „Veranstaltung" unverändert bestehen.

11. Die Hinzufügung des zweiten Satzes erschien deshalb erforderlich, weil viele Kommunen bisher die Beiträge zu den Kassen zwar nicht selbst gezahlt, wohl aber das Gehalt der Beamten unter Berücksichtigung der von diesen pflichtgemäß zu zahlenden Beiträge entsprechend höher bemessen hatten, und es billig erschien, auch zugunsten dieser Kommunen eine Anrechnung der derartig auf ihre Kosten erlangten Kassenbezüge eintreten zu lassen. — Die Worte „oder anderweitiger Festsetzungen" sind erst im Plenum des Herrenhauses zugefügt worden. Ohne sie würde die Bestimmung des letzten Satzes weder anwendbar gewesen sein auf Abmachungen, die erst nach der Anstellung erfolgen (z. B. bei späteren Gehaltserhöhungen), noch auf Festsetzungen, die nicht auf einer einzelnen vertragsmäßigen Abmachung beruhen, sondern generell (reglementär oder ortsstatutarisch) getroffen sind.

12. Ein Anspruch der Beamten auf Erstattung der vor dem 1. April 1900 für die Zwecke der Reliktenversorgung geleisteten Beiträge ist nicht gegeben (PVBl. 26 S. 334).

§ 16.

Stadtgemeinden im Sinne dieses Gesetzes sind diejenigen Städte, welche nach einer Städteordnung [1]) verwaltet werden, einschließlich der im § 1 Absatz 2 der Städteordnung für die sechs östlichen Provinzen vom 30. Mai 1853 (Gesetz-Samml. S. 261) und der in §§ 94 ff. des Gesetzes, betreffend die Verfassung und Verwaltung der Städte und Flecken in der Provinz Schleswig-Holstein vom 14. April 1869 (Gesetz-Samml. S. 589), erwähnten Ortschaften und Flecken.[2])

1. Nicht wörtlich zu verstehen; gemeint sind alle städtischen Gemeindeverfassungsgesetze, z. B. auch das Gesetz betr. die Verfassung der Städte in Neuvorpommern und Rügen vom 31. Mai 1853 (GS. 291) und das GemVG. für Frankfurt a. M. vom 25. März 1867 (GS. 401).

2. s. auch § 22 Abs. 1 ZustGes. — Darüber, wann Ortschaften und Flecken als Städte anzusehen sind und demnach unter die im § 16 zitierten Vorschriften der Städte-Ordnungen fallen, und wann sie als Landgemeinden anzusehen sind, s. OVG. 13 S. 182 und Anm. 3 zu § 1 StO. bei Ledermann-Brühl; bezüglich des Verfahrens im Streitfalle s. Anm. 4 ebenda.

§ 17.

Die in den vorstehenden Bestimmungen vorgesehenen Ortsstatuten [1]) unterliegen auch in den Städten von Neuvorpommern und Rügen der Genehmigung des Bezirksausschusses.[2])

1. s. Anm. 6 zu § 8, § 9 Abs. 1, § 11 Abs. 1, § 12 Abs. 3.

2. Die Bestimmung war deshalb erforderlich, weil das G. vom 31. Mai 1853 (GS. 291) Ortsstatuten nicht kennt, sondern nur Stadtrezesse, die königlicher Bestätigung bedürfen und die gesamte Gemeindeverfassung zu regeln bestimmt sind.

Beamte der Landgemeinden,*) der Landbürgermeistereien,**) Ämter,***) Zweckverbände†) und Amtsbezirke.††)

§ 18.

Die Anstellungs-, Besoldungs- und Pensionsverhältnisse der Beamten der Landgemeinden, sowie

---

*) d. s. Ortsgemeinden, die nicht nach einer der geltenden Städte-Ordnungen (s. § 16 Anm. 1) verwaltet werden. Im Streit-

die Ansprüche der Hinterbliebenen dieser Beamten auf Witwen- und Waisengeld können [1]) durch Ortsstatut [2]) geregelt werden. Hierbei gelangt für die Rheinprovinz und die Provinz Westfalen § 19 Nr. 2 zur Anwendung.[3])

Kommt ein derartiges Statut in größeren Landgemeinden, für welche nach ihren besonderen örtlichen Verhältnissen ein Bedürfnis [4]) ortsstatutarischer Regelung (Absatz 1) besteht, insbesondere städtischen Vororten, Industrieorten, Badeorten usw. nicht zustande,

---

falle entscheidet über die Eigenschaft eines Ortes als Landgemeinde zunächst der Kreisausschuß durch Beschluß, demnächst im Verwaltungs s t r e i t verfahren in erster Instanz der Kreisausschuß, in zweiter Instanz der Bezirksausschuß, in dritter (Revisions-) Instanz das OVG. (§ 26 Abs. 1 ZustGes., LVG. §§ 82, 93); bezüglich des Verfahrens s. OVG. 12 S. 178 und das Zitat zu § 16 Anm. 2.

**) In der Rheinprovinz s. LGO. Rh. vom 23. Juli 1845 (GS. 523) § 7, KrO. f. d. Rh. vom 30. Mai 1887 (GS. 209) § 21.

***) In Westfalen s. LGO. f. W. vom 19. März 1856 (GS. 265) §§ 4, 5.

†) d. s. zur gemeinschaftlichen Wahrnehmung e i n z e l n e r kommunalen Angelegenheiten gebildete Verbände. Früher handelten über die Zweckverbände LGO. f. die östl. Pr. vom 3. Juli 1891 (GS. 233) und LGO. für SH. vom 4. Juli 1892 (GS. 115) §§ 128 ff., LGO. für HN. vom 4. Aug. 1897 (GS. 301) §§ 100 ff. An deren Stelle ist jetzt das Zweckverbandsgesetz vom 19. Juli 1911 (GS. 115) getreten, das in § 25 den Abs. 4 des § 18 KVG., soweit er sich auf Zweckverbände bezieht, ausdrücklich aufhebt.

††) s. §§ 47 ff. KrO. vom 13. Dez. 1872 in der Fassung des G. vom 19. März 1881 (GS. 1881 S. 179 ff.). Die Amtsbezirke sind n i c h t Kommunalverbände, s. Anm. 4 I zu § 1.

so kann auf Antrag der Aufsichtsbehörde [5]) der Kreisausschuß beschließen,[6]) ob und inwieweit die Bestimmungen der §§ 8 bis 10 und 12 bis 15 [7]) dieses Gesetzes auf die Beamten oder einzelne Klassen der Beamten [8]) derselben entsprechende Anwendung zu finden haben.[9]) Bei Anwendung der vorgedachten Bestimmungen tritt an die Stelle des Bezirksausschusses der Kreisausschuß.[10]) Der Beschluß des Kreisausschusses bleibt solange in Geltung, bis durch Ortsstatut (Absatz 1) eine anderweite Regelung getroffen ist.[11])

Auf Antrag der Beteiligten oder der Aufsichtsbehörde [12]) beschließt der Kreisausschuß [6]) über die Festsetzung der Besoldungen und sonstigen Dienstbezüge der Landgemeindebeamten.[13])

Die vorstehenden Bestimmungen gelten auch für die Beamten der Amtsbezirke und der auf Grund der §§ 128 ff. der Landgemeindeordnung für die sieben östlichen Provinzen vom 3. Juli 1891 (Gesetz-Samml. S. 233), §§ 128 ff. der Landgemeindeordnung für die Provinz Schleswig-Holstein vom 4. Juli 1892 (Gesetz-Samml. S. 155), §§ 100 ff. der Landgemeindeordnung für die Provinz Hessen-Nassau vom 4. August 1897 (Gesetz-Samml. S. 301) gebildeten Zweckverbände.[14])[15])

Vorbemerkung: I. Der § 18 handelt ausschließlich von den Beamten der Landgemeinden, Amtsbezirke und Zweckverbände. Die Vorschriften der LGO. f. HN. vom 4. Aug. 1897 §§ 81—87 sind, weil teilweise für die Beamten günstiger, aufrecht erhalten (§ 25 Nr. 2).

II. Vgl. bezüglich des vor Erlaß des KBG. geltenden Rechtszustandes hinsichtlich der Beamten a) der Landgemeinden: §§ 117, 118 LGO. f. Oe. vom 3. Juli 1891 (GS. 233) und ebenso der LGO. f. SH. vom 4. Juli 1892 (GS. 115), §§ 81, 83—88 LGO. f. HN. vom 4. Aug. 1897 (GS. 301), §§ 22—24, 35 des Hannov. G. betr. die LG. vom 28. April 1859 (Hannov. GS. 393), §§ 38—40, 70—73 LGO. f. W. vom 19. März 1856 (GS. 265) und § 25 Abs. 3, 27, 28 KrO. f. W. vom 31. Juli 1886 (GS. 217), §§ 75, 78, 79, 99 GemO. f. Rh. vom 23. Juli 1845 (GS. 523), Art. 20, 21 G. betr. die GemV. in der RhPr. vom 15. Mai 1856 (GS. 435) und das G. vom 21. Juli 1891 (GS. 330), §§ 23, 24, 26, 27 KrO. f. d. RhPr. vom 30. Mai 1887 (GS. 209); b) der Zweckverbände: §§ 128 ff. LGO. vom 3. Juli 1891 und LGO. f. SH., §§ 100 ff. LGO. f. HN.; c) der Amtsbezirke: §§ 47 KrO. vom 13. Dez. 1872 (bes. § 69 Abs. 2), Art. 4 Nr. 5 der MJ. vom 18. Juni 1873 (MBl. 153).

Hinsichtlich der Hohenzollernschen Landgemeinden vgl. §§ 55, 68 Abs. 3 Ziff. 5, 89 der hohenzoll. Gemeindeordnung vom 2. Juli 1900 (GS. 189).

1. Diese fakultative Regelung ist erfolgt wegen der Verschiedenheit sowohl des Bedürfnisses wie der Leistungsfähigkeit der einzelnen Gemeinden. In Weiterbildung des § 81 Abs. 2, § 83 LGO. f. HN., denen Abs. 1 und 3 sonst nachgebildet sind, ist die fakultative Reliktenversorgung mittels Ortsstatuts für die Landgemeinden neu eingeführt.

2. das der Bestätigung durch den Kreisausschuß bedarf (§§ 31 Abs. 1 ZustGes., § 6 LGO. vom 3. Juli 1891 und ebenso LGO. f. SH. u. HN.).

3. s. Anm. 3 zu § 19[3]. Die auf Grund des § 18 Abs. 1 in Landgemeinden der Rheinprovinz und Westfalens zu erlassenden Ortsstatuten werden daher, falls sie nicht eine der Bestimmung des § 19[3] konforme Bestimmung enthalten, doch jedenfalls nichts von dieser zuungunsten der Beamten Abweichendes festsetzen dürfen. Die Bestimmung hat ihren Grund in dem Bestehen der Provinzialpensionskassen in den beiden Provinzen. Sie war hier nötig, da § 19 sich nur auf die Ämter und Landbürgermeistereien, nicht auch auf einfache Landgemeinden bezieht; s. § 25[1].

4. Darüber, ob ein Bedürfnis besteht, hat in erster Linie die Gemeinde selbst, in zweiter Linie die antragsberechtigte Aufsichtsbehörde (s. Anm. 5) zu befinden. Die Entscheidung liegt bei den Beschlußbehörden.

Nach der AA. (V 1) fallen unter Abs. 2 des § 18 vornehmlich solche Landgemeinden und ländlichen Verbände, die, wie gewisse städtische Vororte, Industrie-, Badeorte usf., durch Einwohnerzahl und Bedeutung den Stadtgemeinden gleich- oder nahekommen. „Die Höhe der Einwohnerzahl wird nicht in mechanischer Weise zu bestimmen, vielmehr werden für die Anwendbarkeit der Bestimmung die Verhältnisse des Einzelfalls sowohl im Hinblick auf die Gesamtlage des ländlichen Kommunalverbandes als auch auf die Beziehungen desselben zu den Stadtgemeinden der betreffenden Gegend maßgebend sein müssen."

5. d. i. der Landrat in erster Instanz, der Regierungspräsident in zweiter Instanz.

6. Gegen den Beschluß ist die binnen 14 Tagen beim Kreisausschuß einzulegende Beschwerde zulässig, über die der Bezirksausschuß endgültig entscheidet (§§ 121 ff. LVG.).

7. § 11 ist ausgelassen, weil an dessen Stelle bei den Landgemeinden die weitergehende Bestimmung des Abs. 3 § 18 tritt. — Die Kreisausschüsse dürfen nicht etwa beliebige das Gesetz ergänzende Vorschriften ihrerseits erlassen. Sie haben vielmehr nur darüber zu befinden, ob und i n w i e w e i t die §§ 8—10, 12—15 des G. Anwendung finden sollen. Es ist zulässig, die für städtische Beamte geltenden Anstellungs- und Versorgungsgrundsätze nach Maßgabe des Bedürfnisses nur in einem näher begrenzten Umfange auf den ländlichen Verband zu übertragen. Da nur eine „entsprechende" Anwendung der bezogenen Gesetzesparagraphen stattfinden soll, wird z. B. die Bestimmung in § 14 mangels einer Analogie der Grundlagen von der Übertragung auf den ländlichen Verband auszuschließen sein; das Gleiche gilt von den entsprechenden Bezugnahmen in §§ 19, 21 und 23 (so die AA. V 1).

8. Auf die Forstbeamten der Landgemeinden können die §§ 8—10 auch auf dem Umwege eines durch die Aufsichtsbehörde veranlaßten Kreisausschußbeschlusses nicht für anwendbar erklärt werden (s. § 23[1]); andererseits gelten die §§ 12—15 für die Forstbeamten auch der Landgemeinden in Rheinland und Westfalen obligatorisch (§ 23[3]).

9. Analog der Bestimmung des § 128 Abs. 2, 137 Abs. 1 LGO. vom 3. Juli 1891.

10. In Betracht kommen § 12 Abs. 1 u. 2 u. § 15, vgl. auch § 7 Abs. 2.

11. Dieser Satz, erst von der HHK. zugesetzt, steht nicht an der richtigen Stelle. Er müßte eigentlich dem vorhergehenden Satz vorauf gehen. Die Bestimmung ist analog der im § 6 am Schlusse getroffenen Bestimmung. Der Kreisausschußbeschluß wird durch die Genehmigung des Ortsstatuts ohne weiteres hinfällig; einer besonderen Aufhebung bedarf es nicht (vgl. Anm. 9 zu § 6; a. A. Freytag Anm. 13 zu § 18).

12. Die Beteiligten sind die Gemeinde und die Beamten. — „Aufsichtsbehörde" s. Anm. 5. — Die Antragsberechtigung der Aufsichtsbehörde ist für die ganze Monarchie mit Ausnahme von Hessen-Nassau, wo sie gemäß §§ 81, 83 LGO. f. HN. schon bestand, etwas neues.

13. s. Anm. 7.

14. s. Anm. †) zur Überschrift vor § 18. Die Rechtsverhältnisse der Beamten der Zweckverbände bestimmen sich jetzt nach den §§ 9, 15, 19, 22 des Zweckverbandsgesetzes. Für die Rechtsverhältnisse der Beamten des Groß Berliner Zweckverbandes sind die §§ 33, 34 des Zweckverbandsgesetzes für Groß Berlin vom 19. Juli 1911 (GS. 123) maßgebend. Näherers hierüber in dem Kommentar von Brühl-Gorban-Ledermann, Berlin, Guttentag, 1912.

15. Unter § 18 Abs. 4 fallen auch die kommissarischen Amtsvorsteher (MBl. 1900 S. 191).

§ 19.

Die Vorschriften der §§ 8 bis 15 dieses Gesetzes finden auf die Beamten der Bürgermeistereien in der Rheinprovinz und der Ämter in der Provinz Westfalen, sowie im Umfange der §§ 12 bis 15 auch auf die Gemeindeeinnehmer in diesen Provinzen mit folgenden Maßgaben sinnentsprechende Anwendung:

1. die Anstellung der Bürgermeister und Amtmänner, sowie die Festsetzung der Besoldung und Dienstunkostenentschädigung [1]) für diese Beamten und die Gemeindeeinnehmer (Amtseinnehmer) erfolgt nach den bisherigen Vorschriften;[2])
2. im Falle der Pensionierung kommt bei der Berechnung der Dienstzeit auch die Zeit in Anrechnung, während welcher der zu pensionierende Beamte bei anderen Bürgermeistereien (Amtsverbänden) oder Landgemeinden innerhalb der betreffenden Provinz angestellt gewesen ist;[3])
3. an Stelle des Bezirksausschusses tritt überall der Kreisausschuß.[4])

Vorbemerkung zu §§ 19 und 20. Die §§ 19 und 20 regeln die Beamtenverhältnisse für die Bürgermeistereien der Rheinprovinz und die Ämter Westfalens. Diese Verbände gelten für hinreichend leistungsfähig, um ihren Beamten gesetzlich eine weitergehende Fürsorge zu sichern, als den Beamten der Landgemeinden. Prinzipiell sind alle Beamten der Bürgermeistereien und Ämter den städtischen Beamten gleichgestellt; außerdem sind die Gemeindeeinnehmer — auch insoweit sie nicht Beamte der Bürgermeisterei oder des Amtes sind, weil sie nur für eine oder einzelne Gemeinden bestellt sind (§ 44 Abs. 3 LGO. f. W. vom 19. März 1856), — bezüglich des Pensionsanspruchs und der Reliktenversorgung den städtischen Beamten gleich behandelt.

1. Hinsichtlich des Begriffs der Dienstunkostenentschädigung vgl. OVG. 7 S. 121 u. PVBl. 30 S. 447.

2. S. bezüglich der Rheinprovinz §§ 79, 103, 107 LGO. f. Rh. vom 24. Juli 1845, Art. 24, 25 des G. vom 15. Mai 1856, §§ 24, 27 KrO. Rh. vom 30. Mai 1887; bezüglich Westfalens §§ 27, 28 KrO. W. vom 31. Juli 1886. — Die §§ 1—7 KBG. sind im übrigen auch bezüglich dieser Beamten bindend.

3. Die Bestimmung hat ihren Grund in dem Bestehen der Provinzialkassenverbände in der Rheinprovinz und Westfalen (s. § 27 bzw. 28 der KrO. Rh. bzw. W. und Anm. 3 zu § 18). Sie ist nachgebildet dem § 28 Abs. 1 KrO. W. (§ 27 Abs. 1 KrO. Rh. war zu eng gefaßt).

Anrechnungsfähig ist nur die Zeit, während welcher der Betreffende als Beamter angestellt gewesen ist (PVBl. 25 S. 258).

4. in Betracht kommen § 12 Abs. 1 u. 2 u. § 15; siehe auch § 7 Abs. 2. Gegen den Beschluß des Kreisausschusses findet die Beschwerde an den Bezirksausschuß statt (§§ 121 ff. LVG.).

§ 20.

Für die Bürgermeistereien in der Rheinprovinz und die Ämter in der Provinz Westfalen kann die Anstellung besoldeter Beigeordneter durch die Bürgermeisterei- oder Amtsversammlungen beschlossen werden.[1]) Die Art der Ernennung und die Bedingungen der Anstellung regeln sich nach den die Landbürgermeister oder Amtmänner betreffenden Bestimmungen.[2])

1. Durch die hiernach geschaffene Möglichkeit, besoldete Beigeordnete anzustellen, sollte einem namentlich in den stark entwickelten Bürgermeistereien und Ämtern der Industriebezirke hervorgetretenen Bedürfnisse nach vermehrter Anstellung beruflich vorgebildeter Arbeitskräfte genügt werden. Bisher waren nur unbesoldete (ehrenamtliche) Beigeordnete zugelassen (LGO. Rh. § 103, KrO. Rh. § 24 a. E.; LGO. W. § 69, KrO. W. § 27 a. E.).

2. s. die in Anm. 2 zu § 19 zitierten Gesetze.

Beamte der Kreis- und Provinzialverbände.

§ 21.

Auf die Rechtsverhältnisse der Kreiskommunalbeamten finden die Vorschriften in §§ 8 bis 15 entsprechende Anwendung;[1]) an Stelle der ortsstatutarischen Regelung tritt die der Genehmigung des Bezirksausschusses unterliegende Beschlußfassung des Kreistages.[2])

1. Außerdem die §§ 1—7 des Gesetzes. Wegen der Anwendbarkeit des § 14 vgl. Anm. 7 zu § 18. — Die Gleichstellung der Kreiskommunalbeamten mit den städtischen Beamten ist erfolgt, um den Kreisen ein dem städtischen gleichwertiges Beamtenmaterial zu sichern. — Die vorhandenen Bestimmungen der Kreisordnungen (z. B. §§ 116[7], 134[8] KrO. vom 13. Dez. 1872) beschränken sich darauf, dem Kreistage die Beschlußfassung über die Errichtung der Kreisämter und die Bestimmung der Zahl und Besoldung der Kreisbeamten, dem Kreisausschuß die Ernennung und Beaufsichtigung derselben zuzuweisen.

2. Da die Kreis statuten landesherrlicher Genehmigung bedürfen, empfahl sich zur Vereinfachung die Regelung des Satzes 2. — Gegen den Beschluß des Bezirksausschusses ist die Beschwerde an den Provinzialrat gegeben (LVG. § 121).

§ 22.

Hinsichtlich der Provinzialbeamten und der Beamten der Bezirksverbände der Regierungsbezirke Cassel und Wiesbaden sowie der Beamten des Lauenburgischen Landes-Kommunalverbandes bewendet es, unbeschadet der allgemeinen Bestimmungen dieses Gesetzes, bei den bestehenden Vorschriften.[1])[2])

1. siehe §§ 96, 120 Abs. 3 PrO. vom 29. Juni 1875 (den geltenden Wortlaut der PrO. siehe GS. 1881 S. 233. Die PrO., ursprüng-

lich für Preußen, Brandenburg, Pommern, Schlesien, Sachsen bestimmt, ist dann mit geringen Abänderungen in Hannover [G. vom 7. Mai 1884], Hessen-Nassau [G. vom 8. Juni 1885], Westfalen [G. vom 1. Aug. 1886], Rheinprovinz [G. vom 1. Juni 1887], Schleswig-Holstein [G. vom 27. Mai 1888] eingeführt). Nach den §§ 96, 120 Abs. 3 werden die Verhältnisse der Provinzialbeamten, nach den §§ 69, 93 Abs. 3 der PrO. f. HN. vom 8. Juni 1885 die der Beamten sowohl der Provinz Hessen-Nassau als auch der Kommunalverbände der Regierungsbezirke Cassel und Wiesbaden (§ 1 PrO. f. HN.) durch ein der Genehmigung des Ministers des Innern unterliegendes Provinzialreglement geregelt. Dasselbe gilt für die Provinz Posen auf Grund Art. V Nr. 4 des G. vom 19. Mai 1889 (GS. 108) und der Kgl. V. vom 5. Nov. 1889 (GS. 177) §§ 30, 42. Vom 1. April 1900 an mußten daher alle diese Reglements den Bestimmungen der §§ 1—7 des G. entsprechen. Da im allgemeinen die bestehenden Reglements die Vorschriften der §§ 4 u. 6 bereits erfüllten, die §§ 3 u. 5 aber anderweite Festsetzungen zulassen, kamen für eine Revision der Provinzialreglements wesentlich nur die §§ 1 u. 7 des G. in Betracht. — Der Kreis Herzogtum Lauenburg bildet einen Teil der Provinz Schleswig-Holstein nur, soweit letzterer einen Verwaltungsbezirk darstellt, ist aber nicht Teil des Kommunalverbandes der Provinz, sondern hat selbst die kommunalen Aufgaben einer Provinz in seinem Bezirk zu erfüllen [Art. V EG. zur PrO. f. SH. vom 27. Mai 1888 (GS. 191); § 1 PrO. f. SH.]. Soweit daher die Beamten des Kreises Lauenburg Beamte des Landeskommunalverbandes, d. h. dazu berufen sind, Aufgaben der Provinzialverwaltung zu erfüllen, sind ihre Rechtsverhältnisse nach § 22 und nicht nach § 21 zu behandeln (vgl. Verhandlungen des Herrenhauses 1899, 9. Sitzung vom 9. Mai 1899, Stenogr. Bericht S. 153). Es bleiben daher für diese Beamten die Bestimmungen des Art. V V. vom 24. Aug. 1882 (GS. 348) sowie des § 20 Abs. 2 des Lauenburg. G. vom 7. Dez. 1872 (Offiz. Wochenblatt S. 325), soweit nicht §§ 1—7 dieses G. in Betracht kommen, auch fernerhin in Kraft.

2. Nicht erwähnt sind in § 22 die Beamten der kommunalständischen und der landschaftlichen Verbände; auf sie findet daher § 1 Satz 2 des G. (Anstellung durch Aushändigung einer Anstellungsurkunde) keine Anwendung (PVBl. 30 S. 275). Hinsichtlich der Beamten der Landesversicherungsanstalten vgl. Anm. 6 zu § 1.

Gemeindeforstbeamte.

§ 23.

Die Rechtsverhältnisse der Gemeindeforstbeamten unterliegen der Regelung durch das vorliegende Gesetz mit folgenden Maßgaben:

1. die §§ 8 bis 10 bleiben außer Anwendung;[1])
2. die Verordnung, betreffend die Verwaltung der den Gemeinden und öffentlichen Anstalten gehörigen Forsten in den Provinzen Westfalen, Cleve, Berg und Niederrhein vom 24. Dezember 1816 (Gesetz-Samml. 1817 S. 57),[2]) § 15 des Gesetzes vom 14. August 1876 (Gesetz-Samml. S. 373) [3]) und das Gesetz, betreffend die Forstschutzbeamten der Gemeinden und öffentlichen Anstalten im Regierungsbezirk Wiesbaden u. s. f., vom 12. Oktober 1897 (Gesetz-Samml. S. 411) [4]) bleiben unberührt;[5])
3. die Forstbeamten der Landgemeinden [6]) in der Rheinprovinz und in der Provinz Westfalen erhalten Pension und deren Witwen und Waisen Hinterbliebenenversorgung nach den Vorschriften der §§ 12 bis 15;[7]) dabei tritt an Stelle des Bezirksausschusses der Kreisausschuß, und kommt im Falle der Pensionierung auch diejenige Zeit in Anrechnung, während deren der Beamte bei einer anderen

Landgemeinde innerhalb der betreffenden Provinz als Forstbeamter angestellt gewesen ist.[8]) [9])

Vorbemerkung. § 23 bezieht sich auf alle Gemeindeforstbeamten, sowohl die der Stadt- wie der Landgemeinden usw. Auf alle Forstbeamte finden die §§ 1—7 dieses G. Anwendung. Dagegen gelten die in diesem Gesetze gegebenen Spezialvorschriften für die einzelnen Kategorien von Gemeinden, je nachdem es sich um städtische oder ländliche Forstbeamte handelt, zwar ebenfalls, indessen nur nach Maßgabe der Bestimmungen des § 23. Insbesondere sind die von der Anstellung handelnden Vorschriften des Gesetzes (§§ 8—10) von der Anwendung auf Forstbeamte im gesamten Geltungsgebiete des Gesetzes ausgeschlossen.

Wegen des bisherigen Rechtszustandes vgl.: für die östlichen Provinzen: G. betreffend die Verwaltung der den Gemeinden und öffentlichen Anstalten gehörigen Holzungen in den Provinzen Preußen, Brandenburg, Pommern, Posen, Schlesien und Sachsen vom 14. Aug. 1876 (GS. 373) §§ 7, 10; (näheres hierzu in Anm. 11 zu § 55 und in Anm. 37 zu § 56[6] StO. bei Ledermann-Brühl); für die Rheinprovinz und Westfalen: V. betr. die Verwaltung der den Gemeinden gehörigen Forsten in den Provinzen Westfalen, Cleve, Berg und Niederrhein (für Sachsen nicht mehr gültig, § 15 G. vom 14. Aug. 1876) vom 24. Dez. 1816 (GS. 1817 S. 57) §§ 3, 6, 7; G. betreffend die Pensionsberechtigung der Gemeindeforstbeamten in der Rheinprovinz vom 11. Sept. 1865 (GS. 989 ff.); G. betreffend Abänderung usw. in den Landgemeinden der Rheinprovinz vom 21. Juli 1891 (GS. 330); Instruktionen der Oberpräsidenten der Rheinprovinz und Westfalens vom 31. Aug. 1839 bzw. 19. Mai 1857; für die 1866 neu erworbenen Provinzen: V. betreffend Organisation der Forstverwaltung in den neu erworbenen Gebietsteilen vom 4. Juli 1867 (GS. 1129) § 2; G. betreffend die Forstschutzbeamten der Gemeinden und öffentlichen Anstalten im Regierungsbezirk Wiesbaden vom 12. Okt. 1897 (GS. 411).

1. Das hat unmittelbare Bedeutung für die Forstbeamten der Städte und Kreise, der Bürgermeistereien der Rheinprovinz und der Ämter in Westfalen (§ 19). Mittelbar ist die Bestimmung aber auch für Landgemeindeforstbeamten von Bedeutung, insofern die §§ 8—10 auch nicht auf dem Umwege des § 18 Abs. 2 (Kreisausschußbeschluß) auf Forstbeamte der Landgemeinden für anwendbar erklärt werden können; s. Anm. 8 zu § 18. — Die Bestimmung darüber, ob die Kommunen die Forstbeamten lebenslänglich, auf Zeit oder Kündigung anstellen, ist danach, insoweit nicht die in Nr. 2 aufrecht erhaltenen bestehenden Gesetze bestimmte Erfordernisse enthalten — wie z.B. G. vom 12. Okt. 1897 § 4 für den Regierungsbezirk Wiesbaden — den Gemeinden selbst überlassen. Dagegen ist, da die §§ 1—7 auf alle Gemeindeforstbeamten Anwendung zu finden haben, hinfort für die Aufsichtsbehörde zweifellos die Möglichkeit gegeben, die Anstellung der Forstbeamten als Gemeindebeamten in der Form des § 1 insoweit zu erzwingen, als die Funktionen der betreffenden Stelle obrigkeitlicher Natur sind (vgl. Anm. 9 zu § 1). Wegen des bisherigen abweichenden Rechtszustandes vgl. OVG. 27 S. 296, 304.

2. Verordnung vom 24. Dez. 1816:

„§ 2. Den Gemeinden und öffentlichen Anstalten werden Kraft dieser Verordnung ihre Forstländereien zur eigenen Verwaltung überlassen. Sie sind jedoch dabei ebenso, als bei der Verwaltung der übrigen Gemeindegüter, in höherer Instanz der Oberaufsicht der Regierungen unterworfen, und müssen sich nach den Anweisungen derselben wegen eines regelmäßigen Betriebs und der vorteilhaftesten Benutzungsart genau richten....

§ 3. Die Gemeinden und öffentlichen Anstalten sind verpflichtet, die in ihrem Besitz befindlichen Forstländereien

1. nach den von der Regierung genehmigten Etats zu bewirtschaften,
2. solche Wälder und beträchtliche Holzungen, die nach ihrer Beschaffenheit und Umfang zu einer forstmäßigen Bewirt-

schaftung geeignet sind, durch gehörig ausgebildete Forstbediente administrieren zu lassen . . . .

§ 4. Die Oberaufsicht, welche die Regierungen über diese Güter und deren Verwaltung zu führen haben, ist zum Ressort der ersten Abteilung derselben gehörig.

§ 6. Ganz vorzüglich aber werden sie, mit Hinsicht auf Örtlichkeit und die individuelle Beschaffenheit der Kommunal- und Instituts-Waldungen, bestimmen, ob zu deren, dem im § 4 angedeuteten Zwecke entsprechenden Bewirtschaftung die Anstellung eines eigenen Forstbedienten unumgänglich erforderlich sei, oder ob solche ebensogut und zweckmäßig durch die Gemeindeglieder ausgeführt, oder nach den Wünschen der Gemeinden und öffentlichen Anstalten gegen eine angemessene Remuneration einem benachbarten Königlichen Forstoffizianten übertragen werden könne. Wenn die Regierung die Annahme eines eigenen gehörig ausgebildeten Forstbedienten nach den Umständen notwendig findet, so steht den Gemeinden und öffentlichen Anstalten die Wahl eines qualifizierten Sachverständigen zu. Sie haben aber dabei vorzugsweise auf die bisher schon angestellt gewesenen Forstbedienten, die zur Versorgung bestimmten Subjekte des Jägerkorps, und die mit Versorgungsansprüchen entlassenen freiwilligen Jäger, wenn solche übrigens die erforderlichen Eigenschaften dazu besitzen, Rücksicht zu nehmen. Die gewählten Subjekte sind der Regierung vorzustellen, deren erste Abteilung ihre Prüfung durch Sachverständige zu veranstalten, und sie, wenn sie tüchtig und geschickt befunden worden, als Kommunal- oder Institutsbeamte zu bestätigen hat, worauf solche in den ihnen übertragenen Posten eingewiesen werden können.

§ 7. Den Gemeinden und öffentlichen Anstalten liegt im allgemeinen ob, die gegenwärtig ausschließlich bei ihren Waldungen angestellten Offizianten anderweit zu versorgen, oder zu pensionieren, insofern solche zu dem einen oder anderen individuell geeignet befunden werden. Dahingegen teilt sich diese Verbindlichkeit pro rata zwischen dem Staate und den betreffenden Korporationen in Rücksicht derjenigen Forstbedienten, welche bisher für landesherrliche und Kommunal-Waldungen zugleich angestellt waren, vorausgesetzt, daß ihre Tüchtigkeit zur Wiederanstellung, oder ihre Berechtigung zum Pensionsgenuß, nachgewiesen und anerkannt worden."

(Die übrigen Bestimmungen dieser Verordnung beziehen sich nicht auf Forst b e a m t e).

Die Verordnung ist von besonderer Bedeutung deswegen, weil allein für ihren Geltungsbereich schon bisher der Aufsichtsbehörde das Recht zustand, sowohl vor wie nach Besetzung der Stellen eine angemessene Besoldung der Gemeindeforstbeamten zu erzwingen (OVG. 27 S. 82, 301; MR. vom 6. Juli 1862 [MBl. 245]); für das Gebiet der übrigen Monarchie besteht dies Recht der Aufsichtsbehörde nunmehr bezüglich der städtischen Gemeindeforstbeamten nach Maßgabe des § 11, bezüglich der ländlichen nach Maßgabe des § 18 Abs. 3 dieses G. — Die V. vom 24. Dez. 1816 ist auch deshalb bemerkenswert, weil in ihrem Geltungsbereich schon bisher die Forstbeamten, selbst der Landgemeinden, einen obligatorischen Pensionsanspruch hatten (§ 23 Nr. 3 und Anm. 6).

3. Derselbe hebt die Verordnung vom 24. Dez. 1816 für Sachsen auf. Zur Vermeidung des Mißverständnisses, als sollte die durch dieses Gesetz ausdrücklich aufrecht erhaltene V. vom 24. Dez. 1816 nunmehr für Sachsen wieder in Geltung treten, ist die Aufrechterhaltung des § 15 ausdrücklich ausgesprochen worden.

4. Gesetz, betreffend die Forstschutzbeamten der Gemeinden und öffentlichen Anstalten im Regierungsbezirke Wiesbaden mit Ausschluß des vormals Landgräflich Hessen-Homburgischen Gebietes und des Stadtkreises Frankfurt a. M. vom 12. Okt. 1897:

„§ 1. Die Gemeinden und öffentlichen Anstalten sind verpflichtet, für den Schutz ihrer Waldungen durch genügend befähigte Personen ausreichende Fürsorge zu treffen.

§ 2. Diejenigen Gemeinden und öffentlichen Anstalten, deren Waldungen zu klein zur Anstellung eines eigenen Forstschutzbeamten sind, haben sich, soweit die örtlichen Verhältnisse nicht entgegenstehen, mit anderen Wald besitzenden Gemeinden und öffentlichen Anstalten zur gemeinschaftlichen Anstellung eines Forstschutzbeamten zu vereinigen.

Falls über die Bildung gemeinschaftlicher Schutzbezirke eine Verständigung unter den Beteiligten nicht erzielt wird, entscheidet der Regierungspräsident nach Anhörung des Kreisausschusses, wenn mehrere Kreise beteiligt sind, der Kreisausschüsse, sowie, wenn ein Stadtkreis beteiligt ist, des Bezirksausschusses.

Mit Zustimmung der beteiligten Waldbesitzer (Staat, Gemeinden und öffentlichen Anstalten) können vereinzelt liegende Flächen von Staatswald derartigen gemeinschaftlichen Schutzbezirken angeschlossen oder vereinzelt liegende Gemeinde- oder Anstaltswaldungen fiskalischen Schutzbezirken angeschlossen werden.

§ 3. Die Besetzung der Stellen erfolgt:

a) bei Städten durch den Magistrat, oder, wo ein solcher nicht besteht, durch den Bürgermeister nach Anhörung der Stadtverordnetenversammlung,

b) bei Landgemeinden mit kollegialischem Gemeindevorstand durch diesen,

c) bei den übrigen Landgemeinden durch den Bürgermeister nach Anhörung der Gemeindeversammlung (Gemeindevertretung),

d) bei öffentlichen Anstalten durch deren verfassungsmäßige Vertretung.

Wird bei gemeinschaftlichen Schutzbezirken unter den Beteiligten über die Besetzung der Stelle eine Verständigung nicht erzielt, so entscheidet der Regierungspräsident.

§ 4. Die Forstschutzbeamten der Gemeinden und öffentlichen Anstalten bedürfen der Bestätigung durch den Regierungspräsidenten und sind nach vorwurfsfreier Ablegung einer einjährigen Probedienstzeit auf Lebenszeit anzustellen.

Ausgeschlossen von der Anstellung auf Lebenszeit bleiben diejenigen Beamten, deren Zeit und Kräfte durch die ihnen übertragenen Geschäfte nur nebenbei in Anspruch genommen werden, oder welche nur für ein seiner Natur nach vorübergehendes Geschäft angenommen worden sind.

Darüber, ob eine Forstschutzbeamtenstelle eine solche ist, daß sie die Zeit und Kräfte eines Beamten nur nebenbei in Anspruch nimmt, entscheidet mit Ausschluß des Rechtsweges der Regierungspräsident nach Anhörung des Kreisausschusses, wenn mehrere Kreise beteiligt sind, der Kreisausschüsse, sowie, wenn ein Stadtkreis beteiligt ist, des Bezirksausschusses.

§ 5. Im Staats-, Gemeinde- oder Anstaltsdienste bereits lebenslänglich angestellt gewesene Forstschutzbeamte können von den Gemeinden oder öffentlichen Anstalten ohne Ablegung der sonst erforderlichen Probedienstzeit lebenslänglich angestellt werden.

§ 6. Die Festsetzung der Besoldungen unterliegt in allen Fällen der Genehmigung des Bezirksausschusses.

Dieser entscheidet auch, falls bei gemeinschaftlichen Schutzbezirken über die Festsetzung der Besoldungen eine Verständigung unter den Beteiligten nicht erzielt wird.

Der Regierungspräsident kann verlangen, daß angemessene Besoldungsbeträge bewilligt werden, und im Falle der Weigerung die Eintragung des Betrages in den Haushalts-Etat verfügen. Gegen diese Verfügung steht den beteiligten Gemeinden und Anstalten die Klage beim Oberverwaltungsgerichte offen.

Die Besoldung gemeinschaftlicher Beamten (§ 2) ist von den Waldbesitzern mangels anderweiter Vereinbarung nach Maßgabe der Fläche der beteiligten Waldungen aufzubringen.

§ 7. Die auf Lebenszeit angestellten Forstschutzbeamten erhalten bei eintretender Dienstunfähigkeit Pension nach den für die unmittelbaren Staatsbeamten geltenden Grundsätzen.

Bei der Berechnung der Dienstzeit zwecks Festsetzung der Pension kommt auch die Zeit in Anrechnung, während welcher der zu pensionierende Forstschutzbeamte als solcher bei anderen

Gemeinden oder öffentlichen Anstalten innerhalb des Geltungsbereichs dieses Gesetzes angestellt gewesen ist.

§ 8. Die Pension fällt fort oder ruht insoweit, als der Pensionierte durch anderweite Anstellung im Staats-, Gemeinde- oder Anstaltsdienste ein Einkommen oder eine neue Pension erwirbt, welche mit Zurechnung der ersten Pension sein früheres Einkommen übersteigen.

§ 9. Die Witwen und Waisen der auf Lebenszeit angestellten Forstschutzbeamten erhalten Witwen- und Waisengeld nach den für die Witwen und Waisen der unmittelbaren Staatsbeamten geltenden Vorschriften unter Zugrundelegung des von dem Beamten im Augenblicke des Todes erdienten Pensionsbetrages.

§ 10. Über streitige Pensionsansprüche der Forstschutzbeamten, sowie über streitige Ansprüche der Hinterbliebenen dieser Beamten beschließt, wenn Stadtgemeinden beteiligt sind, der Bezirksausschuß, in allen anderen Fällen der Kreisausschuß, und zwar soweit sich der Beschluß darauf erstreckt, welcher Teil des Diensteinkommens bei Feststellung der Pensionsansprüche als Besoldung anzusehen ist, vorbehaltlich der den Beteiligten gegeneinander zustehenden Klage im Verwaltungsstreitverfahren, im übrigen vorbehaltlich des ordentlichen Rechtsweges.

Der Beschluß ist vorläufig vollstreckbar.

§ 11. Über die Tatsache der Dienstunfähigkeit ist entstehendenfalls in dem bezüglich der Entfernung aus dem Amte vorgeschriebenen Verfahren Entscheidung zu treffen, und zwar, wenn Stadtgemeinden beteiligt sind, gemäß § 91 Abs. 1 Nr. 2 der Städteordnung für die Provinz Hessen-Nassau vom 4. August 1897 (Gesetz-Samml. S. 254), in allen anderen Fällen gemäß § 115 Nr. 3 der Landgemeindeordnung für die Provinz Hessen-Nassau vom 4. August 1897 (Gesetz-Samml. S. 301).

§ 12. Sämtliche Gemeinden und öffentlichen Anstalten, welche für ihre Waldungen nach den vorstehenden Bestimmungen pensionsberechtigte Schutzbeamte angestellt haben, werden zu einem Kassenverbande vereinigt, welchem es obliegt, den in Ruhestand versetzten Forstschutzbeamten und den Hinterbliebenen von Forstschutzbeamten die ihnen zustehenden Pensionen und Witwen- und Waisengelder zu zahlen.

Gehören zu einem gemeinschaftlichen Schutzbezirke fiskalische Waldgrundstücke, so hat der Forstfiskus für diese Flächen dem Kassenverbande beizutreten.

Die zur Bestreitung der Zahlungen von Pensionen und Witwen- und Waisengeldern erforderlichen Beiträge werden von den zum Verbande gehörigen Waldeigentümern nach Verhältnis des jeweiligen pensionsberechtigten Diensteinkommens aufgebracht.

Die Beiträge werden von dem Vorstande des Kassenverbandes festgesetzt.

Gegen den Feststellungsbeschluß findet innerhalb zwei Wochen die Beschwerde an den Bezirksausschuß statt.

Im übrigen werden die Verhältnisse der Kasse durch ein nach Anhörung des Kommunallandtages des Regierungsbezirkes Wiesbaden von dem Minister des Innern zu erlassendes Regulativ geordnet. .

§ 13. Von der Errichtung des Kassenverbandes (§ 12) kann abgesehen werden, so lange die auf Grund des Beschlusses des Kommunallandtages vom 18. April 1896 und der landesherrlichen Genehmigung vom 12. Juli 1896 begründeten Ruhegehaltskasse und Witwen- und Waisenkasse für die Kommunalbeamten des Regierungsbezirkes Wiesbaden bestehen und die Zahlung der nach diesem Gesetze an Forstschutzbeamte und deren Hinterbliebene zu gewährenden Pensionen und Witwen- und Waisengelder übernehmen.

§ 14. Denjenigen Gemeinden, welche anderweit ausreichend für die Pensionierung ihrer Forstschutzbeamten und die Versorgung von deren Witwen und Waisen gesorgt haben, kann von dem Regierungspräsidenten das Fernbleiben von dem Kassenverbande oder der Wiederaustritt aus demselben gestattet werden, sofern dadurch die Interessen des Kassenverbandes nicht verletzt werden.

§ 15. Die beim Inkrafttreten dieses Gesetzes bereits seit länger als Jahresfrist in derselben Stellung befindlichen Forstschutzbeamten, deren Gesamtjahreseinkommen sich einschließlich der Nebeneinnahmen auf mindestens 400 Mark beläuft, sind, falls sie nicht ausdrücklich darauf verzichten, als lebenslänglich angestellt anzusehen.

§ 16. Dieses Gesetz tritt mit dem 1. April 1898 in Kraft. Gleichzeitig werden die entgegenstehenden Bestimmungen aufgehoben."

Wichtig ist insbesondere der schon in Anm. 1 erwähnte § 4. Danach müssen die Forstschutzbeamten im Regierungsbezirk Wiesbaden nach einjähriger Probezeit lebenslänglich angestellt werden.

5. Es verbleibt demnach, soweit nicht die allgemeinen Bestimmungen dieses Gesetzes Platz greifen, und soweit nicht Nr. 3 dieses Paragraphen in Betracht kommt, in der Rheinprovinz, in Westfalen und im Regierungsbezirk Wiesbaden bezüglich der Forstbeamten bei dem geltenden Recht.

6. Bei den Forstbeamten der Stadtgemeinden ist der Anspruch auf Pension und Reliktenversorgung ohnehin obligatorisch. Der gesetzgeberische Grund für die Bestimmung der Nr. 3 war der, daß in diesen beiden Provinzen den lebenslänglich angestellten Forstbeamten der Landgemeinden schon bisher ein Pensionsanspruch zustand; s. die in der Vorbem. zitierten Gesetze, Verordnungen und Instruktionen.

7. Das Zitat ist nicht ganz genau; richtig §§ 12, 13, 15.

8. Der Grund der letzteren Bestimmung liegt in dem Bestehen der Provinzialpensionskassen in der Rheinprovinz (KrO. f. Rh. § 27 Abs. 2) und Westfalen (KrO. f. W. § 28 Abs. 2). Schon bisher galt gemäß Art. II G. vom 21. Juli 1891 in der Rheinprovinz, gemäß § 28 Abs. 1 KrO. f. W. in Westfalen und außerdem gemäß § 7 G. vom 12. Okt. 1897 — aufrecht erhalten durch Nr. 2 — im Regierungsbezirk Wiesbaden das Gleiche. Vgl. auch § 25 Abs. 2 Nr. 1.

9. Wegen Anrechnung der Militärdienstzeit bei den Forstversorgungsberechtigten s. Anm. 10 zu § 12. Danach sind die Gemeindeforstbeamten, soweit sie Anwärter aus dem Jägerkorps sind, in Bezug auf die Anrechnung der Militärdienstzeit bei der Pensionierung ebenso zu behandeln wie die aus dem Jägerkorps hervorgegangenen staatlichen Forstbeamten, welchen die aktive Militärdienstzeit und die in der verpflichteten Reserve des Jägerkorps zugebrachte Zeit als Dienstzeit angerechnet wird (AA. VII, 5).

Schluß- und Übergangsbestimmungen.

§ 24.

Ist die nach Maßgabe dieses Gesetzes [1]) zu bemessende Pension eines Beamten geringer als die Pension, welche ihm hätte gewährt werden müssen, wenn er am 31. März 1900 nach den bis dahin für ihn geltenden Bestimmungen pensioniert worden wäre, so wird diese letztere Pension an Stelle der ersteren bewilligt,[2]) jedoch unbeschadet der Feststellung des Witwen- und Waisengeldes nach Maßgabe dieses Gesetzes,[1]) soweit nicht auch in dieser Beziehung bereits erworbene Rechte bestehen.[3])

Vorbemerkung: Die im § 24 enthaltene Übergangsbestimmung bezieht sich nur auf die Pensionen und die Reliktenversorgung. In der HH. wurde die Anregung gegeben, auch hinsichtlich der Anstellung der Beamten selbst, insbesondere hinsichtlich solcher Personen, von denen es nach dem bisherigen Rechte zweifelhaft sein könnte, ob sie als Beamte und event. ob sie als lebenslänglich angestellte Gemeindebeamte anzusehen seien, eine Übergangsbestimmung aufzunehmen dahingehend, daß die Kommunen ermächtigt würden, mit diesen Personen rechtsgültige Vereinbarungen bezüglich der Neuregelung ihres Anstellungsverhältnisses zu schließen. Die Anregung wurde damit begründet, daß solche vertragsmäßige Neuordnung möglicherweise als unzulässiger Vertrag über öffentliches Recht angefochten und für ungültig erklärt werden könnte. Indessen wurde von der Aufnahme einer derartigen Bestimmung Abstand genommen, nachdem von seiten der Regierung der Standpunkt vertreten war, daß solche vertragsmäßige Neuregelung zweifellos zulässig und rechtsgültig sein würde. Jedenfalls durften sich die Kommunen der Verpflichtung nicht entziehen, in allen zweifelhaften Fällen durch Vereinbarung mit den betreffenden Beamten oder aber durch lebenslängliche Anstellung der betreffenden Personen für die Zukunft zweifelsfreie und unanfechtbare Rechtsverhältnisse zu schaffen. Vgl. im übrigen wegen der Anwendbarkeit des Gesetzes auf bereits bestehende Beamtenverhältnisse Anm. 1 zu § 25 und Anm. 12 zu § 1. — Eine besondere Bedeutung hat der § 24 für die bei Inkrafttreten des Gesetzes angestellten Gemeindebeamten der Provinz Hannover, weil das auf diese anzuwendende Gesetz über die Verhältnisse der Kgl. Staatsdiener vom 24. Juni 1858 (Hannov. GS. 119) zum Teil günstigere Bestimmungen über die Pensionen enthält (z. B. § 73, 74 l. c.) als das preußische Pensionsgesetz, das von nun an Anwendung zu finden hat.

1. D. h. sowohl nach Maßgabe der Vorschriften, die unmittelbar im Gesetz oder den in bezug genommenen Gesetzen enthalten sind, als auch nach Maßgabe des Inhalts der vom Gesetz (und zwar bezüglich der Pensionen in § 12, bezüglich der Reliktenansprüche in § 15) zugelassenen Festsetzungen (Reglements, Ortsstatuten, Einzelabmachungen).

2. Voraussetzung der Anwendung dieser Bestimmung ist, daß es sich um einen Beamten handelt, der

a) schon nach älterm Rechte mit Pensionsberechtigung angestellt war und
b) bezüglich dessen alle sonstigen Voraussetzungen des Pensionsanspruchs — abgesehen von der noch nicht konstatierten Dienstunfähigkeit — insbesondere das erforderliche Dienstalter, am 31. März 1900 gegeben waren.

Die Bedeutung dieser Bestimmung, die dem Art. II G. vom 31. März 1882 nachgebildet ist, ist die, daß bezüglich der Pensionen auf die bei Inkrafttreten des Gesetzes angestellten Beamten (nicht auch auf die vor dem 1. April 1900 pensionierten oder sonst ausgeschiedenen Beamten — auf diese findet das Gesetz keine Anwendung — s. Anm. 12 zu § 1 und Vorbem. zu § 15) das neue Recht dann nicht Anwendung findet, wenn das alte Recht für die Beamten günstiger ist; daß aber die alten Vorschriften mit der Maßgabe zur Anwendung kommen, daß nur diejenige Pension gezahlt werden muß, die am 31. März 1900 hätte gewährt werden müssen, daß sonach bei der Pensionierung nach altem Rechte die Dienstjahre, die auf den 1. April 1900 folgen, außer Ansatz bleiben. — Die hiernach berechnete Pension stellt nur das Mindestmaß dessen dar, was die Gemeinden gewähren müssen. Darüber hinauszugehen steht den Gemeinden frei, ohne daß ihre Beschlußfassung der aufsichtsbehördlichen Genehmigung bedarf.

3. Danach soll die Anwendung des alten Rechts bei Berechnung der Pension nicht präjudiziell sein für die Bemessung des Witwen- und Waisengeldes, für letztere vielmehr prinzipiell das neue Recht maßgebend sein, soweit nicht erworbene Rechte auf höhere Bezüge bestehen. Auch die hiernach berechneten Witwen- und Waisengelder stellen nur einen Minimalbetrag dar, den die Gemeinden überschreiten dürfen. — Da wo etwa Schwierigkeiten dadurch entstehen, daß die Gemeinden behufs Versorgung der Relikten ihrer Beamten Verträge mit Kassen geschlossen haben, an die sie gebunden sind, und auf Grund deren den Hinterbliebenen von Beamten Ansprüche zustehen, die von den durch dieses Gesetz eingeführten, den Ansprüchen der Hinterbliebenen von Staatsbeamten entsprechenden Ansprüchen abweichen, haben es die Gemeinden in der Hand, durch die im § 15 Abs. 1 KBG. vorbehaltenen „anderweitigen Festsetzungen" eine geeignete sich an die bisherige Regelung anschließende Neuregelung eintreten zu lassen; sie sind hierbei aber, soweit es sich um Beschränkung erworbener Rechte handelt, an die Zustimmung der Beteiligten, soweit eine Minderung der neuen gesetzlichen Ansprüche in Frage kommt, an die Genehmigung des Bezirksausschusses gebunden (s. Anm. 10 zu § 15).

§ 25.

Die diesem Gesetze entgegenstehenden Bestimmungen treten außer Kraft.[1]) Insbesondere gilt dieses auch von den §§ 41 Absatz 3 und 47 der Hannoverschen Städteordnung vom 24. Juni 1858 (Hannoversche Gesetz-Samml. S. 141).[2])

Unberührt bleiben:

1. § 28 Absatz 2 bis 5 der Kreisordnung für die Provinz Westfalen vom 31. Juli 1886 (Gesetz-Samml. S. 217) und § 27 Absatz 2 bis 6 der Kreisordnung für die Rheinprovinz vom 30. Mai 1887 (Gesetz-Samml. S. 209),[3]) jedoch mit der Maßgabe, daß die Zahlungspflicht der Kassenverbände sich auch auf die den Beamten nach § 18 zustehenden Pensionen erstreckt.[4])

Im übrigen kann in den beiden genannten Provinzen durch Beschluß des Provinziallandtages mit Genehmigung des Ministers des Innern der Kassenverband verpflichtet werden:

a) auch diejenigen Pensionen von Beamten der Amtsverbände (Bürgermeistereien) und Landgemeinden zu zahlen, welche diesen im Wege der Einzelvereinbarung unter Beachtung der in den §§ 12 Absatz 1, 19 Nr. 2, 23 Nr. 3 oder 25 Absatz 2 Nr. 1 b festgestellten Grundsätze [5]) gewährt werden,

b) bei Zahlung der Pensionen auch diejenigen Beträge zu übernehmen, welche sich aus einer Anrechnung der von den Beamten im Reichs- insbesondere im Militärdienste, im Staatsdienste oder im Dienste eines deutschen Kommunalverbandes oder einer anderen öffentlichen Korporation [6]) verbrachten Zeit ergeben.[7])

2. §§ 81 bis 87 der Landgemeindeordnung für die Provinz Hessen-Nassau vom 4. August 1897 (Gesetz-Samml. S. 301),[8]) § 84 indessen mit der Änderung, daß die Pension vom vollendeten 12. Dienstjahre ab bis zum 24. Dienstjahre alljährlich um $^1/_{60}$ steigt.[9])

1. Diese Bestimmung ist nur insofern von Wert, als sie erkennen läßt, was übrigens schon aus der ganzen Gestaltung des Gesetzes hervorgeht (s. das zur Überschrift Gesagte), daß das Gesetz sich nicht die Bedeutung einer Kodifikation beilegt, d. h. die vollständige Regelung der behandelten Materie sich nicht zum Ziel gesetzt hat und die Ausfüllung der Lücken durch altes und neues gesetzliches und autonomisches Recht nicht verbieten will. Daß ältere Gesetze durch neue widersprechende aufgehoben werden, ist einerseits selbstverständlich, andererseits ist der erste Satz des § 25 in seiner Allgemeinheit nur bedingt richtig, insofern das alte widersprechende Recht nicht nur in bezug auf die Fälle des § 24 (Pension und Reliktenansprüche) unter Umständen Geltung behält, sondern auch, soweit ein Beamtenverhältnis vor dem Inkrafttreten des Gesetzes definitiv geschaffen war, für die Rechtsgültigkeit der Anstellung sowohl, als auch für die Dauer des Verhältnisses das frühere Recht maßgebend bleibt (s. Anm. 12 zu § 1 und Vorbem. zu § 24). Aus diesem Grunde werden z. B. — was von praktischer Bedeutung sein dürfte — solche städtische Beamte, die vor dem 1. April 1900 im Geltungsbereiche der StO. Oe. vom 30. Mai 1853 als Gemeindebeamte auf Zeit oder Kündigung angestellt worden sind, ohne daß sie zu den im § 56[6] l. c. angeführten zu mechanischen oder vorübergehenden Diensten bestimmten Beamten gehören, auch unter der Herrschaft des neuen Gesetzes, obwohl letzteres die Anstellung auf Zeit oder Kündigung zuläßt, dennoch auf Grund des § 56[6] StO. als lebenslänglich angestellte Beamte anzusehen sein (sofern sie sich nicht etwa freiwillig dem neuen Recht und den darin vorgesehenen neuen Ortsstatuten unterwerfen); und zwar auch dann, wenn ihre Anstellung seinerzeit auf Grund eines genehmigten (aber, weil gegen § 56[6] l. c. ver-

stoßend, ungesetzlichen) Ortsstatuts erfolgt ist (RGZ. 37 S. 226, OVG. 2 S. 107, 3 S. 97, 4 S. 117, 12 S. 177, 30 S. 90).

Unter den durch § 25 außer Kraft gesetzten „Bestimmungen", die dem KBG. entgegenstehen, sind gesetzliche und statutarische Vorschriften, nicht aber Vereinbarungen in den Anstellungsverträgen zu verstehen (OVG. 49 S. 139).

2. Diese beiden ausdrücklich aufgehobenen Paragraphen bestimmten, daß die Zahl und das Diensteinkommen der städtischen Beamten durch Ortsstatut bestimmt werden müsse. Da das Gesetz zwar bewußt davon abgesehen hat, einen solchen Zwang einzuführen, indessen diese Absicht wörtlich nirgends zum Ausdruck gekommen ist, war die ausdrückliche Aufhebung dieser dem Geist des Gesetzes widersprechenden Bestimmungen nötig, wenn sie nicht noch möglicherweise als in Geltung befindlich angesehen werden sollten.

3. s. § 19 Nr. 2 und § 23 Nr. 3, Anm. 3 zu § 19, Anm. 8 zu § 23 und Anm. 3 zu § 18. Die aufrecht erhaltenen Bestimmungen beziehen sich auf die Organisation der Provinzialkassenverbände. Die ersten Absätze der im Gesetz zitierten Paragraphen sind ersetzt durch § 18 Abs. 1 letzter Satz, § 19 Nr. 2, § 23 Nr. 3 Satz 2 KBG., der Abs. 7 des § 27 KrO. f. Rh. durch §§ 13, 18 Abs. 2, § 19 KBG.

4. Dieser Zusatz war nötig, damit nicht nur die durch das Gesetz unmittelbar gewährleisteten, sondern auch die auf Grund der im § 18 vorgesehenen Ortsstatuten den Gemeindebeamten zustehenden Pensionsansprüche von den Pensionsverbänden honoriert werden müssen. Noch weiter zu gehen und die Provinzialpensionskassen, wie dies die Provinz Westfalen wünschte, auch mit den auf Grund von Einzelvereinbarungen besonders zugebilligten Pensionen durch einen entsprechenden Zusatz zu § 18 gesetzlich zu belasten, hat man mit Rücksicht auf den entgegenstehenden Wunsch der Rheinprovinz, und um die Organisation der beiden Provinzialkassenverbände nicht im Wege gesetzlichen Zwanges auf eine finanziell gänzlich veränderte Grundlage zu stellen, absichtlich unterlassen; man hat es vielmehr für ausreichend erachtet, den Provinzialkassenverbänden vermittels der

Bestimmungen zu a) und b) die Möglichkeit zu geben, mit ministerieller Genehmigung ihr Statut dahin zu ändern, daß auch die auf Einzelvereinbarungen beruhenden Pensionsansprüche honoriert und andere als die im Dienste der pensionierenden Gemeinde zugebrachten Dienstjahre bei der Pensionsberechnung in Anrechnung gebracht werden. — Von einem gesetzlichen Zwange zur Schaffung solcher Pensionskassen für die anderen Provinzen ist ebenfalls Abstand genommen worden.

5. d. h. die Einzelvereinbarung muß entweder mindestens die gesetzlichen Ansprüche gewähren oder, wo sie vom Gesetz nach unten abweichen will, die nach den zitierten Bestimmungen erforderliche Genehmigung des Bezirks- oder Kreisausschusses erhalten haben. Wegen des Zweckes dieser ganzen Bestimmung s. Anm. 4.

6. Darunter sind nur diejenigen öffentlich-rechtlichen Korporationen zu verstehen, deren Beamte als mittelbare Staatsbeamte anzusehen sind (vgl. ALR. II. 10 § 69 und Anm. 2 zu § 1).

7. so daß also die von der einzelnen Kommune über eine solche Anrechnung getroffene Vereinbarung oder reglementarische Festsetzung, die an sich keiner Genehmigung bedarf (Anm. 11 zu § 12) für den Kassenverband bindend ist (s. auch Anm. 4).

8. §§ 81—87 LGO. f. HN. lauten:

„§ 81. Die Landgemeinden sind befugt, die Anstellung besoldeter Gemeindebeamten für einzelne Dienstzweige oder Dienstverrichtungen zu beschließen.

Über die Besoldungs- und Pensionsverhältnisse dieser Beamten kann durch Ortsstatut Bestimmung getroffen werden.

§ 82. Hat eine Gemeinde die Wahl eines besoldeten Bürgermeisters beschlossen (§ 46 Abs. 2), so kann die Aufsichtsbehörde verlangen, daß die zu einer zweckmäßigen Verwaltung angemessenen Besoldungsbeträge bewilligt werden.

§ 83. Auf Antrag der Beteiligten oder der Aufsichtsbehörde beschließt der Kreisausschuß über die Festsetzung der Besoldungen und Dienstbezüge der Bürgermeister und sonstigen Gemeindebeamten.

§ 84. Den besoldeten Bürgermeistern sind, sofern nicht mit Genehmigung des Kreisausschusses eine Vereinbarung wegen der Pension getroffen ist, bei eintretender Dienstunfähigkeit, oder wenn sie nach abgelaufener Wahlperiode nicht wieder gewählt werden, folgende Pensionen zu gewähren:

ein Viertel der Besoldung nach sechsjähriger Dienstzeit,
die Hälfte der Besoldung nach zwölfjähriger Dienstzeit,
zwei Drittel der Besoldung nach vierundzwanzigjähriger Dienstzeit.*)

§ 85. Die auf Lebenszeit angestellten besoldeten Gemeindebeamten erhalten, sofern nicht mit Genehmigung des Kreisausschusses ein anderes vereinbart worden ist, bei eintretender Dienstunfähigkeit Pension nach den für die unmittelbaren Staatsbeamten geltenden Grundsätzen.

Unberührt bleibt der Artikel III des Gesetzes vom 31. März 1882 (Gesetz-Samml. S. 133), soweit er nicht durch das Gesetz, betreffend die Ausdehnung einiger Bestimmungen des Gesetzes vom 31. März 1882 wegen Abänderung des Pensionsgesetzes vom 27. März 1872 auf mittelbare Staatsbeamte, vom 1. März 1891 (Gesetz-Samml. S. 19) abgeändert ist.

§ 86. Die Pension fällt fort oder ruht insoweit, als der Pensionierte durch anderweitige Anstellung im Staats- oder Gemeindedienste ein Einkommen oder eine neue Pension erwirbt, welche mit Zurechnung der ersten Pension sein früheres Einkommen übersteigen.

§ 87. Die Witwen und Waisen der besoldeten Bürgermeister, sowie derjenigen Gemeindebeamten, welche mit Pensionsberechtigung angestellt gewesen sind, erhalten, falls nicht ein anderes mit Genehmigung des Kreisausschusses vereinbart worden ist, Witwen- und Waisengeld nach den für die Witwen und Waisen der unmittelbaren Staatsbeamten geltenden Vorschriften unter Zugrundelegung des von dem Beamten im Augenblicke des Todes erdienten Pensionsbetrages.

---

*) Abgeändert durch § 25 [2] des G., s. Anm. 9.

Auf das Witwen- und Waisengeld kommen diejenigen Bezüge in Anrechnung, welche von öffentlichen Witwen- und Waisenanstalten gezahlt werden, insoweit die Gemeinde die Einkaufsgelder und Beiträge geleistet hat."

Die Aufrechterhaltung dieser Bestimmungen ist erfolgt, weil sie für die Beamten der Landgemeinden günstiger sind als die Regelung durch dieses Gesetz; dadurch ist nun freilich die Ungleichheit erzeugt, daß in Hessen-Nassau die Beamten der Landgemeinden teilweise einen obligatorischen Anspruch auf Pension und Reliktenversorgung haben, während in den übrigen Provinzen diese Ansprüche nur fakultativ gegeben sind, insofern sie von ortsstatutarischer Regelung abhängig sind. (Irrtümlich nimmt der Bericht der HHK. zu § 25 unter Nr. 2 an, daß auf Grund der in § 25 Abs. 2 Nr. 1 aufrecht erhaltenen Bestimmungen für die Rheinprovinz und Westfalen auch dort ein obligatorischer Anspruch auf Pension und Reliktenversorgung für die Beamten der Landgemeinden bestehe. Das widerspricht aber unbedingt dem Wortlaute des § 18 Abs. 1. Nur für die Beamten der Bürgermeistereien und Ämter [einschließlich der Gemeindeeinnehmer] trifft gemäß § 19 des G. die Behauptung des Kommissionsberichts zu.)

9. Der Zusatz entspricht der Bestimmung am Ende des § 14 Abs. 1. Danach bleiben auch in Zukunft die hessisch-nassauischen Landbürgermeister wie bisher den städtischen Magistratsmitgliedern in Bezug auf die Bemessung des Pensionsanspruches gleichstellt.

§ 26.

Das gegenwärtige Gesetz tritt am 1. April 1900 in Kraft.[1])

1. Die zur Ausführung des Gesetzes erforderlichen Ortsstatute und Beschlüsse konnten auch schon vor Inkrafttreten des Gesetzes rechtsgültig gefaßt und genehmigt werden (ein diesbezüglicher Zusatz wurde als überflüssig abgelehnt); indessen konnten solche Statute und Beschlüsse erst mit dem Gesetze selbst in Rechtswirksamkeit treten. Daher würden Anstellungen, die vor dem Inkrafttreten des Gesetzes im Hinblick auf diese neugeschaffenen Statuten erfolgten, nach dem früheren Rechte zu beurteilen sein.

§ 27.

Der Minister des Innern ist mit der Ausführung dieses Gesetzes beauftragt.[1])

1. Die Ausführungsanweisung ist unter dem 12. Okt. 1899 (MBl. 192) ergangen und unter IV abgedruckt.

Urkundlich unter Unserer Höchsteigenhändigen Unterschrift und beigedrucktem Königlichen Insiegel.

Gegeben Bergen, an Bord M. Y. „Hohenzollern", den 30. Juli 1899.

(L. S.) **Wilhelm.**

Fürst zu Hohenlohe. v. Miquel. Thielen. Bosse. Schönstedt. Frhr. v. d. Recke. v. Goßler. Gr. v. Posadowsky.

IV.

Anweisung zur Ausführung des Gesetzes, betreffend die Anstellung und Versorgung der Kommunalbeamten,

vom 30. Juli 1899. (MinBl. 1899 S. 192.)

Allgemeine Bestimmungen.

(§§ 1—7 des Gesetzes).

Artikel I.

Anwendungsgebiet des Gesetzes. — Begründung der Beamteneigenschaft.

(§§ 1, 2.)

1. Durch die Überschrift und die zwei ersten Paragraphen des Gesetzes wird das Anwendungsgebiet desselben nach einer dreifachen Richtung abgegrenzt.

a) Zunächst regelt das Gesetz nur die Anstellung und Versorgung (Besoldung, Pensionierung, Witwen- und Waisenversorgung) der Kommunalbeamten in einigen wichtigen Beziehungen. Im Gebiete der Anstellung insbesondere greift es nur diejenigen Rechtsverhältnisse heraus, welche die Begründung der Beamteneigenschaft und die Dauer des Anstellungsverhältnisses betreffen, läßt indessen die nach den Gemeindeverfassungsgesetzen bestehenden Verschiedenheiten in der Art der Bestellung der Beamten, d. h. die Bestimmungen über Wahl oder Anstellung, über Bestätigung usf. unberührt.

b) Sodann werden nur die Beamten derjenigen Kommunalverbände, welche in den §§ 8 bis 22 erwähnt sind, von dem Gesetze betroffen, d. h. die Beamten der Stadt- und Landgemeinden, der rheinischen Landbürgermeistereien, der westfälischen Ämter, der Zweckverbände, Amtsbezirke, Kreise und — soweit die allgemeinen Bestimmungen (§§ 1—7) in Betracht kommen — auch der Provinzen, der Bezirksverbände Kassel und Wiesbaden sowie des Lauenburgischen Landeskommunalverbandes (§ 22); es bleiben also die Beamten der übrigen, in Nr. 2 des Runderlasses vom 30. September 1892 (M.-Bl. S. 285) genannten kommunalständischen und landschaftlichen Verbände von dem Anwendungsgebiete des Gesetzes ausgeschlossen.

c) Aber auch innerhalb dieser Kommunalverbände werden nicht alle Beamtenkategorien dem Gesetze unterworfen, vielmehr bleiben unberührt die Verhältnisse derjenigen Beamten, welche ohne Besoldung, also ehrenamtlich angestellt sind, oder welche ihr Kommunalamt nur als Nebenamt verwalten. In die erstere Kategorie fallen auch diejenigen, welche als Entgelt ihrer Dienstleistungen lediglich eine im wesentlichen zur Deckung ihrer Amtsunkosten bestimmte Barentschädigung erhalten, die zweite Kategorie wird von denjenigen gebildet, deren Amt entweder im Hinblick auf seine Art und seinen Umfang oder im Hinblick auf den Umstand, daß es neben einem Hauptamt oder einer nichtamtlichen Haupttätigkeit verwaltet wird, als Nebenamt anzusehen ist. Zu der letzteren Kategorie würden hiernach sowohl Inhaber solcher Ämter gehören, deren Verwaltung im allgemeinen Zeit und Kraft eines Mannes nur nebenbei in Anspruch zu nehmen pflegt, als auch Kommunalbeamte, deren Hauptamt ein Staatsamt (z. B. Kreisausschußsekretäre, welche im Hauptamte Kreissekretäre sind), oder deren Haupttätigkeit ein Handwerkerberuf ist (z. B. Nachtwächter, deren Hauptberuf das Schmiedehandwerk ist). Ein etwaiger Streit über das Vorhandensein dieser Voraussetzungen würde in dem durch § 7 des Gesetzes vorgeschriebenen Verfahren auszutragen sein, vorausgesetzt, daß es sich bei demselben um vermögensrechtliche Ansprüche des Beamten handelte. Fordert indessen der Beamte zunächst die Aushändigung einer Anstellungsurkunde (§ 1 Satz 2), so gilt für diesen Fall das zu Nr. 4 Gesagte.

Eine Sonderstellung im Systeme des Gesetzes nehmen die auf Probe, zu vorübergehenden Dienstleistungen oder zur Vorbereitung angenommenen Kommunalbediensteten ein. Auf diese Personen, welche im allgemeinen auch im Wege des zivilrechtlichen Dienstmietsvertrages eingestellt werden könnten (siehe unter 5), findet das Gesetz, sofern ihnen von dem Kommunalverbande Beamtenqualität eingeräumt wird, nur insoweit Anwendung, als dies ausdrücklich vorgesehen ist, d. h. im Umfange der Bestimmungen in §§ 1 Satz 2, 6, 7 und 10 (§ 2 Abs. 1). Hiernach erfolgt die Anstellung auch dieser Beamtenklasse durch Aushändigung einer Anstellungsurkunde, eine Vorschrift, welche die deutliche Unterscheidung der beamteten von den nicht beamteten Probisten usf. bezweckt; die Regelung der Annahmebedingungen geschieht vor dem Antritt der Beschäftigung, die Probedienstzeit ist zeitlich abgegrenzt, die allgemeinen Vorschriften über Reisekostenentschädigung und über Verfolgung vermögensrechtlicher Ansprüche sind auf sie ausgedehnt.

Während mit den aus dem Vorstehenden sich ergebenden Maßgaben die allgemeinen Bestimmungen des Gesetzes alle Beamtenkategorien der in demselben erwähnten Kommunalverbände betreffen, nehmen innerhalb der mit § 8 beginnenden besonderen Bestimmungen einzelne Beamtenklassen wiederum eine Sonderstellung ein; hierher gehören insbesondere aus dem Kreise der städtischen Beamten die Mitglieder des kollegialischen Gemeindevorstandes (Magistrats) sowie in Städten ohne kollegialischen Gemeindevorstand die Bürgermeister und deren Stellvertreter (zweite Bürgermeister, Beigeordnete), auf deren Rechtsverhältnisse die besonderen Bestimmungen über städtische Beamte (§§ 8—17) nur im Umfange der §§ 14—17 Anwendung finden. Die übrigen Verschiedenheiten in der Behandlung einzelner Beamtenkategorien im Rahmen der besonderen Bestimmungen ergeben sich aus §§ 19, 23, 25 Nr. 2.

2. Nach § 1 Satz 2 erfolgt die Anstellung der Kommunalbeamten fortan durch Aushändigung einer Anstellungsurkunde. Durch diese Fassung ist zum Ausdruck gebracht, daß die Aushändigung der Anstellungsurkunde der die Beamteneigenschaft begründende formale Akt sein soll, sodaß es in Zukunft ausgeschlossen sein soll, diese Eigenschaft aus irgendwelchen anderen Momenten, etwa aus der Art oder der Dauer der Beschäftigung, aus der Vereidigung usf. zu folgern. Von besonderer Wichtigkeit wird das durch das Erfordernis der Anstellungsurkunde eingeführte wesentliche Unterscheidungsmerkmal für diejenigen Gruppen von Kommunalbediensteten werden, welche, wie die Funktionäre städtischer Betriebsverwaltungen, schon nach der bisherigen Praxis teils im Wege des privatrechtlichen Vertrages, teils in dem des öffentlich-rechtlichen Beamtenkontrakts angenommen zu werden pflegten.

3. Was die Form der Anstellungsurkunden anbelangt, so ist es erwünscht, daß dieselbe, sofern es nicht schon anderweitig geschehen ist, durch das die Beamtenverhältnisse des Kommunalverbandes ordnende Ortsstatut (für die Provinz durch Reglement) festgestellt werde. Bei Erlaß und Genehmigung solcher genereller Bestimmungen werden die im folgenden Absatz aufgeführten Momente zu beachten sein.

Jedenfalls wird die Form möglichst einfach zu gestalten und so zu fassen sein, daß über den Beamtencharakter des Anzustellenden kein Zweifel obwalten kann.

Neben diesem wesentlichen Bestandteil der Anstellungsurkunden wird die Aufnahme der beobachteten Bestellungsformalitäten, der Anstellungsdauer, der Amtskompetenzen und etwaiger besonderer Verabredungen sich empfehlen. Hiernach würden die Anstellungsurkunden für einen städtischen Polizeiinspektor und einen städtischen Bureauassistenten etwa so zu lauten haben:

a) Nach Vernehmung der Stadtverordnetenversammlung und nach Bestätigung durch den Königlichen Regierungspräsidenten zu N. werden Sie hierdurch zum Polizeiinspektor für die Stadtgemeinde X. und damit zum städtischen Beamten auf Lebenszeit ernannt.

Als Gehalt wird Ihnen ein Jahresbetrag von .... ℳ und Dienstkleidung nach Maßgabe des Reglements vom ...... gewährt.

X, den

Der Magistrat.

b) Nach Vernehmung der Stadtverordnetenversammlung werden Sie hierdurch zum Bureauassistenten in der Stadt X. mit Beamteneigenschaft ernannt. Ihre Anstellung erfolgt unter dem Vorbehalt dreimonatlicher Kündigung nach Maßgabe des Ortsstatuts vom ......

Als Gehalt haben Sie einen Jahresbetrag von ...... zu beziehen.

X, den

Der Magistrat.

Die Königlichen Regierungspräsidenten werden zu erwägen haben, ob es sich empfiehlt, für die ihrer Aufsicht unterstellten Kommunalverbände Muster von Anstellungsurkunden der einzelnen Beamtenkategorien zu erlassen, und im Bedürfnisfalle das Geeignete selbst oder — hinsichtlich der ländlichen Kommunalverbände — durch die Königlichen Landräte zu veranlassen haben.

4. Die Vorschrift des § 1 Satz 2 bezieht sich auf alle, vom Inkrafttreten des Gesetzes an anzustellenden besoldeten und nicht bloß im Nebenamt tätigen Beamten der unter 1b genannten Kommunalverbände, also auf gewählte und ernannte, obere und untere Beamte. Mit Rücksicht auf diese große praktische Bedeutung der Vorschrift und auf den Umstand, daß die erfahrungsmäßige Abneigung einzelner Gemeindebehörden in kleineren Stadt- oder Landgemeinden gegen schriftliche Aufzeichnungen zu schweren Schädigungen von Personen führen könnte, welche als Inhaber von Amtsstellen Anstellungsurkunden nicht erhalten haben, wird es nicht den anzustellenden Beamten allein überlassen werden dürfen, die Aushändigung solcher Urkunden zu betreiben. Vielmehr wird es erforderlich sein, daß die Königlichen Regierungspräsidenten bzw. Landräte für die ihrer Aufsicht unterstehenden kleineren Kommunalverbände je nach Bedürfnis eine periodische oder Einzelkontrolle der korrekten Handhabung dieser gesetzlichen Vorschrift einrichten und überall dort, wo sie einen Inhaber einer Amtsstelle ohne Anstellungsurkunde finden, die Aushändigung einer solchen — gegebenenfalls mit den Zwangsmitteln des § 132 des Gesetzes über die allgemeine Landesverwaltung vom 30. Juli 1883 — herbeiführen.

5. Wohl zu unterscheiden von dem Fall einer Versäumung der Urkundenaushändigung an den Inhaber einer Amtsstelle, dessen Beamteneigenschaft von den Parteien gewollt, aber wegen jener Versäumnis nicht erreicht worden ist, ist der Fall, in welchem ein Kommunalverband Funktionen, die ordnungsmäßiger Weise von einem Beamten wahrgenommen werden sollten, von einer im privatrechtlichen Dienstmietvertrag angenommenen Person versehen läßt, d. h. entweder eine Amtsstelle für diese Funktionen nicht schaffen oder eine bestehende Amtsstelle nicht mit einem Beamten besetzen will.

In dieser Beziehung wird an dem bisher geltenden Grundsatze festzuhalten sein, daß obrigkeitliche Funktionen ausschließlich von Beamten ausgeübt werden müssen, daß aber die Kommunalverbände nicht verpflichtet sind, die nicht mit solchen Funktionen auszustattenden, besonders zu techmischen, wissenschaftlichen, künstlerischen oder zu mechanischen Dienstleistungen benötigten Kräfte im Wege des öffentlich-rechtlichen Beamtenkontrakts anzustellen. Hiernach bleibt es den Verbänden namentlich unverwehrt, die im Arbeitsverhältnis stehenden und die ausschließlich in Betriebsverwaltungen beschäftigten, nicht mit obrigkeitlichen Funktionen ausgestatteten Personen im Wege der zivilrechtlichen Dienstmiete anzunehmen. So werden für die Dienste in städtischen Theatern, Museen, Badeetablissements, Gasanstalten, Schlachthöfen im allgemeinen Nichtbeamte angenommen werden können, während im einzelnen einem Schlachthofvorsteher, welchem die Befugnis zum Erlaß polizeilicher Verfügungen (z. B. betreffs der Verweisung minderwertigen Fleisches auf die Freibank) übertragen werden soll, Beamteneigenschaft eingeräumt werden muß. Zu den mechanischen, auch von Nichtbeamten wahrnehmbaren Dienstleistungen werden die Funktionen von Pförtnern, Dienern, Kopisten, Arbeitern und anderen ähnlich beschäftigten Personen unbedenklich gerechnet werden können. Auch werden solche Beschäftigungsarten, welche von vornherein zeitlich oder sachlich begrenzt — z. B. die Bearbeitung einer kommunalen Entwässerungsanstalt usf. —, oder welche auf Probe oder zur Vorbereitung übertragen werden, nicht dem Beamten vorzubehalten, sondern zur privatrechtlichen Regelung freizugeben sein, sofern bei den betreffenden Geschäften obrigkeitliche Funktionen nicht in Betracht kommen.

Was die zulässigen Einwirkungen der Aufsichtsbehörden zur Herbeiführung einer den vorstehenden Ausführungen gemäßen Amtsorganisation in den Kommunalverbänden betrifft, so ist zunächst für das gesamte Gebiet der Ortspolizeiverwaltung an der durch das Polizeigesetz vom 11. März 1850 (Verordnung vom 20. September 1867, Lauenburgisches Gesetz vom 7. Januar 1870) begründeten staatlichen Organisationsbefugnis festzuhalten.

Aber auch darüber hinaus bleibt es Recht und Pflicht der Aufsichtsbehörde, die Wahrnehmung obrigkeitlicher Funktionen durch Beamte — nötigenfalls im Wege des Zwanges — durchzusetzen. In der Berechtigung der Aufsichtsbehörde zu denjenigen Maßregeln, welche erforderlich sind, um die Verwaltung in dem ordnungsmäßigen Gange zu erhalten, und in der weiteren durch § 11 festgestellten Berechtigung zur Regulierung unzulänglicher Beamtenbesoldungen ist weiterhin die Befugnis enthalten, auch für solche Funktionen, welche zwar nicht obrigkeitlicher Natur sind, aber aus organisatorischen Gründen von besoldeten Beamten wahrgenommen werden müssen, die Anstellung solcher zu verlangen. Hiernach wird es der Aufsichtsbehörde zustehen, zur Verwaltung umfangreicher, verantwortlicher und ständiger Sekretärsgeschäfte in einem größeren Kommunalverbande, welche bisher in unzulänglicher Weise durch Privatschreiber des mit einem Dienstunkostenpauschsatze bedachten Bürgermeisters versehen worden sind, die Anstellung eines besoldeten Bureaubeamten zu verlangen.

6. Ihrem Wortlaut nach kann der Vorschrift des § 1 Satz 2 eine rückwirkende Kraft nicht beigelegt werden. Aus dieser Vorschrift kann demnach zur Entscheidung der Fragen, ob einer oder der andere der bereits vor Inkrafttreten des Gesetzes angenommenen Kommunalbediensteten als Beamter anzusehen und daher gemäß Satz 1 des § 1 der Wohltaten der §§ 3—6, 12—15 teilhaftig zu machen sei, nichts entnommen werden. Wohl aber erscheint es angezeigt, gelegentlich der Einführung des Gesetzes Zweifel über die rechtliche Eigenschaft solcher Kommunalbediensteter im Wege der Vereinbarung zu erledigen. In diesem Sinne wird insbesondere auf die Magistrate (Bürgermeister) von Stadtgemeinden und im Bedürfnisfalle auch auf die Vorstände sonstiger Kommunalverbände einzuwirken sein.

Artikel II.

Gehalt. Gnadenbezüge. Reisekostenentschädigung. Verfolgung vermögensrechtlicher Ansprüche aus der Beamtenanstellung. (§§ 3—7).

1. Die in §§ 3 und 5 vorbehaltenen „besonderen (anderweiten) Festsetzungen" haben den Charakter von Verwaltungs-, nicht von Verfassungsvorschriften und können daher ebensowohl in der Form von Verwaltungsregulativen als in der Form von Ortsstatuten erlassen werden. Für die Provinzial- und die ihnen gleichgestellten Beamten bewendet es natürlich bei § 96 der Provinzialordnung und den dieser Bestimmung nachgebildeten Vorschriften. Übrigens werden die oben erwähnten Festsetzungen ebensowohl im Wege der Vereinbarung getroffen werden können.

Auch die in § 6 erwähnten „Vorschriften" der Kommunalverbände über Art und Höhe der Reisekostenentschädigungen können sowohl als Regulative wie als Ortsstatute erlassen werden.

2. Die in § 4 für die Regelung der Gnadenkompetenzen in bezug genommenen, hinsichtlich der unmittelbaren Staatsbeamten geltenden Bestimmungen sind in §§ 2, 3 des Gesetzes vom 6. Februar 1881 und § 31 des Gesetzes vom 27. März 1872 enthalten.

Als Kommunalverwaltungsbehörde im Sinne dieses Paragraphen sind der Provinzialausschuß, Kreisausschuß, Magistrat und die sonstigen Gemeindevorstände zu verstehen.

Durch die Vorschrift des § 4 sollen endlich günstigere Festsetzungen einzelner Kommunalverbände nicht ausgeschlossen werden.

3. Für die Ausführung des § 6 wird zu beachten sein, daß nach dem Beschlusse des Reichsgerichts (III. Zivil-Senat) vom 17. Februar 1898 bei Bemessung der Gebühren für gerichtliche Zeugen- und Sachverständigenvernehmungen der Kommunalbeamten in den Fällen des § 14 der Gebührenordnung vom 30. Juni 1878 (RGBl. S. 173) die auf Grund gesetzlicher Bestimmung erlassenen Vorschriften der Kommunalverbände über Dienstreisekosten zugrunde zu legen sind.

Wenn auch angesichts der großen örtlichen Verschiedenheiten davon abgesehen werden muß, für das Gebiet der Monarchie Grundlinien behufs einer einheitlichen Regelung dieser Materie zu ziehen, so wird doch tunlichst auf die Vermeidung weitgehender Abweichungen der Vorschriften innerhalb der einzelnen Regierungsbezirke hinzuwirken, und dieser Gesichtspunkt überall dort zur Geltung zu bringen sein, wo wegen der gewählten ortsstatutarischen Form oder wegen erforderlich gewordener Feststellung der Aufsichtsbehörde (§ 6 Satz 2) staatliche Mitwirkung erforderlich wird.

Übrigens werden die kommunalen Vorschriften bestimmen können, für welche Dienstreisen Entschädigungen gewährt werden, und ob die letzteren in Reisekosten und Tagegeldern oder in ungetrennten Sätzen bestehen sollen; auch Pauschalentschädigungen werden zugelassen werden dürfen.

Unzulässig würde selbstverständlich eine Regelung sein, welche ausschließlich für die Gerichtsgebühren Geltung haben oder für letztere andere Sätze als für Dienstreisen in kommunalen Angelegenheiten bestimmen würde.

Aufsichtsbehörde ist hier wie z. B. auch in § 9 al. 1 die mit der laufenden Kommunalaufsicht betraute Staatsbehörde, nicht die zur Mitwirkung bei dieser Aufsicht berufene Selbstverwaltungsbeschlußbehörde; für Städte mithin der Regierungspräsident, nicht der Bezirksausschuß. Diese Aufsichtsbehörde hat, nachdem sie gegebenenfalls die Vorschriften erlassen hat, dieselben wieder aufzuheben, sobald anderweite Bestimmungen seitens der Kommunalverbände getroffen sind.

4. § 7 bringt eine neue und einheitliche Regelung der Verfolgung vermögensrechtlicher Ansprüche der Kommunalbeamten aus ihrem Dienstverhältnisse. Zu dem vorletzten Satze des ersten Absatzes ist zu bemerken, daß gegen den Beschluß des Bezirksausschusses die Beschwerde oder die Klage im ordentlichen Rechtswege offensteht, und daß die Klage auch noch gegen den Beschluß des Provinzialrats, sofern Beschwerde an denselben erhoben war, zulässig ist.

Beamte der Stadtgemeinden.

(§§ 8—17.)

Artikel III.

Prinzip der lebenslänglichen Anstellung städtischer Beamter und Abweichungen. Beamte städtischer Betriebsverwaltungen.

(§§ 8—10.)

1. Mit den §§ 8 ff. bezweckt das Gesetz, bei grundsätzlicher Festhaltung des in dem größten Teile der Monarchie heute geltenden Prinzips der lebenslänglichen Anstellung städtischer Beamten doch die Möglichkeit zu eröffnen, den Kreis der kündbar anzustellenden Beamten über die Schranken der für die östlichen Provinzen, für die Provinz Westfalen und die Stadt Frankfurt a. M. erlassenen Städteordnungen hinaus zu erweitern, soweit dies das Bedürfnis der Städte nach freierer Beweglichkeit verlangt. Während in dem bezeichneten Teile des Staatsgebietes bisher nur die zu vorübergehenden oder zu mechanischen Dienstleistungen bestimmten Beamten auf Kündigung angestellt werden durften, will das Gesetz, welches die erstere Beamtengruppe unter besondere Bestimmungen (§§ 2, 10) stellt, den Gemeinden die Berechtigung verleihen, neben den mechanischen noch andere Funktionen des Amtsorganismus durch kündbare Beamte versehen zu lassen. In dem hiernach veränderten Um-

fange soll das Anstellungsprinzip der angeführten Städteordnungen fortan allgemein zur Geltung gelangen.

Zu dem Ende werden die mit der Genehmigung von Abweichungen vom Prinzip der lebenslänglichen Anstellung städtischer Beamten betrauten Behörden, d. h. bei ortsstatutarischer Regelung die Bezirksausschüsse, in Einzelfällen die Regierungspräsidenten (§ 9 al. 1, Art. II Nr. 3 a. E.), die Genehmigungsanträge der Stadtgemeinden einer wohlwollenden Prüfung nach der Richtung zu unterwerfen haben, ob die Wünsche der Kommunen durch die lokalen Verhältnisse begründet sind. Insbesondere werden für die Zulassung von Abweichungen folgende Gesichtspunkte zu beachten sein:

a) Für Dienstleistungen, welche nach den Ausführungen in Artikel I Nr. 5 auch von Nichtbeamten wahrgenommen werden können, insbesondere also für solche rein technischer, wissenschaftlicher, künstlerischer oder mechanischer Natur wird die Anstellung von Beamten auf Lebenszeit nicht verlangt werden können.

b) Auch wird die Anstellung auf Lebenszeit abhängig gemacht werden dürfen von der Erreichung eines gewissen Lebensalters (etwa des dreißigsten) allein oder in Verbindung mit der Zurücklegung einer mehrjährigen Dienstzeit in der Stadt.

c) Bezüglich der Frage, inwieweit etwaigen Anträgen auf kündbare Anstellung von Polizeiexekutivbeamten zu entsprechen sein wird, bleibt unter anderem zu prüfen, welche Garantien für eine sachgemäße, gerechte Ausübung des Kündigungsrechts aus der Gesamtlage der städtischen Verhältnisse zu entnehmen sind.

d) Die Abweichung wird auch in einer Anstellung auf bestimmte Zeit, etwa mit Pensionsberechtigung für den Fall nicht erfolgender Wiederernennung, bestehen können, sofern ein derartiges lokales Bedürfnis nachgewiesen wird.

2. Bei Anwendung des § 8 Absatz 2 wird seitens der Stadtgemeinden mit um so größerer Vorsicht zu verfahren sein, als

der Begriff der städtischen Betriebsverwaltungen durch Theorie und Praxis bisher noch keine feste Umgrenzung gefunden hat, und als Meinungsverschiedenheiten einerseits der städtischen Verwaltungen und andererseits der in Streitfällen mit der Entscheidung befaßten Gerichte hier zu schweren Schädigungen der Stadtgemeinden führen können. Daher wird seitens der Königlichen Regierungspräsidenten auf die in § 8 a. a. O. vorgesehene ortsstatutarische Regelung dieser Frage in denjenigen Fällen hinzuwirken sein, in welchen Zweifel über die Eigenschaft einer städtischen Betriebsverwaltung obwalten können.

Für die nähere Feststellung dieses Begriffes wird davon auszugehen sein, daß in erster Linie die gewerblichen Unternehmungen der Stadtgemeinden zu den Betriebsverwaltungen zu rechnen sind, wobei es auf die Frage, ob den Unternehmungen ein Monopol oder ein Benutzungszwang eingeräumt ist, nicht ankommt. Auch wird die Tatsache, daß bei einem Unternehmen die Gewinnerzielung hinter Gesichtspunkte öffentlicher Interessen zurücktritt, nicht schon an sich die Annahme einer Betriebsverwaltung ausschließen. Gleichgültig ist ferner, ob einzelne im Betriebe angestellte Beamte obrigkeitliche Funktionen auszuüben haben (wie unter Umständen Schlachthofvorsteher in städtischen Viehhöfen, vergl. Art. I Nr. 5). Mit diesen Maßgaben wird eine städtische Betriebsverwaltung im Sinne des § 8 Absatz 2 im allgemeinen dort angenommen werden können, wo ein abgesondertes wirtschaftliches Unternehmen oder eine abgesonderte wirtschaftliche Verwaltung der Stadt mit eigenem Personal besteht. Das Erfordernis des eigenen, von den übrigen städtischen Beamtengruppen verschiedenen Personals ergibt sich aus der Erwägung, daß anderenfalls eine gesonderte Rechtsstellung dieses Personals ausgeschlossen sein würde. Da die hier verlangte Absonderung der Betriebsverwaltungen von den übrigen städtischen Verwaltungszweigen nur bei einem erheblicheren Umfange der ersteren zuzutreffen pflegt, wird es im Einzelfalle für die Entscheidung über die Voraussetzungen der Betriebsverwaltung auf Art und Umfang derselben ankommen; so wird z. B. eine Kanalisation nur dann als Betriebsverwaltung gelten können, wenn sie mit Rücksicht auf selbständige, nach wirtschaftlichen Grundsätzen zu leitende technische Einrichtungen, z. B. auf die Verwendung von Rieselfeldern usf. ein wirtschaftliches Unternehmen mit abgesonderter Verwaltung darstellt.

Mit den aus dem Vorstehenden sich ergebenden Vorbehalten würden als Betriebsverwaltungen insbesondere zu bezeichnen sein: Bahnunternehmungen, Fuhrparks, Hafenanlagen, Lagerhäuser, Gas-, Wasser-, Elektrizitätswerke, Markthallen, Schlacht- und Viehhöfe, Kurverwaltungen, Badeanstalten, Museen, Theater-, Konzertunternehmungen, zoologische Gärten u. a. m.

3. Daß die §§ 8—10 sich nur auf die nach Inkrafttreten des Gesetzes zur Anstellung gelangenden städtischen Beamten und zwar auf alle diejenigen Beamten beziehen, welche nicht zu den Mitgliedern des kollegialischen Gemeindevorstandes (Magistrats) oder in Städten ohne solchen Vorstand zu den Bürgermeistern oder deren Stellvertretern zählen, geht aus dem Wortlaut jener Paragraphen und dem § 14 hervor. Auch hier wird indessen die Einführung des Gesetzes eine passende Gelegenheit bieten, die im Gebiete der Städteordnungen für die östlichen Provinzen, für Westfalen und Frankfurt a. M. vielfach hervorgetretenen Zweifel über Lebenslänglichkeit oder Kündbarkeit der Anstellung städtischer Beamten, von deren Dienstleistungen es nicht klar feststand, ob sie mechanischer bzw. vorübergehender Natur wären, dadurch zu beseitigen, daß im Wege der Vereinbarung zwischen Stadtgemeinden und Beamten entweder eine Deklaration des bisherigen Rechtsverhältnisses erfolgt oder das bisherige Dienstverhältnis aufgelöst und eine neue Anstellung

nach Maßgabe dieses Gesetzes vorgenommen wird. Die Königlichen Regierungspräsidenten werden sich eine Einwirkung auf die Stadtverwaltungen in dieser Richtung angelegen sein zu lassen haben.

4. Die Bestimmung des § 10 al. 2 soll einen im Interesse sowohl der Stadtgemeinden als auch der Beamten liegenden Zwang zur völlig klaren und erschöpfenden Regelung der Annahmebedingungen vor Antritt der zur Probe, zu vorübergehenden Dienstleistungen oder zur Vorbereitung einzugehenden Beschäftigungsverhältnisse herbeiführen. Ihre Durchführung wird insbesondere denjenigen Streitigkeiten vorbeugen, welche über die Frage entstanden sind, ob das Beschäftigungsverhältnis eines Bureauhilfsarbeiters oder eines sonstigen zur Aushilfe angenommenen Beamten ein lediglich vorübergehendes sei oder nicht. Zu dem Ende wird die in § 10 al. 2 vorgeschriebene zuvorige Regelung der Annahmebedingungen bei vorübergehenden Dienstleistungen den Gegenstand der Beschäftigung und die voraussichtliche Dauer derselben neben den vermögensrechtlichen Momenten zu umfassen haben.

Als Aufsichtsbehörde im Sinne des § 10 al. 1 ist auch hier die mit der laufenden Aufsicht betraute Instanz, also der Regierungspräsident, zu verstehen.

Artikel IV.

Besoldung. Pensionierung. Witwen- und Waisenversorgung der städtischen Beamten.

(§§ 11—17.)

1. Die Vorschrift des § 11 soll der Aufsichtsbehörde die Handhabe bieten, unter den im ersten Absatze bezeichneten

Voraussetzungen unzulängliche Beamtengehälter im Wege einer Beschlußfassung des Bezirksausschusses auf die angemessene Höhe zu bringen. Über den Rahmen dieser Voraussetzungen hinaus ist von einer Mitwirkung der Aufsichtsbehörden bei der Festsetzung der Beamtengehälter abzusehen. Nach Absatz 2 des § 11 bezieht sich die Bestimmung des ersten Absatzes nicht auf die städtischen Polizeibeamten, deren Gehälter auf Grund der durch das Polizeigesetz vom 11. März 1850 festgestellten staatlichen Organisationsbefugnis der unbeschränkten Revision durch den Regierungspräsidenten unterliegen (vergl. hinsichtlich der Gemeindeforstbeamten Artikel VII Nr. 3). Auch auf die Mitglieder des Gemeindevorstandes findet der § 11 keine Anwendung (§ 14).

2. Durch § 12 wird die Pensionsberechtigung der lebenslänglich angestellten städtischen Beamten auf die sämtlichen städtischen Beamten, insbesondere also die auf Kündigung angestellten ausgedehnt, welche letztere Pension erhalten, sofern sie nach Zurücklegung der erforderlichen Dienstjahre, ohne vorher eine Kündigung erfahren zu haben, dauernd dienstunfähig werden.

Eine weitere Neuerung enthält § 12 al. 1 insofern, als er eine von der gesetzlichen Pensionsregelung abweichende Festsetzung der Genehmigung des Bezirksausschusses unterwirft. Die Königlichen Regierungspräsidenten werden als Vorsitzende der Bezirksausschüsse ihren Einfluß dahin geltend zu machen haben, daß im allgemeinen nur günstigere Abweichungen im Interesse der Beamten die Genehmigung erhalten. Andere Abweichungen werden sich nur dann zur Genehmigung eignen, wenn der betreffende Beamte, sei es weil er schon aus einer früheren Dienststellung eine Pension bezieht, sei es aus anderen Gründen größeren Wert auf Anstellung überhaupt als auf Gewährung der regelmäßigen Pension legt. Nachdem das Reichsgericht durch Entscheidung vom 27. Februar 1896 (Entscheidung in Zivilsachen Band 37 S. 235) dahin erkannt hat, daß gemäß

§ 107 des Militärpensionsgesetzes vom 27. Juni 1871 in der Fassung des Reichsgesetzes vom 22. Mai 1893 bei der Pensionierung der im preußischen Kommunaldienst angestellten Militäranwärter die Militärdienstzeit als pensionsfähige Dienstzeit in Anrechnung zu bringen sei, werden diejenigen Festsetzungen einer Genehmigung unfähig sein, mittels deren eine Stadtgemeinde die Anrechnungsfähigkeit der bezeichneten Dienstjahre einzuschränken oder aufzuheben strebt, sofern nicht auch hier das Interesse des Militäranwärters ausnahmsweise die Genehmigung angezeigt erscheinen läßt. (Vergl. bezüglich der Gemeindeforstbeamten Artikel VII a. E.)

Neben der Bezugnahme auf die eben erörterte reichsgesetzliche Bestimmung enthält der zweite Absatz des § 12 die Vorschrift, daß als pensionsfähige Dienstzeit im übrigen „in Ermangelung anderweiter Festsetzungen" „nur die Zeit gerechnet wird, welche der Beamte in dem Dienste der betreffenden Gemeinde zugebracht hat". Wenn auch hierdurch lediglich der Gedanke hat zum Ausdruck gebracht werden sollen, daß bei Übertragung der im ersten Absatz bezogenen pensionsrechtlichen Gesetze auf die mittelbaren Staatsbeamten diejenigen Dienstjahre nicht anrechnungsfähig sein können, welche einem anderen Verbande als dem ruhegehaltspflichtigen Kommunalverbande gewidmet worden sind, wenn demnach der zweite Absatz die Vorschrift des ersten nur in einem Einzelpunkte klarzustellen bestimmt ist, so sollen doch die von der Kommission des Herrenhauses beschlossenen Worte des zweiten Absatzes: „in Ermangelung anderweiter Festsetzungen" nach den Kommissionsverhandlungen die Bedeutung haben, daß eine etwa beschlossene oder vereinbarte Anrechnung auch auswärtiger Dienstjahre im Gegensatze zu sonstigen günstigeren Pensionsbestimmungen, welche nach Absatz 1 der Genehmigung des Bezirksausschusses unterliegen, einer solchen Genehmigung nicht bedürfe (Komm.-Ber., Drucksachen des Herrenhauses 1899 Nr. 63 S. 20).

Die anderweiten Festsetzungen in Absatz 1 und 2 begreifen übrigens in formeller Hinsicht ebensowohl die generellen Bestimmungen als die Vereinbarungen.

Durch § 12 werden auch die von dem Gemeindevorstand gegen Besoldung angestellten besonderen städtischen Standesbeamten, welche gemäß § 4 Absatz 4 des Personenstandsgesetzes vom 6. Februar 1875 Gemeindebeamte sind, pensionsberechtigt, sofern sie nach erreichtem pensionsfähigen Dienstalter dauernd dienstunfähig werden und vorher ein Widerruf der zu ihrer Bestallung erforderlichen Genehmigung nicht ergangen ist (§ 5 a. a. O.).

Die Regelvorschrift des § 12 bezieht sich ihrem Wortlaut nach nicht etwa bloß auf die nach Inkrafttreten des Gesetzes zur Anstellung kommenden, sondern auch auf die zu jenem Zeitpunkt bereits im Amte befindlichen Beamten, soweit sie nicht dem Gemeindevorstande angehören (§ 14).

Sind hinsichtlich der Pensionierung der Beamten in einer Stadtgemeinde Ortsstatute oder Regulative in Geltung, welche andere als die in § 12 enthaltenen Bestimmungen enthalten, so werden sie gemäß § 25 al. 1 insoweit rechtsungültig. Daher werden die Stadtgemeinden diese Bestimmungen einer baldigen Revision und gegebenenfalls einer Umarbeitung zu unterziehen und die Genehmigung der Bezirksausschüsse noch vor dem 1. April 1900 einzuholen haben. Die letzteren werden, da die Geltung dieser neuen Festsetzungen vom Inkrafttreten des Gesetzes an datieren wird, kein Bedenken tragen können, die Genehmigung nach Maßgabe des neuen Gesetzes schon vor der Inkraftsetzung desselben zu erteilen.

§ 13 wiederholt eine schon aus dem bisherigen Rechte bekannte Vorschrift, zu welcher an der Hand einer neuerlich ergangenen Entscheidung des Reichsgerichts (vom 12. Mai 1899, IV. Senat) nur zu bemerken ist, daß unter „Staatsdienst“ auch der Dienst in einem nichtpreußischen deutschen Bundesstaate zu verstehen ist.

§ 14 enthält, abgesehen von der in Absatz 2 für die Provinz Hannover getroffenen Bestimmung, die Neuerung, daß die Pension der (auf Amtsperioden gewählten) Mitglieder des Gemeindevorstandes vom vollendeten 12. Dienstjahre ab bis zum 24. Dienstjahre alljährlich um $^{1}/_{60}$ steigt. Da nach 12 Dienstjahren eine Pension von $^{30}/_{60}$ erreicht wird, steigt nach dieser Vorschrift die Pension mit dem 24. Dienstjahre auf $^{42}/_{60}$, d. i. um $^{2}/_{60}$ höher als bisher, wo nur ein Pensionssatz von $^{2}/_{3} = {}^{40}/_{60}$ erreicht wurde.

3. Die Vorschrift des § 15 räumt allen besoldeten städtischen Beamten mit alleiniger Aufnahme der in § 2 des Gesetzes genannten, also auch den Mitgliedern des Gemeindevorstandes und den nicht auf Lebenszeit angestellten sonstigen Beamten den Anspruch auf Witwen- und Waisenversorgung nach Maßgabe der für die unmittelbaren Staatsbeamten geltenden Bestimmungen, insbesondere also auch der Novelle vom 1. Juni 1897, ein, sofern nicht etwa ihre Pensionsberechtigung ausnahmsweise ausgeschlossen ist. Auch hier werden die in Absatz 1 vorbehaltenen Abweichungen im allgemeinen und abgesehen von Ausnahmefällen, wie sie unter Nr. 2 oben berührt worden sind, nur dann die Genehmigung der Bezirksausschüsse finden können, wenn sie dem Beamten günstiger sind, insbesondere wird grundsätzlich solchen abweichenden Festsetzungen, welche Reliktenbeiträge des Beamten vorsehen, die Genehmigung zu versagen sein. Auch hinsichtlich der bereits in Stadtgemeinden geltenden statutarischen oder reglementarischen Bestimmungen, ihrer Revision und Umarbeitung, sowie der Genehmigung der Neufeststellungen durch die Bezirksausschüsse gelten die bezüglich der Pensionierung unter Nr. 2 gemachten Ausführungen.

Unter dem Ausdruck „festgesetzt" subsummiert das Gesetz auch hier die generelle Festsetzung und die konkrete Vereinbarung.

Die Vorschrift des zweiten Absatzes sieht zugunsten der Stadtgemeinden vor, daß auf das Witwen- und Waisengeld die Versicherungsgelder, welche von öffentlichen Witwen- und Waisenanstalten — z. B. von Provinzial-Witwen- und Waisenkassen — oder von Privatgesellschaften gezahlt werden, in demselben Verhältnisse in Anrechnung kommen sollen, in welchem die Städte sich an den vertraglichen Gegenleistungen beteiligt haben, mögen diese Gegenleistungen in Einkaufsgeldern oder in Beiträgen bestanden haben. Der letzte Satz des Absatzes 2 stellt für die Vergangenheit den Leistungen der Stadtgemeinden diejenigen Zahlungen gleich, welche zwar seitens der Beamten, aber auf Grund ausdrücklicher, bei der Anstellung übernommener Verpflichtung oder anderweiter Festsetzungen erfolgt sind, um namentlich denjenigen Fällen Rechnung zu tragen, in welchen Stadtgemeinden die Beamten wegen der ihnen obliegenden Versicherungsbeiträge in anderer Weise, insbesondere durch höhere Gehaltsfestsetzungen bisher schadlos gehalten haben.

Beamte der Landgemeinden, der Landbürgermeistereien, Aemter, Zweckverbände und Amtsbezirke.

Artikel V.

Regelung der Beamtenverhältnisse in den ländlichen Kommunalverbänden durch die Aufsichtsbehörden. Beamtenverhältnisse in der Rheinprovinz und in Westfalen.

(§§ 18—20.)

1. § 18 Absatz 2 und 4 geben den Kreisausschüssen die Befugnis, in größeren Landgemeinden, ländlichen Zweckverbänden und Amtsbezirken, für welche nach ihren örtlichen Verhältnissen

ein Bedürfnis ortsstatutarischer Regelung der Anstellung und Besoldung ihrer Beamten besteht, diese Regelung nach den für städtische Beamte geltenden Bestimmungen auch gegen den Willen der Verbände auf Antrag der Aufsichtsbehörde herbeizuführen. Für die Ausführung dieser Bestimmung werden diejenigen Landgemeinden und ländlichen Verbände in Betracht kommen, welche, wie gewisse städtische Vororte, Industrie-, Badeorte usf. durch Einwohnerzahl und Bedeutung den Stadtgemeinden gleich- oder nahekommen. Die Höhe der Einwohnerzahl wird nicht in mechanischer Weise zu bestimmen, vielmehr werden für die Anwendbarkeit der Bestimmung die Verhältnisse des Einzelfalls sowohl im Hinblick auf die Gesamtlage des ländlichen Kommunalverbandes als auch auf die Beziehungen desselben zu den Stadtgemeinden der betreffenden Gegend maßgebend sein müssen.

Das Gesetz überläßt es der Beschlußfassung des Kreisausschusses, inwieweit die Bestimmungen der §§ 8—10 und 12—15 auf die Beamten oder einzelne Klassen derselben entsprechende Anwendung finden sollen. Es wird deshalb zulässig sein, die für städtische Beamte geltenden Anstellungs- und Versorgungsgrundsätze nach Maßgabe des Bedürfnisses nur in einem näher begrenzten Umfange auf den ländlichen Verband zu übertragen. Da nur eine „entsprechende" Anwendung der bezogenen Gesetzesparagraphen stattfinden soll, wird z. B. die Bestimmung in § 14 mangels einer Analogie der Grundlagen von der Übertragung auf den ländlichen Verband auszuschließen sein; das Gleiche gilt von den entsprechenden Bezugnahmen in §§ 19, 21 und 23. Die über die Besoldungsfeststellung handelnde Vorschrift des § 11 ist deshalb von einer Übertragung auf die ländlichen Beamten ausgenommen worden, weil es nicht in der Absicht liegt, die weitergreifende, für alle dem Gesetze unterliegenden Landgemeindebeamten gedachte Bestimmung des dritten Absatzes des § 18 im Falle der Statutoktroyierung für die davon betroffene Beamtenklasse auszuschließen.

2. Die Anrechnung der in anderen ländlichen Kommunalverbänden der Provinz verbrachten Dienstzeit bei den pensionsberechtigten Beamten der rheinischen und westfälischen Landgemeinden, Landbürgermeistereien und Ämtern (§ 18 al. 1 Satz 2, § 19 Nr. 2, § 23 Nr. 3) ist bedingt durch das Bestehen der provinziellen Pensionskassenverbände in der Rheinprovinz und Westfalen (§ 25 al. 2 Nr. 1).

Die Vorschrift des § 20 ist dazu bestimmt, den Bürgermeister oder Amtmann, namentlich in großen industriellen Bürgermeistereien bzw. Ämtern durch Zulassung der Anstellung besoldeter Beigeordneter nach Bedürfnis zu entlasten.

Beamte der Kreis- und Provinzialverbände.

Artikel VI.

Beschlußfassungen der Kreistage. Besondere Bestimmung für Provinzialbeamte.

(§§ 21, 22.)

1. Da auf die Rechtsverhältnisse der Kreiskommunalbeamten die für die städtischen Beamten gegebenen Vorschriften entsprechende Anwendung zu finden haben, beziehen sich die zu den letzteren Vorschriften oben gemachten Ausführungen auch auf die Kreisbeamten. Bei den Anträgen auf Genehmigung der gemäß § 9 al. 1 von den Kreistagen zu beschließenden Abweichungen von dem Grundsatze der lebenslänglichen Beamtenanstellung werden die Bezirksausschüsse die individuellen Verhältnisse der einzelnen Kreise zu berücksichtigen in der Lage sein.

2. Für die Beamten der Provinzialverbände, der Regierungsbezirks-Verbände Cassel und Wiesbaden sowie des Lauenburgischen Landeskommunalverbandes erlangen nur die allgemeinen Bestimmungen des Gesetzes Geltung.

Gemeindeforstbeamte.

Artikel VII.

Maßgaben der Gleichstellung mit den übrigen Gemeindebeamten. Verhältnisse in Rheinland und Westfalen.

(§ 23.)

1. Die Gemeindeforstbeamten werden durch das Gesetz prinzipiell den übrigen Gemeindebeamten gleichgestellt; es erlangen also auch für sie die allgemeinen Bestimmungen und die für die Beamten der einzelnen Kommunalverbände gegebenen besonderen Bestimmungen Geltung. Indessen findet diese Gleichstellung nur mit den aus folgenden Nummern ersichtlichen Maßgaben statt:

2. Die betreffs der Anstellung gegebenen Vorschriften des Gesetzes (§§ 8—10) sollen von der Anwendung auf Forstbeamte im gesamten Geltungsgebiete des Gesetzes ausgeschlossen bleiben. Eine Konsequenz dieser Tatsache ist, daß auch im Wege der Statutoktroyierung nach § 18 al. 2 die §§ 8—10 auf die Forstbeamten größerer Landgemeinden nicht ausgedehnt werden dürfen. Der Ausschluß der §§ 8—10 hat indessen nicht etwa irgendwelche Verschlechterung der äußeren Lage der Gemeindeforstbeamten zur Folge; vielmehr will er nur die zur Zeit über Art und Dauer ihrer Anstellung geltenden anderweiten Regeln unberührt lassen.

3. Durch die Aufrechterhaltung der Verordnung vom 24. Dezember 1816 (G.-S. 1817 S. 57) wird die Geltung des § 11 al. 1 für die städtischen Forstbeamten in Rheinland und Westfalen zugunsten des unbeschränkten Rechts der Regierungspräsidenten auf zweckentsprechende Gehaltsregulierung (Erkenntnis des Oberverwaltungsgerichts vom 1. Mai 1894, Entscheidungen Band 27 S. 77) ausgeschlossen.

4. Für die ländlichen Gemeindeforstbeamten der Provinzen Rheinland und Westfalen bringt das Gesetz durch § 23 Nr. 3

die Ergänzung des schon bestehenden Pensionsrechts gemäß § 12 und die obligatorische Witwen- und Waisenversorgung gemäß § 15.

5. Für die Forstschutzbeamten im Regierungsbezirke Wiesbaden bewendet es bei dem Gesetze vom 12. Oktober 1897.

Hinsichtlich der Anwendung des § 12 auf Gemeindeforstbeamte ist noch zu bemerken, daß diese, soweit sie Anwärter aus dem Jägerkorps sind, in bezug auf die Anrechnung der Militärdienstzeit bei der Pensionierung ebenso zu behandeln sind wie die aus dem Jägerkorps hervorgegangenen staatlichen Forstbeamten, welchen die aktive Militärdienstzeit und die in der verpflichteten Reserve des Jägerkorps zugebrachte Zeit als Dienstzeit angerechnet wird.

Schluß- und Uebergangsbestimmungen.

Artikel VIII.

Rechtsverhältnisse der zur Zeit des Inkrafttretens des Gesetzes im Amte befindlichen Kommunalbeamten. Erlaß der im Gesetze vorgesehenen Ortsstatute usw.

(§§ 24—27.)

1. Wie die zurzeit noch nicht erledigten Zweifel über die rechtliche Natur des Dienstverhältnisses oder die Dauer der Anstellung bereits im Kommunaldienste stehender Bediensteter zu beseitigen sein werden, ist unter Artikel I Nr. 6 und Artikel III Nr. 3 ausgeführt worden. Unter Artikel IV Nr. 2 und 3 ist weiterhin festgestellt worden, daß die jetzt in Städten geltenden Pensions- und Reliktenversorgungs-Regulative oder -Statuten, welche andere Bestimmungen enthalten, als solche durch §§ 12 ff. erlassen sind, mit der Inkraftsetzung dieses Gesetzes rechtsungültig werden. Als eine Maßgabe dieser Konsequenz enthält der erste Satzteil des § 24 die schon aus den Gesetzen vom 31. März 1882

und 1. März 1891 bekannte Bestimmung, daß, sofern die nach Maßgabe dieses Gesetzes, d. i. nach Maßgabe entweder der ausdrücklichen Vorschriften desselben oder der durch § 12 zugelassenen anderweiten Festsetzungen, zu bemessende Pension geringer ist, als die Pension, welche dem Beamten hätte gewährt werden müssen, wenn er am 31. März 1900 nach den bis dahin für ihn geltenden Bestimmungen pensioniert worden wäre, diese letztere Pension an Stelle der ersteren bewilligt wird. Für die Berechnung der Hinterbliebenenversorgung soll indessen in diesem Falle — unbeschadet wohlerworbener Rechte — nach dem zweiten Satzteil des § 24 diejenige Pension zugrunde gelegt werden, welche nach Maßgabe des vorliegenden Gesetzes geschuldet wird. Die Vorschrift des ersten Satzteils wird übrigens auch für die Beamten der Provinz Hannover praktische Bedeutung haben. Da voraussichtlich diejenigen Städte, welche schon jetzt Festsetzungen über Pensionierung und Hinterbliebenenversorgung getroffen haben, die den Beamten günstiger als die durch das Gesetz gewährleisteten Rechte sind, Wert auf eine weitere Aufrechterhaltung derselben legen werden, so werden dieselben, wie dies in Artikel IV Nr. 2 und 3 vorgesehen ist, alsbald das weitere zur Revision und zur Erlangung der Genehmigung der Bezirksausschüsse bezüglich jener Regulative usf. zu veranlassen haben. Auf diesem Wege werden etwaige Übergangsschwierigkeiten im Gebiete der Beamtenversorgung unschwer zu beseitigen sein.

2. Der alsbaldige Erlaß der ebengedachten Festsetzungen wie auch der übrigen im Gesetze vorgesehenen ortsgesetzlichen oder administrativen Regelungen, insbesondere der etwa gemäß § 9 städtischerseits zu beschließenden Abweichungen von dem Prinzipe lebenslänglicher Beamtenanstellung wird seitens der Aufsichtsbehörden mit Nachdruck zu betreiben sein. Das Gleiche gilt für die Kreiskorporationen, die rheinischen

Bürgermeistereien und die westfälischen Ämter (§§ 19, 21) sowie im Bedürfnisfalle für die Landgemeinden, Amtsbezirke usw. (§ 18). Daß die mit der Genehmigung der zu erlassenden Vorschriften befaßten Selbstverwaltungsbeschlußbehörden schon vor dem 1. April 1900 die Genehmigung solcher mit diesem Zeitpunkt in Geltung tretender Bestimmungen zu erteilen in der Lage sind, ist unter Artikel IV Nr. 2 und 3 ausgeführt worden.

Spätestens mit dem Zeitpunkt des Inkrafttretens des Gesetzes wird Erlaß und Genehmigung der zu beschließenden Ortsstatute oder Regulative beendigt sein müssen.

Berlin, den 12. Oktober 1899.

Der Minister des Innern.

Frhr. von Rheinbaben.

V.

Anhang.

a) Ortsstatut der Stadt Berlin betreffend die Anstellung und Pensionierung der Kommunalbeamten.

Auf Grund der §§ 11 und 65 der Städteordnung vom 30. Mai 1853 und der §§ 8, 9, 12 und 14 des Gesetzes betreffend die Anstellung und Versorgung der Kommunalbeamten vom 30. Juli 1899 wird mit Zustimmung der Stadtverordnetenversammlung nachfolgendes Ortsstatut erlassen.

§ 1. Die Beamten der städtischen Betriebsverwaltung sind, sofern in ihrer Anstellungsurkunde nichts anderes festgesetzt ist, auf Kündigung angestellt.

Zu den Betriebsverwaltungen (§ 8, Abs. 2 des Gesetzes vom 30. Juli 1899) werden insbesondere folgende Verwaltungen gerechnet:

1. die Gaswerke einschließlich der Straßenbeleuchtung,
2. die Wasserwerke,
3. die Markthallen,
4. die Kanalisationswerke und die Rieselgüter,
5. die Badeanstalten,
6. der Vieh- und Schlachthof einschließlich der Fleischschau,
7. die Straßenreinigung einschließlich der Abladeplätze sowie die Abortanstalten,
8. die Desinfektionsanstalten,
9. die Park- und Gartenverwaltung,
10. die Gemeindefriedhöfe,
11. das Märkische Provinzialmuseum,
12. die Bibliotheken und Lesehallen,

13. die Hafen- und Speicheranlagen,
14. die Ratswagen,
15. die städtische Zentrale in Buch,
16. die Beschäftigungsanstalt der städtischen Blindenanstalt,
17. das städtische Untersuchungsamt (für gewerbliche und hygienische Zwecke),
18. die städtischen Verkehrsunternehmungen (Straßenbahnen usw.),
19. die städtische Fleischvernichtungsanstalt und die dazu gehörigen Sammelstellen.

§ 2. Die den nachstehend aufgeführten Klassen angehörenden Personen sind, sofern sie überhaupt als Kommunalbeamte gemäß § 1 des Gesetzes vom 30. Juli 1899 angestellt sind und nicht in ihrer Anstellungsurkunde die Anstellung auf Lebenszeit ausdrücklich ausgesprochen ist, ebenfalls als auf Kündigung angestellt:

1. Die Direktoren, Subdirektoren, Werkmeister, Rechnungsführer und Sekretäre an den Fach-, Fortbildungs- und Handwerkerschulen sowie dem Gewerbesaal; die Turnwarte; die Erziehungsgehilfen (Aufseher) bei den städtischen Erziehungshäusern; die Desinfektoren und deren Gehilfen bei den städtischen Krankenanstalten und beim Obdach; die Ärzte, Assistenzärzte und Prosektoren (mit Ausnahme der im § 5 aufgeführten Ärzte); die Geistlichen und die Apotheker an den Kranken-, Irren- und Idiotenanstalten, den Hospitälern, Siechenanstalten, dem Arbeitshaus und dem Obdach; die Wirtschafts-, Betriebs- und Ökonomiebeamten, sowie die Verwaltungsassistenten an den vorgenannten städtischen Anstalten; die Depotverwalter und deren Assistenten; die Elektrotechniker; die Hydrologen; die Beamten des Vermessungsamtes und der Plankammer; die Ingenieure, Heizingenieure und Hilfsheizingenieure; die Beamten des Fernsprechamts einschließlich der Fernsprechgehilfinnen; der Direktorialassistent, die wissenschaftlichen Assistenten, die tech-

nischen Kalkulatoren, die Hilfsarbeiter sowie Hilfsarbeiterinnen beim Statistischen Amte; die Archivare und Bibliothekare.

2. Haushälter, Hausdiener, Turndiener, Pförtner, Portiers, Heizer, Wächter, Briefboten, Aktenwagenbegleiter, Aktenhefter, Kanzlisten; die Chaussee- und Wegeaufseher; der Schulwärter an der Blindenanstalt; die Maschinenmeister und Maschinisten; die Fahrstuhlwärter; die Hausväter und Hausmütter; die Materialien- und Küchenverwalter und deren Gehilfen; die Aufseher und Aufseherinnen an den Erziehungsanstalten, den Waisenanstalten, dem Obdach und den sonstigen städtischen Anstalten (unbeschadet der Bestimmungen unter Nr. 6), der Backmeister und die Backgehilfen beim Arbeitshause, überhaupt alle zu dem Dienst- und Arbeitspersonal der städtischen Krankenhäuser, Irren- und Idiotenanstalten, des Obdachs, des Arbeitshauses, der Waisenanstalten, der Erziehungsanstalten, sowie der Heimstätten für Genesende gehörende Personen.

3. Die Beamten der städtischen und unter städtischer Verwaltung stehenden Stiftungen.

4. Die städtischen Standesbeamten und deren Stellvertreter, jedoch mit der Maßgabe, daß ihnen nur dann gekündigt werden kann, wenn ihnen ihre Eigenschaft als Standesbeamte von der höheren Verwaltungsbehörde entzogen ist.

5. Bis zum Bestehen der Prüfung als Magistratsekretär oder Bureauassistent und bis zu dem Zeitpunkte, in welchem sie ihre aktive Militärdienstpflicht entweder abgeleistet haben oder feststeht, daß sie von der Leistung derselben befreit sind: die Bureaudiätare und Bureauanwärter.

6. Bis zum Ablaufe des fünften Dienstjahres im ununterbrochenen Dienste der Stadtgemeinde: die Steuererheber, Hilfssteuererheber, Gelderheber, Hilfsgelderheber, Vollziehungsbeamten, Grundstücksaufseher, Stadtsergeanten, Magistratsdiener, Schuldiener, Standesamtsdiener, Arbeitshausaufseher und Arbeitshaushilfsaufseher.

§ 3. Beamte, welche lebenslänglich oder mit Anwartschaft auf lebenslängliche Anstellung (§ 2 Nr. 6) angestellt sind, behalten bei Versetzungen in eine andere Dienststelle, insbesondere auch bei Versetzungen aus der allgemeinen städtischen Verwaltung in eine Betriebsverwaltung, ihre lebenslängliche Anstellung oder die Anwartschaft auf diese.

Die Beschäftigung eines kündbar angestellten Beamten in einem Amte, mit welchem lebenslängliche Anstellung oder Anwartschaft auf solche verbunden ist, ändert nichts an seinem Anstellungsverhältnis, so lange nicht für das neue Amt eine neue Anstellungsurkunde erteilt ist.

§ 4. Soweit nach den Bestimmungen der §§ 1 und 2 die Anstellung auf Kündigung erfolgt, steht dem Magistrat, wenn die Anstellungsurkunde nichts anderes bestimmt, das Recht zu, das Dienstverhältnis mit dreimonatiger Frist derartig zu kündigen, daß das Dienstverhältnis mit dem Ablauf des auf die Kündigung folgenden Kalendervierteljahres zu Ende geht.

Bei weiblichen Kommunalbeamten erlischt das Dienstverhältnis mit dem Tage der Verheiratung.

§ 5. Die ärztlichen Direktoren und Oberärzte der Irrenanstalten, sowie die ärztlichen Direktoren der Krankenhäuser werden auf die Dauer von sechs Jahren angestellt, derart, daß nach Ablauf einer Anstellungsperiode eine Wiederanstellung immer wieder auf den gleichen Zeitraum zulässig ist.

Unterbleibt bei einem der genannten Beamten nach Ablauf der Anstellungszeit die Wiederanstellung, so erhält der betreffende Beamte

nach 12 jähriger und 18 jähriger Dienstzeit die Hälfte,

nach 24 jähriger Dienstzeit zwei Drittel seines Diensteinkommens als Pension.

Als Dienstzeit wird hierbei nur die in den genannten Ämtern zugebrachte Dienstzeit gerechnet. Im Falle der Beamte die Wiederanstellung ablehnt, hat er keinen Anspruch auf Pension.

Hinsichtlich der Magistratsassessoren gelten die Bestimmungen des Ortsstatuts vom 10. März 1892 als Bestandteile dieses Statuts mit der Maßgabe, daß der Ausschluß der Pensionsberechtigung in Fortfall kommt.

§ 6. Die Kommunalbeamten, einschließlich der besoldeten Magistratsmitglieder, erhalten im Falle ihrer Pensionierung ihre Pension berechnet nach den für die unmittelbaren Staatsbeamten geltenden Bestimmungen mit folgenden Maßgaben:

1. Als anrechnungsfähige Dienstzeit gilt unbeschadet der Bestimmungen des Abs. 1 und 2 des § 16 des Gesetzes vom 27. März 1872 in der Fassung des Gesetzes vom 27. Mai 1907 und unbeschadet der Bestimmungen in § 5 und § 6 Nr. 2 und 6 dieses Statuts:

a) die Zeit, während welcher der Beamte als solcher im Dienste der Stadt Berlin angestellt gewesen ist;

b) die vor der Anstellung liegende, privatvertragliche Beschäftigungszeit im Dienste der Stadt Berlin, soweit diese in ununterbrochenem Zusammenhange mit der späteren Beamtendienstzeit steht;

c) die Zeit des Militärdienstes im deutschen Heere und der Marine sowie in der Schutztruppe, wobei Kriegsjahre nach Maßgabe der hierüber erlassenen Gesetze und Verordnungen erhöht in Ansatz gebracht werden. Hinsichtlich der Militäranwärter verbleibt es bei den bestehenden gesetzlichen Bestimmungen;

d) die im Beamtenverhältnis im unmittelbaren Dienste des Deutschen Reichs, des preußischen Staats, einer preußischen Kommune oder eines preußischen Kommunalverbandes, sowie die im öffentlichen preußischen Schul- und Kirchendienst zugebrachte Dienstzeit.

2. Denjenigen Kommunalbeamten, welche bereits eine Zivil- oder Offizierspension beziehen, sind bei Festsetzung ihrer

städtischen Pension diejenigen Zivil- oder Militärdienstjahre nicht noch einmal anzurechnen, welche ihnen bei Festsetzung ihrer vorher erdienten Pension bereits angerechnet worden sind.

3. Die Bestimmungen zu 1 und 2 finden Anwendung auch bei Feststellung derjenigen Dienstzeit, die für die Entstehung des Pensionsanspruches maßgebend ist.

4. Durch Gemeindebeschluß kann in geeigneten Fällen noch andere als die in Nr. 1 bezeichnete Dienstzeit auf das pensionsfähige Dienstalter in Anrechnung gebracht werden.

5. Besoldeten Magistratsmitgliedern, welche nach den Bestimmungen des § 65 Städteordnung und § 14 Kommunalbeamtengesetzes vom 30. Juli 1899 eine höhere Pension erhalten würden als nach den Bestimmungen dieses Statuts, wird die Pension nach § 65 Städteordnung und § 14 Kommunalbeamtengesetzes berechnet.

6. Eine Anrechnung von Dienstzeit über das gesetzlich vorgeschriebene Maß hinaus findet nicht statt, sofern es sich um einen im Wege des Disziplinarverfahrens aus dem Amte entlassenen Beamten handelt, dem in Gemäßheit des § 16 Abs. 3 Gesetzes vom 21. Juli 1852 ein Teil der Pension auf Zeit oder Lebenszeit belassen worden ist.

Beamte, die im Wege des Zwangspensionierungsverfahrens in den Ruhestand versetzt worden sind, haben nur Anspruch auf Anrechnung der nach den gesetzlichen Bestimmungen anzurechnenden Dienstzeit.

§ 7. Die Bestimmungen des Gesetzes vom 31. März 1882 in betreff der Beamten, die das 65. Lebensjahr vollendet haben, finden auf die Kommunalbeamten der Stadt Berlin einschließlich der besoldeten Magistratsmitglieder Anwendung.

Ebenso findet die Bestimmung des § 31 des Pensionsgesetzes vom 27. März 1872 in der Fassung des Gesetzes vom 27. Mai 1907 betreffend das Gnadenvierteljahr der Pensionärshinterbliebenen auf die Hinterbliebenen der Kommunalbeamten der Stadt

Berlin einschließlich der besoldeten Magistratsmitglieder Anwendung.

§ 8. Der Anspruch auf die Pensionen ruht in den Fällen des § 27 des Pensionsgesetzes vom 27. März 1872 in der Fassung des Gesetzes vom 27. Mai 1907.

§ 9. Die Bestimmungen dieses Ortsstatuts finden keine Anwendung auf diejenigen Personen, welche mittels Privatdienstvertrages angenommen werden.

Ebenso findet dieses Ortsstatut auf die Offiziere, Beamten und Mannschaften der Berliner Berufsfeuerwehr keine Anwendung.

§ 10. Beamte, welche vor dem Inkrafttreten dieses Ortsstatuts unter günstigeren Bedingungen angestellt sind, bleiben im Besitze ihrer dadurch erlangten Rechte.

§ 11. Dieses Ortsstatut tritt mit dem Tage seiner Bestätigung in Kraft.

Berlin, den 10. März / 14. Mai 1908.

Magistrat hiesiger Königl. Haupt- und Residenzstadt.

b) Ortsstatut der Stadt Berlin betreffend die Hinterbliebenenversorgung der Kommunalbeamten.

Auf Grund des § 11 der Städteordnung vom 30. Mai 1853 und des § 15 des Gesetzes betreffend die Anstellung und Versorgung der Kommunalbeamten vom 30. Juli 1899 wird mit Zustimmung der Stadtverordnetenversammlung für die Stadt Berlin folgendes Ortsstatut erlassen:

§ 1. Die Bestimmungen dieses Ortsstatuts finden auf die Witwen und die ehelichen oder legitimierten Kinder der besoldeten Magistratsmitglieder sowie derjenigen Beamten der Stadt Berlin Anwendung, welche auf Grund des Ortsstatuts betreffend die Anstellung und Pensionierung der Kommunalbeamten vom 23. Juli 1908 Ansprüche auf Pension haben — unbeschadet der Bestimmungen in § 2 Nr. 4 dieses Statuts.

§ 2. Die im § 1 bezeichneten Hinterbliebenen erhalten Witwen- und Waisengeld nach den für die Hinterbliebenen der unmittelbaren Staatsbeamten geltenden Grundsätzen sowie den §§ 15, 24 des Gesetzes vom 30. Juli 1899 mit folgenden Maßgaben:

1. das Witwengeld beträgt höchstens 5000 M. und mindestens 300 M., letzteres unbeschadet der Bestimmung in Nr. 4 dieses Paragraphen;

2. das Waisengeld beträgt, wenn die Mutter nicht mehr lebt oder zum Bezuge von Witwengeld nicht berechtigt ist, mindestens 300 M., gleichviel, ob eine oder mehrere Waisen vorhanden sind; ebenfalls unbeschadet der Bestimmungen in Nr. 4 dieses Paragraphen;

3. eine Kürzung der Witwen- und Waisengelder unter das gesetzliche bzw. ortsstatutarische Mindestmaß findet — unbeschadet der Bestimmung unter Nr. 4 dieses Paragraphen — in keinem Fall statt;

4. auch die Hinterbliebenen derjenigen besoldeten Magistratsmitglieder und sonstigen unter § 1 fallenden Beamten, welche, obwohl an sich pensionsberechtigt, einen Pensionsanspruch zur Zeit ihres Todes noch nicht erdient hatten, erhalten, sofern im übrigen die gesetzlichen Voraussetzungen des Anspruchs auf Hinterbliebenenversorgung gegeben sind, Witwen- und Waisengeld.

Die Berechnung erfolgt bei denjenigen besoldeten Magistratsmitgliedern, deren Pension nach den Bestimmungen der Städteordnung zu berechnen gewesen wäre, in der Weise, daß nach elfjähriger Dienstzeit $^{28}/_{60}$, nach zehnjähriger Dienstzeit $^{26}/_{60}$, nach neunjähriger Dienstzeit $^{24}/_{60}$, nach achtjähriger Dienstzeit $^{21}/_{60}$, nach siebenjähriger Dienstzeit $^{18}/_{60}$, nach sechsjähriger Dienstzeit $^{15}/_{60}$, nach fünfjähriger Dienstzeit $^{15}/_{60}$ des Gehalts als Pension gelten; in allen übrigen Fällen in der Weise, daß nach neunjähriger Dienstzeit $^{19}/_{60}$, nach achtjähriger Dienstzeit $^{18}/_{60}$, nach siebenjähriger Dienstzeit $^{17}/_{60}$, nach sechsjähriger Dienstzeit $^{16}/_{60}$, nach fünfjähriger Dienstzeit $^{15}/_{60}$ des Gehalts als Pension gelten.

Der Mindestbetrag der hiernach berechneten Witwen- und Waisengelder beträgt für sämtliche Hinterbliebenen eines Beamten zusammengerechnet 300 M.

Dieser Mindestbetrag wird auch dann gezahlt, wenn der Beamte vor Vollendung des fünften Dienstjahres gestorben ist.

§ 3. Auf die nach Maßgabe dieses Statuts den Hinterbliebenen der im § 1 genannten Personen zustehenden Ansprüche werden in Anrechnung gebracht:

1. den Witwen derjenigen Personen, welche der „Witwenverpflegungsanstalt für hiesige besoldete Kommunalbeamte und Lehrer" angehören, die ihnen an diese Anstalt zustehenden Ansprüche; diejenigen jedoch, deren Ehemänner freiwillige Mitglieder dieser Anstalt waren (§§ 2, 5 und 7 des Statuts vom $\frac{20.\ \text{Dezember}\ 1853}{3.\ \text{März}\ 1854}$), wird die von dieser Anstalt zu zahlende Witwenpension insoweit nicht angerechnet, als der Angestellte durch seine freiwilligen Beiträge zum Entstehen des Anspruchs beigetragen hat. Behufs Berechnung dieses Betrages wird in jedem Falle festgestellt, in welchem Verhältnis die Summen der von dem Angestellten vor dem 1. April 1889 geleisteten freiwilligen Beiträge zu der Gesamtsumme der von ihm unfreiwillig geleisteten und der nach dem 1. April 1889 erlassenen und von der Stadtgemeinde übernommenen Beiträge steht; die von der Witwenverpflegungsanstalt geschuldete Witwenpension wird alsdann im entsprechenden Verhältnis geteilt und nur der auf die unfreiwillig geleisteten und die nach dem 1. April 1889 erlassenen und von der Stadtgemeinde übernommenen Beiträge entfallende Teilbetrag von der nach dem gegenwärtigen Statut geschuldeten Witwenpension in Abzug gebracht;

2. den Witwen und Waisen aller Personen diejenigen An-

sprüche auf Gewährung von Witwen- und Waisengeld, welche sie aus einem früheren Dienstverhältnisse ihres Ehemannes oder Vaters oder aus einem sonstigen damit im Zusammenhang stehenden Rechtsgrunde erworben haben, und zwar insoweit, als infolge Anrechnung der in dem früheren Dienstverhältnisse zugebrachten Dienstjahre bei der Berechnung des pensionsfähigen Dienstalters sich die Ansprüche auf Witwen- und Waisengeld an die Stadt Berlin erhöht haben. Ausgenommen von der Anrechnung sind die Ansprüche auf Zahlungen aus solchen Kassen oder Anstalten, denen entweder die im § 1 bezeichneten Personen freiwillig beigetreten sind, oder welche als Wohltätigkeitsanstalten bestimmungsgemäß Witwen- und Waisengelder zahlen oder Zuschüsse zu solchen leisten.

§ 4. Die Bestimmungen dieses Statuts finden auch auf die Hinterbliebenen derjenigen beim Inkrafttreten dieses Statuts am Leben befindlichen Beamten Anwendung, welche schon vor dem Inkrafttreten dieses Statuts in den Ruhestand versetzt worden sind.

§ 5. Dieses Statut tritt mit dem Tage seiner Bestätigung in Kraft. Mit diesem Zeitpunkte treten für die im § 1 bezeichneten Personen alle widersprechenden früheren Ortsstatute, Reglements und Gemeindebeschlüsse außer Kraft.

In Geltung bleiben nur:

a) § 1 des Ortsstatuts betreffend die Fürsorge für die Witwen und Waisen der besoldeten Gemeindebeamten und Lehrer vom $\frac{\text{5. Mai}}{\text{5. Juni}}$ 1890.*)

b) § 5 Absatz 2 und 3 des Ortsstatuts betreffend die Hinter-

*) § 1 lautet:

Die nach dem Statut vom $\frac{\text{20. Dezember 1853}}{\text{16. März 1854}}$ bestehende Witwenverpflegungsanstalt für hiesige besoldete Kommunalbeamte und Lehrer nimmt vom 1. April 1890 ab neue Mitglieder nicht mehr auf.

bliebenenversorgung der Kommunalbeamten vom 14./23. Juni 1902.*)

§ 6. Bei Berechnung des Dienstalters der Betriebsbeamten für die Reliktenversorgung wird die gesamte im städtischen Dienste zugebrachte Zeit, insbesondere auch diejenige Zeit, in welcher der Betreffende noch nicht als Beamter angestellt war, als Dienstzeit angerechnet. Nicht angerechnet wird nur die vor den Beginn des achtzehnten Lebensjahres fallende Dienstzeit.

Berlin, den $\frac{\text{10. März}}{\text{14. Mai}}$ 1908.

Magistrat hiesiger Königl. Haupt- und Residenzstadt.

---

*) § 5 Absatz 2 und 3 lauten:

Die Witwenverpflegungsanstalt für Angestellte beim städtischen Erleuchtungswesen vom 14. Januar 1874 nimmt vom Inkrafttreten dieses Statuts an neue Mitglieder nicht mehr auf.

Geben die zur Zeit des Inkrafttretens dieses Statuts bei dieser Anstalt bereits beteiligten Angestellten in Gemeinschaft mit ihren Ehefrauen binnen 6 Monaten nach dem Inkrafttreten dieses Statuts die Erklärung ab, auf ihre bisherigen Rechte aus dem Reglement vom 14. Januar 1874 zu verzichten, so werden weitere Beiträge von ihnen nicht erhoben und die seit dem 1. April 1900 gezahlten ihnen zurückgezahlt. Dagegen haben sie bezw. ihre Hinterbliebenen Anspruch auf Reliktenversorgung nach diesem Ortsstatut. Diejenigen, welche obigen Verzicht nicht rechtzeitig erklären, behalten bei Fortzahlung ihrer Beiträge ihre Rechte aus dem Reglement vom 14. Januar 1874. Auf das nach diesem Statut ihnen zustehende Witwengeld kommen jedoch die Bezüge aus dem Reglement vom 14. Januar 1874 zu einem Teilbetrage zur Anrechnung. Behufs Berechnung dieses Betrages wird in jedem Falle festgestellt, in welchem Verhältnis die vor dem 1. April 1900 von den Betreffenden geleisteten Beiträge zu den nach dem 1. April 1900 geleisteten Beiträgen stehen und demnächst die von der Witwenverpflegungsanstalt für Angestellte beim städtischen Erleuchtungswesen geschuldete Witwenpension in demselben Verhältnis geteilt. Der den vor dem 1 April 1900 geleisteten Beiträgen entsprechende Teil wird von der nach diesem Statut geschuldeten Witwenpension in Abzug gebracht.

VI.

Sachregister.

(Die großen Zahlen bedeuten die Seiten, die kleinen die Anmerkungen.)

A.

Abgaben, kurrente 59 5.

Abgeordnete, Urlaub für A., Vertretungskosten 58, 59.

Abtretung des Gehalts 59 6; — der Pension 124; — des Witwen- und Waisengeldes 134 6.

Abweichungen von dem Grundsatz der Anstellung auf Lebenszeit, s. Anstellung u. lebenslängliche Anstellung.

Adoptivkinder der Beamten 62 1.

Altersgrenze 90 1.

Altersunterschied, beim Witwengeld 133 6, 134 6.

Alterszulage 79 2, 101 4, 103.

Altes Recht, Anwendbarkeit 51 12, 157 ff.

Aemter, in Westfalen 26, 44 4, 138***, 143, 144, 149 1, 165 8, 168, 188.

Amtmänner 143, 188.

Amtsbezirk 26, 43 4, 44 4, 138, 139, 168.

Amtseinnehmer 143.

Amtssuspension 58 4, 59 4, 64 5.

Amtsunkosten 44 4, 168.

Amtsverbände 160.

Amtsversammlung 144.

Amtsvorsteher 142 15.

Annahmebedingungen, Regelung der 54 2, 94, 95 3, 169, 181.

Anrechnung der Dienstzeit 105, 110 5, 6, 143, 147, 153, 160, 183, 188; — der Militärdienstzeit 25, 105, 113 10, 114, 115, 116, 117, 123, 157 9, 160, 183, 190; — der Vorbereitungs- und Probedienstzeit 117 12; — auf das Witwen- und Waisengeld 132, 135 10, 165 8, 186.

Anstellung der Kommunalbeamten 15, 17, 22, 40*, 42, 45 7, 53, 170; — auf Kündigung 11, 85, 86 1, 89, 90 1, 92 4, 161 1, 177; —, lebenslängliche 11, 13, 15, 23, 84, 85, 90 1, 91, 152, 153, 161 1, 177, 178, 180, 191; Klage auf Anstellung unzulässig 50 11, 78 2; — der städtischen Beamten 23, 84 ff.; — der Landgemeindebeamten 137 ff.; — der Landbürgermeister und Amtmänner 143, 144; —

der Magistratsmitglieder in Städten 129; — Verpflichtung zur Anstellung von Beamten 46 9, 174.

Anstellungsbehörden 96 4, 97, 128 3.

Anstellungsschein 50 10, 98, 114 10, 116.

Anstellungsurkunde, Bedeutung der A. 22, 42, 45 7, 46 7, 52 13, 94 1, 128 2, 129, 169, 170, 172; Form der A. 52 14, 170, 171; kein klagbarer Anspruch auf Aushändigung der A. 50 11, 80 2; — der Magistratsmitglieder 129.

Anweisung zur Ausführung des Gesetzes 167.

Anwendungsgebiet des KBG. s. Geltungsbereich.

Arbeiter 47 8, 173.

Arbeitszimmer 67.

Armenärzte 54 4.

Armenkommissionsmitglieder 54 4.

Aufrechnung gegenüber der Gehaltsforderung 60 7.

Aufsichtsbehörde 68, 75 8, 176, 180; — bei Städten 89, 91 2, 94, 98, 107 3; — bei Landgemeinden 139, 141 5; — Mitwirkung bei Feststellung der Besoldungen 24, 48, 98 ff., 163 8, 182, 187; — Mitwirkung bei Amtsorganisationen 47, 48, 173.

Ausführungsbestimmungen 28, 166 1, 167 ff.

Aushilfsweise Beschäftigung s. vorübergehende Dienstleistungen.

Auskömmlichkeit des Gehalts 99, 100, 163 8, 182.

Ausscheiden aus dem Amt 59 4.

Ausschluß des Pensionsanspruchs 110 5, 111 6; — des Reliktenanspruchs 133 4.

Ausschlußfrist 83 11.

B.

Badeorte 138, 141 4, 187.

Badeverwaltung 88, 173, 180.

Bahnunternehmungen 88, 180.

Beamte der Städte 23—25, 84 ff., 98, 104, 106 1, 129, 131 4, 177 ff.; — der Landgemeinden 26, 137 ff., 186 ff.; — der Kreise 27, 145 ff., 188; — der Provinzen 27, 145 ff., 188; — der Landbürgermeistereien 143 ff., 186 ff.; — der Aemter 143 ff., 186 ff.; — der Amtsbezirke 139, 186 ff.; — der Zweckverbände 138, 142 14, 186 ff.; — höhere, mittlere und Unterbeamte 49 10, 172; — Verpflichtung zur Anstellung von B. 46 9, 174.

Bedürftigkeit der Hinterbliebenen 66.

Beerdigung, Kosten der B. eines Beamten 66.

Beigeordnete 105, 106, 129, 130 2, 132 2, 144 1, 169, 188.

Benutzungszwang 88, 179.

Beschäftigung auf Probe, zur Vorbereitung, zur vorübergehenden Dienstleistung 94 ff.
Beschlußverfahren 82 8, 100, 101 2.
Beschwerde gegen Kündigung 93 4.
Beschwerdefrist im Verwaltungsbeschluß- und Streitverfahren 82 10, 83 13, 84 13.
Besoldete Beigeordnete in der Rheinprovinz und in Westfalen 144, 188.
Besoldung 24, 42, 43 3, 56 1, 61, 63 3, 77, 80 3, 98, 129, 139, 143, 153, 163 8.
Besoldungsdienstalter 117 10.
Besoldungsordnung 79.
Besoldungsperiode 157 4.
Bestallung, siehe Anstellungsurkunde.
Bestätigung der Wahl von Beamten 40 *, 46 8, 104 9, 150, 152, 167, 171.
Besteuerung des Diensteinkommens 40 *, 60 9, 61.
Besteuerungsgemeinde 61 9.
Betriebsunfälle der Beamten 134 7.
Betriebsverwaltung, städtische 13, 23, 85, 87 5, 88, 89 7, 92 4, 106 1, 170, 173, 179, 180.
Beurlaubung 40 *, 117 12; — Gehaltszahlung, Vertretung während der B. 58.
Bewilligung der Pension 111 8.
Bezirksausschuß 77, 81 8, 82 10, 89 6, 90 1, 99, 100, 102 6, 103 7, 104, 105, 108, 110 5, 111 6, 113 10, 131, 136 10, 138 *, 141 6, 143, 144 4, 145 2, 147, 152, 154, 163 5, 176, 177, 178, 182, 183, 184, 185, 188, 191.
Bezirksverband der Reg.-Bez. Cassel und Wiesbaden 145, 168.
Bezirksvorsteher 54 4.
Bürgermeister 56 2, 86 1, 90, 105, 106, 110 5, 129, 130 2, 132 2, 143, 163 8, 164, 169, 180, 188.
Bürgermeistereien 143, 144, 149 1, 160, 165 8, 188.
Bürgermeistereiversammlung 144.

C.

Siehe im übrigen unter K.

Cassel, Beamte des Regierungsbezirks 44 4, 145, 168, 188.

D.

Dauer der probeweisen Beschäftigung 53 1, 94.
Defekte 40 *.
Diener 47, 173.
Dienstalter, pensionsfähiges 105, 110, 113 10, 122, 123, 143, 147, 160.
Dienstalterszulagen, s. Alterszulagen.

Dienstaufwand 59 5, 63 3, 71, 116.

Dienstaufwandsentschädigung 56 1, 80 3, 81 8, 111 6, 116, 121, 128 3.

Dienfteid 20, 40 *, 45 7, 122, 170.

Diensteinkommen 56 1, 77, 80 3, 81 8, 116, 121, 122, 126, 127 2, 128 3; — Besteuerung des D. 60, 61.

Dienstemolumente 121.

Dienstreise 68 ff., 72 3, 176.

Dienstzeit, s. pensionsfähige Dienstzeit.

Dienstunfähigkeit 25, 104, 106, 107 3, 108, 109, 118 13, 119, 120 15, 123, 154.

Dienstunkostenentschädigung 143, 144 1.

Dienstvergehen 105.

Dienstvertrag, privatrechtlicher 46 9, 47, 54 3, 95 3, 127 2, 169, 172, 173.

Dienstwohnung 63 3, 67, 80 3, 116.

Dienstzeit, s. Dienstalter.

Disziplinarstrafen 59 4.

Disziplinarverfahren 20, 40 *, 43 1, 64 5, 118 13, 125 16, 132, 134 6.

E.

Ehrenamtlich tätige Personen 21, 44 4, 54 4, 168.

Ehrenrechte, Verlust der bürgerlichen 125 16.

Einbehaltung des Gehalts 59 4.

Einkaufsgelder bei Witwen- u. Waisenkassen 132, 135 10 165 8.

Elektrizitätswerke 88, 180.

Eltern, s. Hinterbliebene.

Entfernung aus dem Amt 59 4, 108.

Entlassung aus dem Amt 125 16.

Entschädigung bei Dienstreisen 22, 54 2, 68 ff., 77, 128 3, 169, 175.

Entziehung des Gehalts 59 4.

Erben des Beamten 57 4, 63 4, 68 4.

Erkrankung von Beamten 58.

Errichtung neuer Beamtenstellen 49 10, 174.

Erworbene Rechte 110 5, 118 13, 157 ff., 191.

F.

Familie des Beamten 67, 68 2.

Festsetzungen, anderweite, über Pensionen 104, 110 5, 163 5, 182, 184; — über Witwen- und Waisengeld 131, 132, 136 11, 186.

Feststellung der Besoldungen 24, 99, 103 6, 7, 139; — der Pensionen 107 3; — der Dienstunfähigkeit 107 ff.

Finanzvermögen 87 5.

Fiskus, Klagen gegen den 83 11.
Flecken 136, 137 2.
Forstbeamte 28, 86 1, 101 3, 142 8, 147 ff., 189 ff.
Forstschutzbeamte 147, 148, 151 ff., 190.
Forstversorgungsberechtigte 25, 105, 113 10.
Fortbildungsschullehrer 45 5.
Freiheitsstrafen der Beamten 58 4.
Freiwilliges Ausscheiden aus dem Amt 59 4.
Fuhrkostenentschädigung 56 1, 63 3, 80 3.
Fuhrpark 88, 180.
Funktionszulage 56 1, 80 3, 81 8.
Fürsorge bei Betriebsunfällen der Beamten 134 7; — für Hinterbliebene siehe Hinterbliebenen-Versorgung.

G.

Gasanstalten, städtische 47, 88, 173, 180.
Gebührenordnung für Zeugen 76 10, 175.
Gehalt, Begriff und Rechtsnatur 56 1, 57 4; Entziehung u. Einbehaltung 59 4; Pfändbarkeit 59 5; Uebertragbarkeit 59 6, 60; Aufrechnung 60 7; Verjährung 60 8; Besteuerung 60 9; Feststellung 99, 103 6, 7; pensionsfähiges Gehalt 77, 81 8, 111 6.
Gehaltsskala 102 5.
Gehaltszahlung 22, 54 2, 55 ff.
Gehaltszulage 111 6; s. auch Alterszulage.
Geltungsbereich des Gesetzes; räumlicher 21, 41 *; persönlicher 43 4, 161 1, 167, 168.
Gemeindeabgaben s. Besteuerung.
Gemeindebeamten s. Kommunalbeamten.
Gemeindebeschluß 89 6, 92 3.
Gemeindeeinnehmer 143.
Gemeindeforstbeamte 28, 44 4, 99, 101 3, 142 8, 147 ff., 189 ff.
Gemeindelehrer s. Lehrer.
Gemeindevorstände, Mitglieder der städtischen Gemeindevorstände 44 4, 56 2, 129 ff., 132, 180, 182, 184, 185.
Gemeindevorsteher 52 14.
Gendarmerie 114.
Geschwister 62 1, 66.
Gesetzmäßigkeit der Ortsstatuten 90 1.
Gewerbliche Unternehmung 87 5, 179.
Gläubiger der Beamten 63 4.
Gnadenbezüge 22, 54 2, 61 ff., 63 4, 65 ff., 175; — Rechtsweg wegen der G. 77.
Gnadenmonat 62, 64 7, 120 14.
Gnadenquartal 61, 64 7, 65 8.
Gratifikationen 121.
Grundgehalt 101.
Grundsätze des Bundesrats über die Militäranwärter 50 10, 97.

H.

Hafenanlagen 88, 180.

Hannover, Pensionsberechnung bei den Magistratsmitgliedern in H. 26, 129, 131 4, 158, 185.

Hessen-Nassau, Pensionsberechnung bei den Landgemeindebeamten 139, 161, 163 8 ff., 165 8.

Hinterbliebene 57 4, 61, 62 1, 65 8, 133 6.

Hinterbliebenenversorgung 54 2, 61 ff., 77, 81 8, 131 ff., 138, 140 1, 143, 147, 156, 157, 159 3, 165 8, 191.

Höchstsätze des Witwengeldes 132, 135 9.

Hohenzollernsche Lande, Geltung des KBG. in —, 21, 41 *.

Hohenzollernsche Landgemeinden 140.

Holzungen, Verwaltung der 148, 149 2.

J.

Jägerkorps 105, 113 10, 150, 157 9, 190.

Indigenat, Verlust desselben 134 6.

Industriebezirk 144 1.

Industrieorte 138, 141 4, 187.

Informatorische Beschäftigung der Militäranwärter 96, 97.

Inkrafttreten des Gesetzes 165.

Instanzenzug bei vermögensrechtlichen Streitigkeiten 83 13, 84.

K.

Kanalisation 180.

Kanzleidienst, Besetzung der Stellen im K. mit Militäranwärtern 50 10, 96.

Kassendienst, Anstellung im 96, 98.

Kassenverbände 155, siehe auch Provinzialkassenverbände.

Kautionen 40 *.

Kinder, s. Hinterbliebene.

Klage wegen vermögensrechtlicher Streitigkeiten 77 ff.; — auf Anstellung unzulässig 50 11.

Kleidergelder 81 8.

Kollegialbeschluß 89, 92 4.

Kommunalbeamtengesetz 20, 40 *.

Kommunalbeamter, Begriff 10, 43 ff.; Lehrer keine K.-B. 44 5.

Kommunallandschaftliche Verbände 43 4, 147 2, 168.

Kommunalständische Verbände 20, 43 4, 147 2, 168.

Kommunalverband, Begriff 43 4; Amtsbezirke keine K.-V. 43 4; Reg.-Bez. Cassel und Wiesbaden und Kreis Herzogtum Lauenburg K.-V. 44 4, 146.

Kommunalverwaltungsbehörde 62, 67 9, 175.

Konflikt 43 1.

Konkludente Handlungen 15, 45 7.

Korporation 163 6.

Krankenhausärzte 54 4.

Krankheit eines Beamten 58.

Kreisausschuß 78, 84, 138 *, 139, 140 2, 141 7, 142 8, 143, 145, 147, 152, 154, 163 5, 164, 175, 186, 187.

Kreisausschußsekretäre 55 4, 168.

Kreiskommunalbeamte 145, 188.

Kreisstatut 145 2.

Kreistagsbeschluß 145.

Kreisverbände, Beamte der Kr.=V. 145.

Kriegsjahre 123.

Kündigung 11, 23, 51 12, 85, 86 1, 89, 92 4, 93, 161 1, 178.

Kündigungsfrist 94 5.

L.

Lagerhäuser 88, 180.

Landbürgermeister in Hessen-Nassau 163 8, 165.

Landbürgermeistereien in der Rheinprovinz 26, 44 4, 138 **, 143, 167, 188.

Landesversicherungsanstalten Beamte der 45 6, 78 1, 115, 147 2.

Landgemeinden 137, 138, 139, siehe auch unter Anstellung, Pensionsanspruch.

Landrat 91 2, 104 9, 171.

Landtag siehe Abgeordnete, Reichstag.

Lauenburgischer Landeskommunalverband 44 4, 145, 146, 168, 188.

Lebenslängliche Anstellung 11, 13, 15, 23, 84, 85, 90 1, 91, 152, 153, 161 1, 177, 178, 180, 191.

Legitimierte Nachkommen eines Beamten 65 8.

Lehrer 44 5, 45, 106 1.

Lehrerseminare 45 5, 78 1.

Leistungsfähigkeit der Kommunen 98, 101 2, 103 6.

M.

Magistrat als Kommunalverwaltungsbehörde 67 9, 175; Zuständigkeit zur Kündigung von Beamten 89; Zuständigkeit zur Anstellung von Beamten 92 3; Zuständigkeit zur Feststellung der Dienstunfähigkeit 107 3.

Magistratsmitglieder, Rechtsverhältnisse 44 4, 86 1, 129 ff., 169; Anstellungsurkunde 51 12, 129; Gehaltszahlung 56 2; Gehaltsfestsetzung 99, 101 3; Pension 25, 81 8, 107 3, 126; 130 2; Hinterbliebenenversorgung 132 2; Gnadenkompetenzen 63 2; Rechtsweg wegen vermögensrechtlicher Ansprüche 78 1; Dienstvergehen 105; Dienstunfähigkeit 106; Pensionsberechnung in Hannover 110 5, 129, 131 4.

Mannschaftsversorgungsgesetz 49 10, 113 10, 116.
Markthallen 88, 180.
Mechanische Dienstleistungen 11, 13, 15, 16, 47, 86 1, 90 1, 161 1, 173, 177, 178, 180.
Mietsentschädigung 121.
Militäranwärter 24, 25, 40*, 49 10, 50, 54 1, 94, 96 4, 97, 105, 113 10, 114, 115, 116, 117, 183.
Militärdienstzeit, Anrechnung derselben 25, 105, 113 10, 114, 115, 116, 117, 123, 157 9, 160, 183, 190.
Militärische Uebungen, Gehaltszahlung während derselben 58.
Minister des Innern 83 12, 89 6, 100, 103 6, 105, 107 8.
Mißverhältnis zwischen Besoldung und den Amtsaufgaben 98, 100, 101 2, 102 6.
Mittelbare Staatsbeamte 43 2, 163 6.
Mittlere Beamte 49 10, 50.
Mitwirkung der Aufsichtsbehörde bei Feststellung der Besoldungen 24, 48, 98 ff., 141, 163 8, 182, 187.
Monopol 88, 179.
Museen, städtische 47, 173, 180.

N.

Nachlaß, Verhältnis des Gnadenquartals zum Nachlaß 63 4.
Nachtwachtbeamte 16
Nachtwächter 55 4, 168.
Naturalbezüge 80 3, 81 8.
Nebenamt, Einkommen daraus 122; Uebernahme 40*.
Nebenamtlich beschäftigte Kommunalbeamte 21, 44 4, 53, 54 4, 55 5, 56 2, 62 2, 80 2, 106 1, 168, 171.
Nebenberuflich beschäftigte Kommunalbeamte 21, 44 4, 53, 54 4, 55 5, 56 2, 62 2, 80 2, 106 1, 168, 171.
Nebeneinkünfte 128 4.
Nebengeschäfte, Einkommen daraus 122.
Nebentätigkeit 44 4, 53.
Neuvorpommern und Rügen, Ortsstatuten innerhalb N. 89 6, 137.

O.

Oberpräsident von Berlin 83 12, 89 6, 91 2, 100, 103 6, 104 9, 109 5, 113 10, 132 3, 136 10.
Obrigkeitliche Funktionen 47, 87 5, 88, 94 1, 172, 173, 174, 179.
Oeffentliche Korporation 163 6.
Offiziere, inaktive 114, 116.
Ordentlicher Rechtsweg siehe Rechtsweg.
Ortschaften, Eigenschaft derselben als Städte 137 2.
Ortspolizeiverwaltung 48, 173.
Ortsstatut 73 5, 75 7, 79, 85, 89 6, 90 1, 99, 100, 101 2, 5,

102 5, 104 9, 105, 111 7, 113 10, 116, 117 11, 12, 118 13, 137 1, 2, 138, 139, 140 3, 142 11, 145, 158 1, 161 1, 162 2, 4, 163 3, 165 3, 170, 175, 178, 179, 184, 185, 187.

P.

Parlamentarische Tätigkeit eines Beamten siehe Abgeordnete.

Pensionsanspruch 25, 54 2; Pfändbarkeit 59 5, 124; Uebertragbarkeit 60 6, 124; Besteuerung 61 9; Zahlung 119 14, 124, 130 3; Rechtsweg 77, 80 5; — der städtischen Beamten 104 ff., 119 14, 120 ff.; — der Landgemeindebeamten 137 ff., 164; — der Beamten der Bürgermeistereien und Aemter 143; — der Kreisbeamten 145; — der Forstbeamten 147, 151 2, 153, 154, 156 6; — der Magistratsmitglieder 26, 129, 130 2, 3, 131 4, 185; — der Standesbeamten 106 1, 184; — der kündbaren Beamten 106 2, 107 2, 182; Uebergangsbestimmungen 157 ff., 191; Höhe 120 15, 121; Berechnung 121; Ruhen 126 ff., 154, 164.

Pensionierungsverfahren 20, 40 *, 107 3; — bei den über 65 Jahre alten Beamten 25, 112 9, 118 13, 119 13, 125 15.

Pensionsfähige Dienstzeit 25, 105, 110 5, 6, 114, 143, 147, 153, 160, 183, 188.

Pensionsfähiges Gehalt 77, 81 8, 111 6.

Pensionskassenverbände s. Provinzialkassenverbände.

Persönliche Zulagen 81 8.

Pfändbarkeit des Gehalts 59 5, — der Gnadenkompetenzen 64 4, — der Pension 59 5, 124.

Pflegekinder als Hinterbliebene gnadenkompetenzberechtigt 62 1.

Pförtner 47, 173.

Polizeibeamte 91 1, 93 4, 99, 103 8, 104 9, 171, 178, 181.

Präklusivfrist 83 11.

Privatdienstvertrag 46 9, 47, 54 8, 95 3, 127 2, 169, 170, 172, 173.

Probedienstzeit, Anrechnung der 117 12.

Probeweise Beschäftigung 23, 53, 56 2, 62 2, 70, 78 1, 86 1, 94 ff., 97, 101 3, 106 1, 169, 173, 181; s. auch „Dauer“ und „Militäranwärter“.

Provinzialausschuß 67 9, 175.

Provinzialbeamte 27, 65 7, 145, 146, 188.

Provinzialkassenverbände 28, 82 9, 140 3, 144 3, 156 3, 160, 162 3, 188.

Provinzialrat 82 10, 89 6, 100, 103 6, 145 2, 177.

Provinzialreglement 28, 146, 170.

Provinzialverbände 145.

Prüfungen 96, 97.

Q.

Qualifikation, persönliche der Beamten 49 10.

Quartalsweise Gehaltszahlung 55; Gnadenquartal 61.

R.

Rangordnung der Kommunalbeamten 49 10.

Ratmänner 90.

Rechtsweg bei vermögensrechtlichen Streitigkeiten 22, 23, 54 2, 77, 81 8, 82 10, 84, 154, 177.

Regierungspräsident, 75 8, 91 2, 101 3, 104 9, 105, 107 3, 111 8, 152, 171, 176, 178, 179, 181, 182, 189.

Reichsdienst 126, 127 1; Nichtanrechnung des Reichsdienstes 105.

Reichstag, kein Urlaub zum Eintritt nötig; Vertretungskosten für Reichstags-Abgeordnete 58, 59.

Reichsversicherungsordnung 43 1.

Reisekostenentschädigung 22, 54 2, 68 ff, 77, 128 3, 169, 175.

Reliktenversorgung s. Hinterbliebenenversorgung.

Remunerationen 121.

Repräsentationskosten 56 1, 80 3, 81 8, 111 6, 121, 128 3.

Rheinprovinz, Pensionen der Landgemeindebeamten in der Rh. 138, 140 3, 188; Bürgermeistereien in der Rh. 143, 144, 188; Forstbeamte in der Rh. 101 3, 142 8, 147, 189; Uebergangsbestimmungen für die Rh. 160, 165 8.

Rieselfelder 180.

Rückwirkende Kraft des Gesetzes 51 12, 85, 110 5, 161 1, 174, 184; — von Ortsstatuten 118 13.

Rügen, Ortsstatuten in Neuvorpommern und Rügen 89 6, 137 2.

Ruhen des Pensionsanspruchs 126, 127, 154, 164; — der Militärrente 115; — des Witwen- und Waisengeldes 134 6.

Ruhestand siehe Versetzung in den R.

S.

Sachverständigengebühren 76 10, 175.

Schlachthöfe 47, 88, 173, 179, 180.

Schöffen 54 4, 90.

Schulärzte 54 4.

Schutzbezirke, gemeinschaftliche 152.

Schutzleute 104 8.

Sitzungszimmer 67.

Sparkassen 88.

Staatsbeamte, mittelbare 43 2, 163 6.

Staatsdienst 126, 185; Nichtanrechnung 105.

Städteordnung 136, 137.

Stadtgemeinde, Begriff 136, 137.

Städtische Beamte 23—25, 84 ff., 98, 104, 106 1, 129, 131 4, 177 ff.

Stadtkassierer 13.

Stadtrezesse 12, 137 2.

Stadtverordnete, Mitwirkung derselben 67 9, 92 3, 107 3, 111 8.

Standesbeamte, pensionsberechtigt 106 1, 184.

Ständische Institute 115.

Stempelpflicht der Anstellungsurkunden 53 14.

Sterbemonat 61, 62.

Sterbequartal 57, 61.

Steuer s. Besteuerungsgemeinde, Diensteinkommen, Gehalt.

Steuerprivileg 43 1.

Stillschweigende Anstellung 15, 45 7.

Strafurteil, gerichtliches 125 16, 134 6.

Subalternstellen, Besetzung mit Militäranwärtern 49 10, 96.

Suspension 58, 59, 64 5.

T.

Tagegelder s. Reisekostenentschädigung.

Tantiemen 121.

Technische Dienstleistungen 47, 91 1, 173, 178.

Theater, städtische 47, 88, 173, 180.

U.

Uebergangsbestimmungen 28, 157—165, 190 ff.

Uebertragbarkeit, Nichtübertragbarkeit des Gehaltsanspruchs 59 6; Pensionen nicht übertragbar 60 6, 124; — der Gnadenkompetenzen 134 6.

Umzugskosten 56 1.

Unbesoldete Beamte 44 4.

Unerlaubte Entfernung aus dem Amt 59 4, 109 4.

Unfallversicherung 40*, 134 7.

Unfreiwillige Entfernung aus dem Amt 59 4.

Unterbeamte 11, 49 10, 50 10, 86 1, 172.

Untersuchungskommissar 105.

Urlaub siehe Beurlaubung.

V.

Vereidigung 20, 40*, 45 7, 122, 170.

Verfahren auf Entfernung aus dem Amt 105, 118 13;

zum Zweck der Feststellung der Dienstunfähigkeit 106, 107 3, 108, 109, 118 13, 119, 154.

Verjährung des Gehaltsanspruchs 60 8.

Verlängerung der Probezeit bei Militäranwärtern 97.

Vermögensrechtliche Ansprüche, Rechtsweg 22, 23, 54 2, 55, 77 ff., 81 8, 82 10, 83, 154, 168, 177.

Verpfändung des Gehaltsanspruchs unzulässig 60 6; bei Pensionen unzulässig 60 6, 124; bei Witwen- und Waisengeld 134 6.

Versetzung in den Ruhestand 107 2, 108, 120 15, 122, 123, 124; in ein anderes Amt 122.

Versicherungsanstalten s. Landesversicherungsanstalten.

Vertretungskosten 58.

Verwaltungsvermögen 87 5.

Verwaltungsstreitverfahren bei vermögensrechtlichen Ansprüchen 23, 77, 81 8, 154.

Verwandte eines verstorbenen Beamten 66.

Verzicht auf lebenslängliche Anstellung 86 1; auf Pension 111 6.

Viehhöfe 88, 179.

Vierteljährliche Gehaltszahlung 54 2, 55.

Volksschullehrer siehe Lehrer.

Vorbereitung, zur V. beschäftigte Personen 23, 53, 54 3, 56 2, 63 2, 78 1, 86, 94 1, 101 3, 106 1, 169, 173, 181.

Vorbereitungszeit, Anrechnung derselben 117 12.

Vororte, städtische 138, 141 4, 187.

Vorübergehende Dienstleistungen 12, 13, 15, 23, 53, 54 3, 56 2, 63 2, 78 1, 86 1, 94, 101 3, 106 1, 161 1, 169, 177, 180, 181.

W.

Wahl der Beamten 20, 40*, 46 8, 167.

Waisenanstalten 132, 135 10, 186.

Waisengeld 131 ff.; Rechtsweg bezüglich d. W. 77, 134 6; Besteuerung 61 9; Erhebung von Beiträgen unzulässig 134 6; Abtretung, Verpfändung, Pfändbarkeit d. W. 134 6; Uebergangsbestimmung bezüglich des W. 157, 159 3; in Landgemeinden 138, 164; der Forstschutzbeamten 147, 154; Höhe des W. 133 6; Zahlung des W. 134 6.

Wälder, Verwaltung der 149 ff.

Wasserwerke 88, 180.

Westfalen, Pensionen der Landgemeinde-Beamten in W. 138, 165 8, 188; Aemter in W. 143, 144, 188; Forstbeamte i. W. 101 3, 142 8, 189;

Uebergangsbestimmung hinsichtlich des Provinzialkassenverbandes 160.

Widerspruch gegen die Pensionierung 107 3, 108.

Wiederverheiratung der Witwe eines Beamten 134 6.

Wiesbaden, Beamte des Regierungsbezirkes 44 4, 145, 151 ff., 168, 188.

Wissenschaftliche Dienstleistungen 47, 173, 178.

Witwe, siehe Hinterbliebene.

Witwenanstalten 132, 135 10, 186.

Witwengeld 131 ff.; Rechtsweg bezüglich d. W. 77, 134 6; Besteuerung 61 9; Erhebung von Beiträgen unzulässig 134 6; Abtretung, Pfändbarkeit des W. 134 6; Uebergangsbestimmung 157, 159 3; Höhe d. W. 133 6; Zahlung des W. 134 6; in Landgemeinden 138, 164; der Forstschutzbeamten 147, 154.

Wohnungsentschädigung, Wohnungsgeldzuschuß 56 1, 63 3, 80 3, 101 4, 104 9, 116, 120 14, 121.

Wohnsitz 61 9.

Z.

Zahlung des Gehalts 22, 54 2, 55; der Pension 119 14, 124, 130 3; des Witwen- und Waisengeldes 134 6.

Zeugengebühren 76 10, 175.

Zeugnis, Anspruch auf 80 2.

Zivildienst 115, 116.

Zivilpension 115, 116.

Zivilversorgungsschein 98, 114.

Zuchthausstrafe 125 16.

Zulagen, persönliche 81 8, 111 6.

Zwangsetatisierung 73 4, 74 6, 99, 100, 103 6, 112 8, 153.

Zwangspensionierung 81 5, 107—109.

Zweckverbände 21, 44 4, 138 †, 139, 142 14, 168.

Druck von Otto Walter in Berlin S. 14.

Guttentag'sche Sammlung

Deutscher Reichsgesetze.

Text-Ausgaben mit Anmerkungen. Taschenformat.

---

1. **Verfassung des Deutschen Reichs.** Von Dr. **L. von Rönne. 10. Aufl.** von Landrat **P. von Rönne** und Regierungsassessor **von Dobbeler.** 1912. 2 M. 60 Pf.

2. **Strafgesetzbuch** für das Deutsche Reich. Von Dr. **H. Rüdorff. 23. Aufl.** bearbeitet von Prof. Dr. **Franz v. Liszt** und Dr. **Ernst Delaquis.** Mit der Novelle vom 19.6.1912. 1 M. 80 Pf.

3. **Militärstrafgerichtsordnung** nebst Einführungsgesetz. Von Wirkl. Geheimen Kriegsrat Dr. jur. **A. Romen** und Kriegsgerichtsrat Dr. jur. **Carl Rissom.** 1910. 6 M.

4. **Handelsgesetzbuch vom 10. Mai 1897** unter Ausschluß des Seerechts. **14. Aufl.** Herausgegeben von Geh. Justizrat Prof. Dr. **A. Mosse.** 8°. 1911. 5 M.

5. **Wechselordnung vom 3. Juni 1908.** Kommentar von Justizrat Dr. **J. Stranz** und Rechtsanwalt Dr. **M. Stranz,** und das **Wechselstempelgesetz vom 15. Juli 1909** von Geh. Regierungsrat **P. Loeck. 11. Aufl.** 1913. 4 M.

5a. **Wechselstempelgesetz** apart. **11. Aufl.** 1913. 1 M. 50 Pf.

6. **Reichsgewerbeordnung** nebst Ausführungsbestimmungen. Von **Berger** und **Wilhelmi. 18. Auflage** von Stadtrat Dr. **Karl Flesch** in Verbindung mit Dr. **Friedr. Hiller** und Dr. **Herm. Luppe.** Mit Nachtrag, enthaltend die Änderungen bis 31. 3. 1912. **4 M.**

7. **Post- und Telegraphen-Gesetzgebung.** Nebst Weltpostvertrag und internationalem Telegraphenvertrag. **6. Aufl.** von Geh. Ober-Postrat Dr. **M. König.** 1908. **4 M.**

8. Die Reichsgesetze über den **Unterstützungswohnsitz, die Freizügigkeit, den Erwerb und Verlust der Bundes- und Staatsangehörigkeit.** Von Geheimrat Dr. **J. Krech,** Mitglied des Bundesamtes für das Heimatwesen. 8. **Aufl.** 1913. 3 M. 60 Pf.

9. Sammlung **kleinerer strafrechtlicher Reichsgesetze.** Von Dr. **R. H. Kriegsmann,** Privatdozent in Kiel. 3. **Aufl.** 1910. 4 M.

10. Das **Reichsbeamtengesetz** von **J. Pieper. 2. Aufl.** 1901. 4 M. 50 Pf.

Reichsbeamtengesetz von 1907 siehe Nr. 82.

11. **Zivilprozeßordnung mit Gerichtsverfassungsgesetz.** Von **R. Sydow.** Fortgeführt von **L. Busch,** Reichsgerichtsrat, jetzt zugleich mit **A. Busch,** Gerichtsassessor. **14. Aufl.** 8°. 1913. 8 M.

12. **Strafprozeßordnung und Gerichtsverfassungsgesetz** nebst den Gesetzen, betr. die Entschädigung der im Wiederaufnahmeverfahren freigesprochenen Personen und die Entschädigung für unschuldig erlittene Untersuchungshaft. Von Dr. **A. Hellweg,** Reichsgerichtsrat. **16. Aufl.** von Professor Dr. **Kohlrausch.** 1912. 3 M.

13. **Konkursordnung und Anfechtungsgesetz.** Von **R. Sydow.** Fortgeführt von **L. Busch. 11. Aufl.** 1911. 2 M 80 Pf.

14. **Gerichtsverfassungsgesetz** mit Einführungsgesetz. Herausgegeben von **R. Sydow.** Fortgeführt von **L. Busch. 9. Aufl.** 1905. Mit Nachtrag, enthaltend die Novelle vom 1. Juni 1909. 1 M. 50 Pf.

15. Das **Deutsche Gerichtskostengesetz** nebst den Gebührenordnungen für Gerichtsvollzieher, Zeugen und Sachverständige. Von **R. Sydow.** Weiter bearbeitet von Reichsgerichtsrat **L. Busch** und Gerichtsassessor **Arno Busch.** **9. Aufl.** 1912. 2 M. 60 Pf.

16. **Rechtsanwaltsordnung.** Von **R. Sydow. 5. Aufl.** von Justizrat **M. Jacobsohn.** 1907. Mit Nachtrag, enthaltend die Bestimmungen vom 22. Mai 1910. 1 M. 20 Pf.

17. Die **Deutsche Gebührenordnung für Rechtsanwälte und das Preußische Gebührengesetz** vom 27. September/6. Oktober 1899. Von **R. Sydow.** Fortgeführt von **L. Busch. 10. Aufl.** 1911. 2 M. 70 Pf.

18. **Reichsstempelgesetz** vom 15. Juli 1909 in der durch das Zuwachssteuergesetz vom 14. Februar 1911 geänderten Fassung. (Börsen-, Lotterie- [Spiel und Wette-], Frachturkunden-, Fahrkarten-, Kraftfahrzeug-, Tantieme-, Scheck- und Grundstücksübertragungssteuer.) Mit den gesamten Ausführungsbestimmungen. **11. Aufl.** von Geh. Regierungsrat **P. Loeck.** 1912. 8°. 6 M.

19. Die **Seegesetzgebung.** Von Dr. **W. E. Knitschky. 5. Aufl.** bearbeitet von Oberlandesgerichtsrat **Otto Rudorff** in Hamburg. 1913. 8 M.

20. **Krankenversicherungsgesetz.** Von weil. Dr. **E. von Woedtke. 11. Aufl.** von Geh. Reg.-Rat Dr. **G. Eucken-Addenhausen.** 1905. 3 M. Siehe auch Bd. 107.

21. Die **Konsulargesetzgebung.** Von Professor Dr. **Ph. Zorn. 8. Aufl.** bearbeitet von Reg.-Assessor Dr. **K. Zorn.** 1911. 4 M. 50 Pf.

22. **Patentgesetz.** Nebst Ausführungsbestimmungen, völkerrechtlichen Verträgen und der Patentanwalts-Ordnung. **7. Aufl.** bearbeitet von **R. Lutter,** Geh. Reg.-Rat im Kaiserl. Patentamt. 1908. 2 M. 80 Pf.

23. **Gewerbe-Unfallversicherungsgesetz.** Von weil. Dr. **E. von Woedtke. 9. Aufl.** von Dr. **Franz Caspar,** Direktor im Reichsamt des Innern. 1907. 2 M. 50 Pf. Siehe auch Bd. 108.

24. **Aktiengesellschaft und Kommanditgesellschaften auf Aktien.** Von Kammergerichtsrat Dr. **H. Keyßner** und Justizrat Dr. **H. Veit Simon. 6. Aufl.** von Amtsrichter **L. Keyßner.** 1911. 3 M.

25. **Brausteuergesetz.** vom 15. Juli 1909. Von **A. Düffe,** Oberzollrevisor. **2. Aufl.** 1910. 3 M.

26. Die Reichsgesetzgebung über **Münz- und Notenbankwesen.** Papiergeld, Prämienpapiere und Reichsschulden. Von Dr. jur **R. Koch,** Präsident des Reichsbankdirektoriums, **6. Aufl.** 1910. 4 M.

27. Die Gesetzgebung, betr. das **Gesundheitswesen** im Deutschen Reich. Von Dr. jur. **C. Goesch** und Dr. med. **J. Karsten.** 1888. 1 M. 60 Pf.

28. **Bau-Unfallversicherungsgesetz.** Vom 30. Juni 1900. Von **R. Chrzescinski,** Kaiserl. Regierungsrat. **3. Aufl.** 1900. 2 M. Siehe auch Bd. 108.

29. **Erwerbs- und Wirtschaftsgenossenschaften.** Von **L. Parisius** und Dr. **H. Crüger. 14. neu bearb. Aufl.** von Dr. **H. Crüger.** 1912. 1 M. 80 Pf.

30. **Invalidenversicherungsgesetz** vom 13. Juli 1899. Von weil. Dr. **E. von Woedtke. 10. Aufl.** von Regierungsrat **H. Follmann.** 1906. 4 M. (Vergriffen!) Siehe auch Bd. 109.

31. **Gewerbegerichtsgesetz.** Von Stadtrat **L. Mugdan. 7. Aufl.** bearbeitet von **W. Cuno,** Oberbürgermeister zu Hagen i. W. 1911. 2 M. 50 Pf.

32. Reichsgesetz, betr. die **Gesellschaften mit beschränkter Haftung.** Von **L. Parisius** und Dr. **H. Crüger. 12. Aufl.** von Dr. **H. Crüger.** 1912. 1 M. 80 Pf.

33. **Vereins- und Versammlungsrecht.** Von Dr. **E. Ball. 2. Aufl.** von Dr. **F. Friedenthal.** 1907. 2 M. 50 Pf.

Reichs-Vereinsgesetz vom 19. April 1908 siehe Nr. 88.

34. Die **Abzahlungsgeschäfte.** Gesetz vom 16. Mai 1894. **3. vermehrte Aufl.** besorgt von Dr. **E. Wilke,** Landgerichtsrat. 1910. 1 M. 25 Pf.

35. Die **Reichs-Eisenbahngesetzgebung.** Von **W. Coermann,** Kaiserl. Amtsrichter. 1895. 2 M. 25 Pf. S. auch Bd. 66.

36. Gesetze, betr. die **privatrechtlichen Verhältnisse der Binnenschiffahrt und der Flößerei.** Von **E. Löwe,** Landgerichtsrat. **4. Aufl.** 1909. 3 M.

37. Gesetz gegen den **unlauteren Wettbewerb.** Von Justizrat **A. Pinner. 6. Aufl.** 1912. 1 M. 50 Pf.

38/39. **Bürgerliches Gesetzbuch nebst Einführungsgesetz** von Dr. **A. Achilles.** In Verbindung mit Professor Dr. **André**.

Kammergerichtsrat **Ritgen**, Reichsgerichtsrat Dr. **Strecker**, Senatspräsident Dr. **v. Unzner** herausgegeben von Wirkl. Geh. Ober-Justizrat u. Oberlandesgerichtspräsident **Greiff**. **7. Aufl.** 8°. 1912. 7 M.

40. Gesetz, betr. die **Pflichten der Kaufleute bei Aufbewahrung fremder Wertpapiere (Depotgesetz)**. Mit Erläuterungen. Von **F. Lusensky**, Geh. Ober-Regierungsrat. **2. Aufl.** 1905. 1 M.

41. **Börsengesetz**. In der Fassung der Novelle vom 8. Mai 1908. **2. Aufl.** Von Wirkl. Geh. Ober-Regierungsrat **Th. Hemptenmacher**, Staatskommissar an der Berliner Börse. 1908. 2 M.

42. **Grundbuchordnung** nebst den preußischen Ausführungsbestimmungen. Mit Einleitung. Von Prof. Dr. **O. Fischer. 6. Aufl.** 1912. 2 M.

43. **Zwangsvollstreckung in das unbewegliche Vermögen** im Reiche **und in** Preußen. Mit Einleitung, **Kosten**- und Gebührentabellen. Von Dr. **J. Krech, Kaiserl.** Geh. Regierungsrat und Professor Dr. **O. Fischer. 6. Aufl.** 1910. 2 M.

44. Das Reichsgesetz **über das Auswanderungswesen** vom 9. Juni 1897. Von Professor Dr. **Felix Stoerk.** 1899. 2 M. 25 Pf.

45. Das **Entmündigungsrecht** unter Berücksichtigung der für Preußen geltenden Vorschriften nebst der preußischen Justiz-Ministerial-Verfügung vom 28. November 1899. Von Landgerichtsrat Dr. **P. Koll** in Cöln. 1900. 1 M. 50 Pf.

46. Die Gesetze des Reiches und Preußens über die **freiwillige Gerichtsbarkeit.** Von **Herm. Jastrow,** Amtsgerichtsrat. **5. Aufl.** 1911. 3 M. 60 Pf.

47. Das **deutsche Vormundschaftsrecht** und das preuß. Gesetz über die Fürsorgeerziehung Minderjähriger nebst den dazu gehörigen preußischen Nebengesetzen. Von Oberverwaltungsgerichtsrat **Max Schultzenstein** und Amtsgerichtsrat Dr. **Paul Köhne. 2. Aufl.** 1901. 3 M.

48. Gesetze und Verordnungen, betr. den **Drogen-, Gift- und Farbenhandel** außerhalb der Apotheken. Von Dr. **J. Broh,** Rechtsanwalt. 1899. 1 M. 25 Pf.

49. Deutsche **Kolonialgesetzgebung.** Von Geh. Justizrat Professor Dr. **Philipp Zorn.** 2. Aufl. von Gerichtsassessor Dr. **Sassen.** 1913. 7 M. 50 Pf.

50. Der **Viehkauf** (Viehgewährschaft) nach dem Bürgerlichen Gesetzbuche unter Berücksichtigung des ausländischem Rechts. Verordnung betr. die Hauptmängel und Gewährsfristen beim Viehhandel. Von Rechtsanwalt Dr. **H. Stölzle** und Königlicher Veterinärrat **H. Weiskopf. 5. Aufl.** 1913. 6 M.

51. **Hypothekenbankgesetz** vom 13. Juli 1899. Von Dr. **H. Göppert. 2. Aufl.** Bearbeitet von Geh. Reg.-Rat Dr. **Seidel.** 1911. 2 M. 40 Pf.

52. Gesetz, betreffend die gemeinsamen **Rechte der Besitzer von Schuldverschreibungen.** Von Dr. **Heinrich Göppert.** 1900. 2 M.

53. **Reichspreßgesetz** vom 7. Mai 1874. Mit Kommentar von **A. Born,** Erster Bürgermeister der Stadt Marienburg (**Westpr.**). 1911. **2. Aufl. 2 M.**

54. Die Reichsgesetzgebung über den Verkehr mit **Nahrungsmitteln, Genußmitteln** und **Gebrauchsgegenständen.** Von Dr. **Georg Lebbin**, Nahrungsmittelchemiker in Berlin. 1900. 2 M. 25 Pf.

55. Das Recht der **Beschlagnahme von Lohn- und Gehaltsforderungen.** Von Justizrat **Georg Meyer. 5. Aufl.** 1913. Im Druck.

56. Gesetz, betr. die **Bekämpfung gemeingefährlicher Krankheiten.** Nebst Ausführungsbestimmungen. Von Dr. **Bruno Burkhardt**, Regierungsrat, Mitglied des Kaiserl. Gesundheitsamts. 1900. 1 M. 40 Pf.

57. **See-Unfallversicherungsgesetz.** Von Dr. **Max Mittelstein**, Oberlandesgerichtsrat in Hamburg. 1901. 2 M. Siehe auch RG. Bd. 108.

58. **Das Recht der unehelichen Kinder** nach dem BGB. Von **Hermann Jastrow**, Amtsgerichtsrat. 1901. 1 M. 80 Pf.

59. Reichsgesetz über die **Beurkundung des Personenstandes und die Eheschließung.** Von Dr. **F. Fidler**, Amtsgerichtsrat. 1912. **2. Aufl.** 2 M. 50 Pf.

60. Gesetz, betreffend das **Urheberrecht an Werken der Literatur und der Tonkunst** in der Fassung vom 22. Mai 1910. Von Geh. Justizrat **Otto Lindemann. 3. Aufl.** 1910. 1 M. 60 Pf.

61. Gesetz über das **Verlagsrecht.** Von Justizrat **E. Heinitz. 2. Aufl.** Bearbeitet von Rechtsanwalt Dr. **Br. Marwitz.** 1911. 1 M. 80 Pf.

62. Gesetz über **private Versicherungsunternehmungen.** Von **H. Könige**, Reichsgerichtsrat. **2. Aufl.** 1910. 4 M. 20 Pf.

63. **Gesetzestafel des Deutschen Reichsrechts.** Systematisch geordnete Nachweisung des z. Z. geltenden Reichsrechts. Von **Hugo Bruhns**, Bürgermeister. 1913. 8°. **2. Aufl.** 3 M. 50 Pf.

64. Gesetzsammlung betr. den **Handel mit Drogen und Giften.** Reichsgesetzliche Bestimmungen und Anhang mit den landesgesetzlichen Verordnungen sämtlicher Bundesstaaten. Von Rechtsanwalt **H. Sonnenfeld**, Syndikus der Berliner Drogisten-Innung. **2. Aufl.** 1912. 4 M.

65. Das **Weingesetz** in der Fassung von 1909. Mit Ausführungsbestimmungen von Dr. **Georg Lebbin**, Nahrungsmittelchemiker. **2. Aufl.** 1909. 2 M. 50 Pf.

66. Die **Eisenbahn-Gesetzgebung.** Von **W. Pietsch**, Rechnungsrat im Reichs-Eisenbahn-Amt. **2. Aufl.** 1913. 3 M. 60 Pf.

67. **Militär-Strafgesetzbuch für das Deutsche Reich** mit der Novelle vom 8. 8. 1913. Von Wirklichem Geheimen Kriegsrat Dr. **A. Romen** und Kriegsgerichtsrat Dr. **C. Rissom.** 1912. 6 M.

68. Das **Fleischbeschaugesetz.** Vom 3. Juni 1900. Von Dr. **Georg Lebbin**, Nahrungsmittelchemiker und Rechtsanwalt Dr. **Georg Baum.** 1903. 4 M.

69. Reichsgesetz über die **Naturalleistungen der bewaffneten Macht im Frieden** nebst den in Preußen geltenden Bestimmungen. Von Regierungsassessor Dr. **Walter v. Hippel.** 1903. 1 M. 25 Pf.

70. Das **Reichs-Haftpflichtgesetz**, vom 7. Juni 1871. Von Regierungsrat Dr. **G. Eger**. 1903. 3 M.

71. **Kinderarbeit in gewerblichen Betrieben**, vom 30. März 1903. Von **H. Spangenberg**, Oberverwaltungsgerichtsrat. **2. Aufl.** 1904. 1 M. 60 Pf.

72. **Unfallversicherungsgesetz für Land- und Forstwirtschaft** von weil. Dr. **E. von Woedtke**, fortgesetzt von **Alfred Radtke**, Geh. Regierungsrat und Senatspräsident im Reichsversicherungsamt. **2. Aufl.** 1904. 4 M. 50 Pf.

73. **Entschädigung für unschuldig erlittene Verhaftung und Bestrafung.** Nebst Anhang, enthaltend die dazu gehörigen Nebengesetze über Schadensersatz. Von Dr. jur. **A. Romen**, Wirkl. Geh. Kriegsrat. 1904. 2 M.

74. Die **Kaufmannsgerichte** nebst den preuß. Ausführungsbestimmungen. Von Professor Dr. **Max Apt. 3. Aufl.** 1905. 2 M.

75. Reichsgesetz über die **Konsulargerichtsbarkeit.** Von Dr. jur. **A. F. Vorwerk**, Rechtsanwalt in Schanghai. 2. Ausgabe, mit dem Schutzgebietsgesetz und der Ausführungsverordnung, betr. die Rechtsverhältnisse in den Schutzgebieten. 1908. 2 M.

76. **Die Rechtshilfe im Verkehr mit den ordentlichen Gerichten nach deutschem Reichsrecht.** Von Landrichter Dr. **A. Friedländer.** 1906. 1 M. 80 Pf.

77. **Das Reichserbschaftssteuergesetz.** Vom 3. Juni 1906. Von **Ulrich Hoffmann**, Rechnungsrat im Königl. Preuß. Finanzministerium. **2. Aufl.** mit Nachtrag, enth. die Bestimmungen v. 3. Juli 1913. 1911. 5 M.

78. **Zigarettensteuergesetz.** Vom 15. Juli 1909. Von Dr. **Cuno**, Regierungsassessor. **2. Aufl.** in Vorbereitung, nach Erlaß der sämtlichen Ausführungsbestimmungen.

79. **Die Militärpensionsgesetze** vom 31. Mai 1906 nebst Ausführungsbestimmungen. Zum Gebrauch für Heer, Marine und Schutztruppe von Dr. jur. **A. Romen**, Wirklicher Geheimer Kriegsrat.

a) I. Teil: Offizierpensionsgesetz. 1907. 3 M. 50 Pf.

b) II. Teil: Mannschaftsversorgungsgesetz. 1908. 3 M. 50 Pf.

80. Reichsgesetzgebung über **gerichtliche Registerführung.** Von **Otto Lindemann**, Geh. Justizrat. 1906. 3 M.

81. Gesetz, betr. **Urheberrecht an Werken der bildenden Künste und der Photographie.** Von Dr. **Ludwig Fuld**, Rechtsanwalt. 1907. 1 M.

82. **Reichsbeamtengesetz** in der Fassung vom 18. Mai 1907 und seine Ergänzungen von Geheimrat Professor Dr. **Adolf Arndt.** 1908. 3 M.

83. Reichsgesetz über **den Versicherungsvertrag** nebst Einführungsgesetz. Von Dr. **Paul Hager** und Dr. **E. Bruck. 3. vermehrte und verbesserte Auflage.** 1913. 6 M.

84. **Sammlung kleinerer privatrechtlicher Reichsgesetze** von Oberlandesgerichtsrat **Georg Müller.** 1908. 6 M. 50 Pf.

85. **Scheckgesetz** mit Einleitung usw. Von Prof. Dr. **Max Apt. 5. Aufl.** Mit Postscheckordnung vom 6. Nov. 1908 und im Anhang „Besteuerung des Schecks". 1909. 2 M.

Postscheckordnung vom 6. Nov. 1908. Apart mit Erläuterungen und Ausführungsbestimmungen. (30 Pf.)

86. **Die Auslieferungsverträge des Deutschen Reiches** von Landrichter **A. Cohn.** 1908. 4 M.

87. Gesetz zum **Schutz der Warenbezeichnungen.** Von Geh. Reg.-Rat, Mitglied des Patentamts Dr. **Freund** und Rechtsanwalt **Magnus. 5. Aufl.** 1909. 3 M. 50 Pf.

88. **Vereinsgesetz** vom 19. April 1908. Von Dr. jur. **A. Romen,** Wirkl. Geh. Kriegsrat. **3. Aufl** 1912. 2 M. 50 Pf.

89. **Vogelschutzgesetz** vom 30. Mai 1908 nebst den das Flugwild betr. Bestimmungen der Preußischen Jagdordnung von Dr. jur. **Leo von Boxberger.** 1908. 1 M.

90. Die Haager Abkommen über das **Internationale Privatrecht** von Dr. **G. A. E. Bogeng.** 1908. 2 M. 20 Pf.

91. **Eisenbahn-Verkehrsordnung** vom 23. Dez. 1908. Mit Ausführungsbestimmungen. Von Regierungsassessor bei der Eisenbahndirektion Breslau Dr. **Ernst Blume.** 1909. 2 M. 50 Pf.

92. Gesetz, betr. den **Verkehr mit Kraftfahrzeugen.** Von Amtsrichter **R. Kirchner. 2. Ausgabe** ergänzt durch die Bundesratsverordnung vom 3. Febr. 1910 und das Internationale Uebereinkommen vom 11. Okt. 1909. 1910. 3 M.

93. Gesetz über die **Sicherung der Bauforderungen** von Justizrat Dr. **E. Harnier. 3. Aufl.** 1912. 1 M. 60 Pf.

94. **Haftpflicht der Reichs- und Staats-Beamten** von Dr. **H. Delius. 2. Aufl.** 1909. Mit Nachtrag, enth. das Gesetz über die Haftung des Reichs für seine Beamten vom 22. Mai 1910. 3 M. 50 Pf.

95. Die Berner Uebereinkunft über **internationales Urheberrecht** von Dr. **Herm. Dungs**, vortrag. Rat im Reichsjustizamt. 1910. 1 M.
96. **Branntweinsteuergesetz** vom 15. Juli 1909. Unter Berücksichtigung der für das Reich erlassenen Ausführungsbestimmungen. Von Geh. Reg.-Rat **Johs. Ray**, vortrag. Rat im Reichsschatzamt. 1910. 3 M. 50 Pf.
97. **Schutzgebietsgesetz** nebst der Verordnung betr. die Rechtsverhältnisse in den Schutzgebieten, dem Gesetz über die Konsulargerichtsbarkeit sowie den Ausführungsbest. und ergänzenden Vorschriften. Von **Johs. Gerstmeyer**, Wirkl. Legationsrat und vortrag. Rat im Reichskolonialamt. 1910. 3 M.
98. **Sechs Haager Abkommen** über **Internationales Privatrecht.** Von Dr. **Herm. Dungs**, vortrag. Rat im Reichs-Justizamt. 1910. 1 M. 50 Pf.
99. **Die Abkommen der Haager Friedenskonferenz** von Dr. jur. **Hans Wehberg.** 1910. 3 M.
100. Gesetz über den **Absatz von Kalisalzen.** Von Geh. Bergrat **Carl Voelkel.** 1910. 2 M. 40 Pf.
101. **Zuwachssteuergesetz** vom 14. Februar 1911. Von Dr. **W. Cuno**, Geheimer Regierungsrat im Reichsschatzamt. 1911. 3 M. 60 Pf.
102. **Urheberrecht an Mustern und Modellen** u. Ges. betr. Schutz v. Gebrauchsmustern von Reg.-Rat **Johs. Neuberg**, Mitgl. d. **K.** Patentamts. 1911. 2 M. 40 Pf.
103. **Reichs-Viehseuchengesetz** vom 26. Juni 1909 nebst Ausführungsvorschriften u. dem preuß. Ausführungsgesetz. Von Landrat Dr. **Walter v. Hippel. 2. Aufl.** 1912. 4 M. 50 Pf.
104. **Versicherungsgesetz** für Angestellte vom 20. Dez. 1911. Von Rechtsanwalt **O. Bernstein** und Dr. **J. Kupferberg. 2. Aufl.** 1912. 3 M. 50 Pf.

105. **Das Geldwesen in den deutschen Schutzgebieten.** Von **W. Hintze**, Geheimer exped. Sekretär im Reichskolonialamt. 1912. 2 M.

106—109. **Reichs-Versicherungs-Ordnung nebst Einführungsgesetz:** Herausgegeben unter Mitwirkung von Dr. **F. Caspar**, Wirkl. Geh. Rat, Direktor im Reichsamt d. Innern und **A. Spielhagen**, Geh, Ob.-Reg.-Rat, vortr. Rat im Reichsamt d. Innern. 4 Bände. Preis pro Band etwa 3—4 M.

106. Erstes, fünftes und echstes Buch. **Gemeinsame Vorschriften. — Beziehungen der Versicherungsträger zu einander und zu anderen Verpflichteten — Verfahren.** Bearbeitet von Dr. **K. Lippmann**, Reg.-Rat im Reichsversicherungsamt, Professor, Geh. Rat Dr. **L. Laß und** Geh. Reg.-Rat **H. Siefart**, vortrag. Räte im Reichsamt des Innern. 1913 6 M.

107. Zweites Buch. **Krankenversicherung.** Von Geh. Reg.-Rat **H. Siefart**, vortrag. Rat im Reichsamt des Innern. 1913. Im Druck.

108. Drittes Buch. **Unfallversicherung.** Von Geh. Reg.-Rat **A. Radtke**, Senatsvorsitzender im Reichsversicherungsamt. 1913. 8 M.

109. Viertes Buch. **Invaliden- und Hinterbliebenenversicherung.** Bearbeitet von Geh. Ober-Regierungs-Rat **B. Jaup**, vortragender Rat im Reichsamt des Innern und **H. Follmann**, Geh. Reg.-Rat im Reichsversicherungsamt. 1912. 4 M.

110. **Wehrbeitragsgesetz.** Von Geheimem Ober-Finanzrat **A. Fernow.** 1913. 1 M. 60 Pf.

111. **Reichs- und Staatsangehörigkeit.** Vom 22. Juli 1913. Von Dr. **R. Romen**, Wirklichen Geheimen Kriegsrat. 1913. 2 M. 20 Pf.

In Vorbereitung:

112. **Besitzsteuergesetz** (Vermögens-, Zuwachssteuergesetz). Von Geheimem Ober-Finanzrat **A. Fernow.**

Guttentag'sche Sammlung

Preußischer Gesetze.

Text-Ausgaben mit Anmerkungen. Taschenformat.

---

1. Die **Verfassungs-Urkunde** für den Preußischen Staat. Mit Einleitung, vollständigem Kommentar. Von Prof. Dr. **Adolf Arndt. 7. Aufl.** 1911. 4 M.

2. Preußische **Beamten-Gesetzgebung.** Enthaltend die wichtigsten Beamtengesetze in Preußen. Von **C. Pfafferoth. 4., neubearb. Aufl.** 1905. Mit Anhang: Abänderung vom 27. Mai 1907. 2 M.

3. **Die Aufnahme des Nottestaments** durch die bestellten Urkundspersonen. Anweisung mit Musterbeispielen und Abriß des Erbrechts von Amtsgerichtsrat **C. Kurtz.** 1904. 1 M. 50 Pf.

4. **Gebührenordnung** für **Notare** vom 25. Juli 1910. **4. Aufl.** bearbeitet von Justizrat **Rausnitz.** 1910. 2 M. 20 Pf.

5. Gesetz vom **24. April 1854 (betr. die außerehel. Schwängerung).** Von Dr. **Schulze.** 1873. 75 Pf.
   Gültiges Recht siehe: Reichsgesetze Nr. 58.

6. Die Preuß. **Ausführungsgesetze und Verordnungen zu den Reichs-Justizgesetzen.** Von **R. Sydow.** Siehe Seite 24, B u s c h - E y l a u, Ausführungsgesetze.

7. Allg. **Gerichtsordnung** und Preuß. **Konkursordnung.** Von **F. Vierhaus.** Vergriffen.

8. **Vormundschaftsordnung.** Von **F. Schultzenstein.**
   Gültiges Recht siehe: Reichsgesetze Nr. 47.

9. Die Preußische **Grundbuchgesetzgebung.** Von Prof. Dr. **Fischer.** Vergriffen. Siehe: Reichsgesetze Nr. 42.

10. **Einkommensteuergesetz.** Von **A. Fernow,** Geh. Ober-Finanzrat. 8. **Aufl.** 1913. 5 M.

11. **Gewerbesteuergesetz.** Von **A. Fernow,** Geh. Ober-Finanzrat. **5., vermehrte Aufl.** 1910. 3 M.

12. **Allgemeines Berggesetz** für die Preußischen Staaten vom 24. Juni 1865. Mit seinen Novellen und Nebengesetzen. **3. Aufl.,** bearbeitet von den Oberbergräten **Schlüter** und **Hense.** 1913. 7 M. 50 Pf.

13. **Ergänzungssteuergesetz** (Vermögenssteuergesetz). Von **A. Fernow,** Geh. Ober-Finanzrat. **4. vermehrte Aufl.** 1907. 2 M. 40 Pf.

14. **Kommunalabgabengesetz.** Vom 14. Juli 1893 und Gesetz wegen Aufhebung direkter Staatssteuern. Von Dr. **F. Adickes,** Oberbürgermeister. **5. Aufl.** Bearbeitet von Stadtrat Dr. **Woell.** 1911. 2 M. 40 Pf.

15. Die **Kreisordnungen** für den Preußischen Staat. Von **O. Kolisch,** Landgerichtsrat. 1894. 4 M.

16. **Konzessionierung gewerblicher Anlagen.** Preuß. Ausführungs-Anweisung zu §§ 16 u. ff. der Gewerbe-Ordnung. Von Dr. **W. v. Rüdiger,** Geh. Regierungs- u. Gewerberat. **2. Aufl.** 1901. 2 M.

17. Preußisches **Gerichtskostengesetz.** Vom 25. Juli 1910. Mit **Kostentabellen.** Von Dr. **P. Siméon, Kammergerichtsrat. 7. Aufl.** 1913. 4 M.

18. Preußisches **Stempelsteuergesetz** vom 30. Juni 1909. Mit sämtlichen Ausführungsbestimmungen. Von **P. Loeck**, Geh. Regierungsrat. **7. Aufl.** 8°. 1911. 7 M.

19. Das **Jagdscheingesetz.** Mit ausführlichen Erläuterungen. Von **F. Kunze**, Wirklichem Geh. Ober-Regierungsrat. **2. Aufl.** 1899. 2 M.

20. Die **preußischen Erbschaftssteuergesetze.** Unter Berücksichtigung der Novelle vom 31. Juli 1895. Von **U. Hoffmann**, Rechnungsrat im **Königl.** preuß. Finanzministerium. 1905. 4 M.

(**Reichs**-Erbschaftssteuergesetz s. Reichsgesetze Nr. 77).

21. Gesetz über die **Handelskammern.** Von **F. Lusensky**, Geh. Regierungsrat. **2. Aufl.** 1909. 3 M.

22. Gesetz, betr. **Anstellung und Versorgung der Kommunalbeamten.** Von Dr. **W. Ledermann**, Magistratsassessor zu Berlin. 1899. 1 M. 25 Pf. Neue Aufl. im Druck.

23. **Ausführungsgesetz zum Bürgerlichen Gesetzbuche.** Von Kammergerichtsrat Dr. **P. Siméon. 2. Aufl.** 1905. 1 M. 80 Pf. Siehe auch Busch-Eylau S. 24. Neue Aufl. im Druck.

24. Die **Hinterlegungsordnung** in der Fassung des Ausführungsgesetzes zum BGB. vom 20. Sept. 1899 nebst Ausführungsbestimmungen. Von Regierungsrat Dr. **Georg Bartels. 2. Aufl.** 1908. 2 M.

25. **Preußische Kommunalbeamtengesetzgebung.** Von Magistrats-Assessor Dr. **Fr. Kremski, Berlin.** 1901. 3 M.

26. Gesetze über das **Diensteinkommen der Lehrer und Lehrerinnen, Ruhegehalt und Fürsorge für Hinterbliebene.** Tabelle zur Berechnung der Ruhegehalts-, Witwen- und Waisenbezüge. Von Dr. **Ed. Cremer,** Beigeordneter. 1900. 2 M. 40 Pf.

27. Gesetz, betreffend die **Warenhaussteuer.** Von Geh. Ober-Finanzrat Dr. **G. Strutz.** 1900. 1 M. 20 Pf.

28. Gesetz über die **Fürsorgeerziehung Minderjähriger.** Von Landgerichtsdirektor Dr. **P. F. Aschrott. 2. umgearbeitete Aufl.** 1907. 2 M. 80 Pf.

29. Gesetz, betr. **die ärztlichen Ehrengerichte, das Umlagerecht und die Kassen der Aerztekammern.** Von Amtsgerichtsrat Dr. **F. Fidler.** 1901. 1 M. 50 Pf.

30. **Das Preußische Staatsschuldbuch** und **Reichsschuldbuch.** Von Wirkl. Geh. Ober-Finanzrat **J. Mücke.** 1902. 2 M.

31a. **Die geltenden Preußischen Gesindeordnungen.** Herausgegeben in zwei Bänden von **Stephan Gerhard,** Rechtsanwalt in Berlin. 1902.

Band I: Gesindeordnung für die altpreußischen Provinzen vom 8. Nov. 1810, mit Erläuterungen unter Berücksichtigung der Ergänzungsgesetze und der Rechtsverhältnisse der Gesindevermieter, sowie die Gesindeordnungen für Neuvorpommern und Rügen und für die Rheinprovinz. Neue Aufl. in Vorbereitung.

31b. **Band II:** Gesindeordnungen für Hannover, Schleswig-Holstein, Hessen-Nassau und den Regierungsbezirk Hohenzollern. 2 M. 50 Pf.

Siehe auch Seite 25: Ratgeber von Grieben.

32. **Die Städteordnung für die sechs östlichen Provinzen** Preußens vom 30. Mai 1853. Von Stadtrat Dr. **Walter Ledermann** u. Magistratsrat Dr. **Ludwig Brühl. 2. Aufl.** 1913. 7 M. 50 Pf.
33. **Rentenguts- und Anerbenrechts-Gesetzgebung in Preußen.** Von Landgerichtsrat **M. Peltasohn** und Rechtsanwalt **Bruno Peltasohn.** 1903. 3 M.
34. Sammlung der wichtigsten **preußischen Strafgesetze** nebst Anhang: Gesetz betr. polizeiliche Strafverfügungen vom 23. April 1883. Von **Otto Lindemann,** Geheimen Justizrat. 1912. **2. Aufl.** 3 M. 50 Pf.
35. **Geschäftsordnung für Gerichtsvollzieher.** Gerichtsvollzieherordnung und Gebührensätze von Amtsgerichtssekretär **Emil Exner.** 1904. 3 M. 50 Pf.
36. **Polizeiverordnungen in Preußen.** Von **Otto Lindemann,** Geheimen Justizrat. 1912. **2. Aufl.** 2 M. 50 Pf.
37. Gesetz über die **Enteignung von Grundeigentum** vom 11. Juni 1874. Von Oberlandesgerichtsrat **O. Meyer. 2. Aufl.** 1911. 2 M. 25 Pf.
38. **Kreis- und Provinzial-Abgabengesetz.** Vom 23. April 1906. Von **Fr. Schmidt,** Gemeindevorsteher. 1906. 1 M. 25 Pf.
39. Gesetz, betr. die **Unterhaltung der öffentl. Volksschulen.** Von Dr. **A. Marcks,** Reg.-Rat. 1906. 2 M.
40. **Verwaltungsstrafverfahren** bei Zuwiderhandlungen gegen die Zollgesetze und indirekte Reichs- und Landesabgaben, sowie die Bestimmungen über die Schlacht- und Wildpretsteuer vom 26. Juli 1897. Von Dr. **Richard Katzenstein,** Gerichtsassessor. 1907. 3 M. 60 Pf.
41. Die **preußischen Jagdpolizeigesetze.** Von **Fr. Kunze,** Wirkl. Geh. Oberregierungsrat und **R. Kühnemann,** Rechtsanwalt. **2. Aufl.** 1907. 3 M. 60 Pf.

42. Die Gesetzgebung über die **Allgemeine Landesverwaltung** und über die **Zuständigkeit der Verwaltungs- und Verwaltungsgerichtsbehörden**. Von Rechtsanwalt Dr. **Karl Friedrichs**. 1908. 3 M.

43. Gesetz betr. die **Zulassung einer Verschuldungsgrenze** für land- und forstwirtschaftlich benutzte Grundstücke. Von Dr. jur. **R. Leweck**, Syndikus. 1908. 2 M. 40 Pf.

44. **Quellenschutzgesetz** nebst den Ausführungsbestimmungen von **Carl Voelkel**, Geheimer Bergrat. 1909. 1 M.

45. **Rechtsverhältnisse der Juden in Preußen** von Dr. jur. **Max Kollenscher**, Rechtsanwalt. 1910. 2 M. 40 Pf.

46. **Austritt aus der Landeskirche** vom 14. Mai 1873. Von Gerichtsassessor **Hrch. Chr. Caro**. 1911. 2 M. 40 Pf.

47. Gesetz, betr. die **Feuerbestattung** von Amtsgerichtsrat Dr. **W. Lohmann**. 1911. 1 M. 50 Pf.

48. **Zweckverbandsgesetz für Großberlin** vom 19. Juli 1911 nebst Abdruck des allgemeinen Zweckverbandsgesetzes. Von Magistratsräten Dr. **Ludw. Brühl**, Dr. **Kurt Gordan** und Stadtrat Dr. **Walter Ledermann** in Berlin. 1912. 4 M.

49. **Gesetze gegen die Verunstaltung landschaftlich hervorragender Gegenden** mit Ausführungsanweisuugen. Von Regierungsrat **Otto Goldschmidt**. 1912. 2 M. 50 Pf.

50. **Gesetz, betr. die Anlegung und Veränderung von Straßen und Plätzen in Städten und ländlichen Ortschaften** von Oberlandesgerichtsrat **O. Meyer**. 1912. 3 M.

51. **Preußisches Disziplinargesetz** von **Dultzig** im Druck.

52. **Preußisches Wassergesetz** vom 7. April 1913 von Rechtsanwalt **Georg Wulff** und Rechtsanwalt **Ferd. Herold**. 1913. 5 M.

Guttentag'sche Sammlung
von Text-Ausgaben mit Sachregister ohne Anmerkungen.

Taschenformat, elegant in Leinen gebunden.

Zivilprozeßordnung mit **Gerichtsverfassungsgesetz** und **Einführungsgesetzen.** Neue Fassung. Mit der Novelle vom 22. Mai 1910. 2 M.

Konkursordnung mit **Einführungsgesetz.** 80 Pf.

Bürgerliches Gesetzbuch nebst **Einführungsgesetz.** 10. Abdruck. 2 M. 50 Pf.

Handelsgesetzbuch nebst **Einführungsgesetz** und **Seerecht.** 8. Abdruck. 1910. 1 M. 80 Pf.

Reichsversicherungsordnung von 1911 (Kranken-, Unfall-, Invaliden- und Hinterbliebenenversicherung). 2 M.

Militärstrafgerichtsordnung nebst **Einführungsgesetz** u. Gesetzen, betr. Dienstvergehen der richterlichen Militärjustizbeamten und unfreiwillige Versetzung derselben usw. mit **Militär-Strafgesetzbuch.***) **2. Aufl.** 1 M. 50 Pf.

*) Ist auch einzeln zu haben. Preis 1 M.

Wechselordnung mit Anhang: **Wechselprozeß und Ausführungsanweisung.** 1908. 1 M.

Die Preußischen Ausführungsgesetze zum Bürgerlichen Gesetzbuche und Nebengesetze. 5. Aufl. 1 M. 80 Pf.

Reichsfinanzgesetze von 1909 einschließlich der **Reichsstempelgesetze** und des **Erbschaftssteuergesetzes.** 1909. 2 M.

Zuwachssteuergesetz vom 14. Februar 1911. 80 Pf. **Ausführungsbestimmungen** dazu 60 Pf.

Versicherungsgesetz für Angestellte vom 20. Dez. 1911. 1 M. 25 Pf.

Strafgesetzbuch. Mit ausführl. Sachregister. 1912. 1 M. 20 Pf.

Wehrbeitrag und **Besitzsteuer.** Mit ausführl. Sachregister. 1913. 1 M.

Struckmann-Koch, Zivilprozeßordnung für das Deutsche Reich nebst den auf den Zivilprozeß bezüglichen Bestimmungen des Gerichtsverfassungsgesetzes und den Einführungsgesetzen. In den neuen Fassungen mit der Novelle von 1910. Kommentar. Herausgegeben unter Mitwirkung von **R. Rasch,** Landgerichtspräsident in Altona, Dr. **P. Koll,** Senatspräsident beim Oberlandesgericht in Cöln, Dr. **Flechtheim,** Rechtsanwalt beim Oberlandesgericht in Cöln. **9., umgearbeitete Auflage.** 1910. Lex.-8°. 24 M., geb. 26 M.

Pinner, Kommentar zum Gesetz **gegen den unlauteren Wettbewerb** vom 7. Juni 1909. **2. Aufl.** Herausgegeben von Justizrat **Albert Pinner** und Rechtsanwalt Dr. **Erich Eyck.** 1910. Gr.-8°. 5 M. 50 Pf., geb. 6 M. 50 Pf.

Das preußische Warenhaussteuergesetz vom 18. Juli 1900, in Verbindung mit den anderen deutschen Warenhaussteuergesetzen. Erläutert von Dr. **J. Wernicke,** Syndikus. 1913. Preis 4 M. 50 Pf., gebunden 5 M.

Die Stempelsteuerpflicht bei Grundstücksübertragungen. Ein Hilfsbuch zur Berechnung und Einziehung des Immobiliarstempels. Zusammengestellt und bearbeitet von **X. Brachvogel,** Amtsgerichtsrat. 1912. Gr.-8°. Preis 6 M., geb. 7 M.

Patentgesetz und Gesetz, betr. den **Schutz von Gebrauchsmustern.** Von Justizrat Dr. **A. Seligsohn. 4., neubearbeitete Auflage.** 1909. Gr.-8°. 12 M., geb. in Leinen 13 M.

Die Preußischen Ausführungsgesetze, Verordnungen und ministeriellen Verfügungen zu dem Bürgerlichen Gesetzbuche und den Reichs-Justizgesetzen nebst anderen zugehörigen Gesetzen. Von **L. Busch. 2. Aufl.** von Landrichter **O. Eylau.** 8°. Preis geb. 4 M. 50 Pf.

Preußische Bürgerliche Gesetzsammlung. Sammlung der noch geltenden Landesgesetze privatrechtlichen Inhalts. Herausgegeben von den Gerichtsassessoren **D. Fischer** und Dr. **F. Schroeder.** 8°. 2 Bände Preis geb. in ganz Leinen 20 M.

Erster Band: **Das Allgemeine Landrecht mit den Einführungs-Patenten.** Preis 6 M.

Zweiter Band: **Gesetze von 1778—1902.** Preis 14 M.

Kommentar zum Stellenvermittlergesetz vom 2. Juni 1910 unter besonderer Berücksichtigung des zivilrechtlichen Gesetzesinhaltes mit den Ausführungsbestimmungen für **Preußen, Bayern, Sachsen** von **M. K. Samter,** Amtsgerichtsrat. 1912. Gr.-8°. Preis 4 M., geb. 5 M.

Schlagwort-Register.

R. = Nummer der Sammlung Deutscher **Reichs**gesetze.
P. = Nummer der Sammlung **Preußischer** Gesetze.
S. = Seite.

Abzahlungsgeschäfte **R.** 34.
Aerztekammern **P.** 29.
Aerztliche Ehrengerichte **P.** 29.
Aktienrecht **R.** 24, 26.
Altersversicherungsgesetz **R.** 30.
Anerbenrechtsgesetz **P.** 33.
Anfechtungsgesetz **R.** 13.
Angestelltenvers.-Ges. **S.** 22 **R.** 104.
Anlegung v. Straßen **P.** 50, **S.** 24.
Ansiedelungsgesetz s. **S.** 25 Baupolizeirecht.
Arbeiterschutzgesetz **R.** 6.
Arbeiterversicherungsgesetze **R.** 20, 23, 28, 30, 57, **S.** 22.
Arzneimittel **R.** 6, 64.
Ausführungsgesetze z. BGB. **P.** 23, **S.** 22, 25.
Ausführungsgesetze zu den Reichsjustizgesetzen **P.** 6, **S.** 24.
Auslieferungsverträge **R.** 86.
Austritt a. d. Landeskirche **P.** 46.
Auswanderungsgesetz **R.** 9, 44.
Automobilgesetz **R.** 92.

Bankgesetz **R.** 26.
Baufluchtengesetz **S** 24.
Bauforderungsschutz **R** 93.
Bauunfallversicherungsges. **R.** 28.
Beamtengesetze **R.** 10, 82, 94, **P.** 2.
Bekämpfung gemeingefährlicher Krankheiten **R.** 56.
Belagerungszustand **P.** 34.
Berggesetz **P.** 12.
Beschlagnahme von Lohn- und Gehaltsforderungen **R.** 55.
Besitzsteuergesetz **R.** 112, **S.** 22.
Beurkundung des Personenstandes **R.** 59.
Binnenschiffahrtsgesetz **R.** 36.
Blei- u. zinkhaltige Gegenst. **R.** 9.
Börsengesetz **R.** 41.
Börsensteuergesetz **R.** 18.
Branntweinsteuergesetz **R.** 96.
Brausteuererhebung **R.** 25.
Bundes- und Staatsangehörigkeit **R.** 8.
Bürgerliche Gesetzsammlung für Preußen **S.** 24.
Bürgerliches Gesetzbuch **R.** 38/39, **S.** 22.
Bürgerliches Rechts-Lexikon **S.** 31.

Chausseegeld **P.** 34.
Civilprozeßordn. **R.** 11, **S.** 22, 23.

Dampfkesselbetrieb **R.** 6, **P.** 34.
Deichges. **S.** 25 (Baupolizeirecht).
Depotgesetz **R.** 40.
Diensteinkommen der Lehrer und Lehrerinnen **P.** 26.

Dienstboten siehe Gesinde.
Ratgeber für Dienstherrschaften S. 25.
Disziplinargesetz P. 51.
Drogenhandel R. 48, 64.

Eheschließungsgesetz R. 59.
Einkommensteuergesetz P. 10.
Eisenbahngesetzgebung R. 66, 35.
Eisenbahnverkehrsordnung R. 91.
Elektrizitäts-Diebstahl R. 2.
Enteignung von Grundeigentum P. 37.
Entmündigungsgesetz R. 45.
Entschädigung freigesprochener Personen R. 12.
Entschädigung unschuldig Verhafteter u. Verurteilter R. 73.
Entziehung elektr. Arbeit R. 2.
Erbschaftssteuergesetz R. 77, P. 20.
Ergänzungssteuergesetz P. 13.
Erwerbs- u. Wirtschaftsgenossenschaften R. 29.

Fahrkartensteuer R. 18.
Farbengesetz R. 9, 48.
Farbenhandel R. 48.
Feingehalt der Gold- und Silberwaren R. 9.
Feld- und Forstpolizeigesetz P. 34.
Feuerbestattungsges. P. 47.
Feuerversicherung P. 34.
Fischereigesetz P. 34.
Fleischbeschaugesetz R. 9, 54, 68.
Flößereigesetz R. 36.
Fluchtlinien-Ges. P. 50.
Forstdiebstahl P. 34.
Frachturkundensteuer R. 18.
Freiwillige Gerichtsbarkeit R. 46.
Freizügigkeit R. 8.
Fürsorgeerziehung Minderjähriger R. 47, P. 28.

Gast- u. Schankwirtschaftsgehilfen R. 6.
Gebrauchsgegenstände, Verkehr mit R. 9, 54.
Gebrauchsmusterschutzgesetz R. 9, 84, R. 102.
Gebührengesetz, preußisches, für Rechtsanwälte und Gerichtsvollzieher R. 17.
Gebührenordnung für Gerichtsvollzieher R. 15.
Gebührenordnung für Notare P. 4.
Gebührenordnung für Rechtsanwälte R. 17.
Gebührenordnung für Zeugen u. Sachverständige R. 15.
Gehaltsforderungen, Beschlagnahme von R. 55.
Genehmigung gewerblicher Anlagen P. 16.
Genossenschaftsgesetz R. 29.
Genußmittel, Verkehr mit R. 9, 54, S. 23.
Gerichtsbarkeit, freiwillige R. 46.
Gerichtskostengesetz, deutsches R. 15.
Gerichtskostengesetz, preußisches P. 17.
Gerichtsordnung, preußische P. 7.
Gerichtsverfassungsgesetz R. 14, 11, 12, S. 22.
Gerichtsvollzieher-Gebührenordnung R. 15.
Geschäftsordnung für Gerichtsvollzieher P. 35.
Gesellschaften mit beschränkter Haftung R. 32.
Gesetzbuch, Bürgerliches R. 38/39 S. 22.

Schlagwort-Register. (R. = Reichsgesetz, P. = preuß. Gesetz.)

Gesetzestafel des deutschen Reichsrechts R. 63.
Gesetz-Sammlung, preuß. S. 25.
Gesindedienstpflichten P. 34.
Gesindeordnungen, preußische P. 31 a, 31 b, S. 25.
Gesundheitswesen R. 27.
Gewerbebetrieb im Umherziehen R. 6, P. 34.
Gewerbegerichte R. 31.
Gewerbeordnung R. 6.
Gewerbesteuergesetz, preußisches P. 11.
Gewerbe-Unfallversicherungsges. R. 23.
Gifthandel R. 48, 64.
Gold- u. Silberwaren-Feingehalt R. 9.
Grundbuchordnung R. 42.
Grundbuchgesetzgebung, preußische P. 9.
Grundeigentum, Enteignung von P. 37.

Haager Friedenskonferenz R. 99.
Haftpflichtgesetz R. 70, 94.
Handelsgesetzbuch R. 4, S. 22.
Handelskammergesetz P. 21.
Handfeuerwaffen R. 9.
Handlungsgehilfen S. 25.
Handwerkergesetz R. 6.
Hilfskassen, eingeschr. R. 20.
Hinterlegungsordnung P. 24.
Hinterbliebenenversicherung S. 22 RVO. R. 109.
Hypothekenbankgesetz R. 51.

Jagdpolizeigesetz P. 34, 41.
Jagdscheingesetz P. 19, 34.
Inhaberpapiere mit Prämien R. 9.
Internationales Privatrecht R. 90, 98.
Invalidenversicherung R. 30, 109, S. 22 RVO. R. 109.

Kaligesetz R. 100.
Kaufleute, Pflichten bei Aufbewahrung v. Wertpapieren R. 40.
Kaufmannsgerichte R. 74.
Kiautschou-Gebiet, militärische Strafrechtspflege im R. 3.
Kinder, Recht der unehel. R. 58.
—, Unterbringung verwahrloster R. 47, P. 28.
Kinderarbeit, gewerbliche R. 2, 71,
Kinderschutzgesetz R. 71.
Kolonialgesetzgebung R. 49, R. 105.
Kommunalabgabengesetz P. 14.
Kommunalbeamtengesetz P. 22.
Kommunalbeamtenrecht P. 25.
Konkursordnung R. 13, S. 22.
Konkursordnung, preuß. P. 7.
Konsulargerichtsbarkeit R. 75.
Konsulargesetzgebung R. 21, 75.
Konzessionierung gewerbl. Anlagen P. 16.
Kraftfahrzeuge R. 18, 92.
Krankenversicherungsgesetz R. 20, S. 22 RVO. R. 107.
Kreisabgabengesetz P. 38.
Kreisordnungen P. 15.
Kunstschutzgesetz R. 81.

Ladenschluß R. 6.
Landesgesetze, privatrechtliche, (Bürg. Gesetzsamml.) S. 25.
Landeskirche P. 46.
Landestrauer P. 34.
Landesverwaltungsgesetz P. 42.
Landrecht, preußisches S. 25.
Lehrergehalts- u. -Pensionsgesetze P. 26.

Schlagwort-Register. (R. = Reichsgesetz, P. = preuß. Gesetz.)

Literaturschutz R. 60, 95.
Lohnforderungen, Beschlagnahme von R. 55.
Lotteriespiel P. 34.

Mannschaftsversorgungsgesetz R. 79 b.
Mantelgesetz R. 23.
Margarinegesetz R. 9, 54.
Medizinalgesetzgebung R. 27.
Militärpensionsgesetze R. 79.
Militärische Geheimnisse, Verrat R. 9, 84.
Militärstrafgerichtsordnung R. 3, S. 22.
Militärstrafgesetzbuch R. 67, S. 22.
Minderjährige, Fürsorgeerziehung für R. 47, P. 28.
Mineraliengewinnung und Aneignung P. 34.
Mobiliar-Feuerversicherung P. 34.
Modellschutzgesetzgebung R. 9.
Münzwesen R. 26.
Musterschutzgesetz R. 9.

Nahrungsmittelgesetze R. 9, 54, 65.
Naturalleistung für die bewaffnete Macht R. 69.
Notare, Gebührenordnung für preußische P. 4.
Notenbankwesen R. 26.
Nottestament P. 3.

Offizierpensionsgesetz R. 79a.

Patentgesetz R. 22, 9, S. 23.
Personenstandsgesetz R. 2, 9, 59.
Pensionsgesetze R. 10, 79, P. 2, 26.
Photographieschutz R. 9, 81.
Polizeiverordnungen in Preußen P. 36.
Postgesetze R. 7.
Postscheckordnung R. 85.
Preßgesetz R. 9, 53.
Preußische Verfassung P. 1.
Privatbeamtenvers.-Ges. R. 104, S. 22.
Privatrechtliche preußische Landesgesetze S. 25.
Privatrechtliche Reichsgesetze R. 84, 90.
Provinzialabgabengesetz P. 38.

Quellenschutzgesetz P. 44.

Rayongesetz R. 84.
Reblausgesetz R. 84, P. 34.
Rechte der Besitzer von Schuldverschreibungen R. 52.
Rechtsanwalts-Gebührenordnung R. 17.
Rechtsanwaltsordnung R. 16.
Rechtshilfe R. 76.
Rechtslexikon S. 31.
Rechtsverhältnisse d. Juden P. 45.
Registerführung, gerichtliche R. 80.
Registratur S. 25.
Reichsbeamtengesetz R. 10, 82.
Reichseisenbahngesetzgebung R. 35, 66.
Reichserbschaftssteuer R. 77.
Reichsfinanzgesetze S. 22.
Reichsgewerbeordnung R. 6.
Reichsgrundbuchordnung R. 42.
Reichs-Justizgesetze R. 11, 12, 13.
— —, Ausführungsgesetz dazu S. 22.
Reichskassenscheine R. 9.
Reichsmilitärgesetz R. 84.
Reichspreßgesetz R. 53.
Reichsschuldbuch P. 30.
Reichsseuchengesetz R. 9, 56.

Reichsstempelgesetz R. 18.
Reichsverfassung R. 1.
Reichsviehseuchenges. R. 103.
Reichsversicherungsordnung S. 22, R. 106—109.
Rentengutsgesetze P. 33.
Rinderpest R. 9.

Saccharingesetz R. 9, 54.
Schadensersatz an unschuldig Verhaftete u. Verurteilte R. 73.
Scheckgesetz R. 85.
Schlachthäuser P. 34.
Schlachtviehgesetz R. 9, 54, 68
Schonzeit des Wildes P. 34.
Schuldverschreibungsgesetz R. 52.
Schulunterhaltungsgesetz P. 39.
Schutzgebietsgesetz R. 75, 97.
Schutztruppe, Strafverfahren R. 3, Pension R. 79.
Schwängerung, außereheliche R. 58, P. 5.
Seegesetzgebung R. 19.
Seerecht vide HGB. Text.
See-Unfallversicherungsges. R. 57.
Seuchengesetz R. 56.
Sklavenhandel R. 9.
Sozialpolitische Gesetze R. 20, 23, 28, 30, 57, 72, 104, 106—109.
Sprengstoffgesetz R. 2, 9.
Staatsangehörigkeit, Erwerb und Verlust R. 8, S. 15.
Staatsschuldbuch P. 30.
Staatssteuern, Gesetz betr. Aufhebung direkter P. 14.
Städteordnung für die 6 östlichen Provinzen P. 32.
Stellenvermittlergesetz S. 24.
Stempelsteuergesetz für Preußen P. 18, S. 23.
Stempelsteuergesetz für das Reich R. 18, S. 23.
Steuergesetze R. 5, 18, 25, P. 10, 11, 13, 14, 18, 20, 27.
Strafgesetzbuch R. 2. S. 22.
Strafgesetze, preußische P. 34.
Strafprozeßordnung R. 12.
Strafrechtliche RG. R. 9.
Straßen- u. Baufluchtenges. P. 50.
Subhastationsgesetz R. 43.
Süßstoffe, künstliche R. 9, 54, 64.

Tantièmensteuer R. 18.
Telegraphengesetze R. 7.
Testamentsrecht P. 3.

Uneheliche Kinder R. 58.
Unfallversicherungsgesetze R. 23, 28, 57, 72, 108, S. 22 RVO.
Unlauterer Wettbewerb R. 37, S. 23.
Unterbringung verwahrloster Kinder R. 47, 28.
Unterhaltung d. Volksschulen P. 39.
Unterstützungswohnsitz R. 8.
Urheberrechtsgesetze R. 9, 60, 22, 81, 95. 102.

Vereinsgesetz R. 88.
Vereins- u. Versammlungsrecht R. 33, P. 34.
Verfälschung v. Nahrungsmitteln R. 54, Wein R. 65.
Verfassung, Reich R. 1.
Verfassung, preußische P. 1.
Verkehrsabgaben P. 34.
Verlagsrecht R. 61.
Vermögenssteuergesetz P. 13.
Vermögenszuwachssteuergesetz S. 15.
Verrat militärischer Geheimnisse R. 2, 9.

Schlagwort-Register. (R. = Reichsgesetz, P. = preuß. Gesetz.)

Versammlung, wie leitet man eine S. 25.
Verschuldungsgrenze P. 43.
Versicherungsvertrag R 83.
Versicherungsunternehmungen, private R. 62.
Versorgung der Kommunalbeamten P. 22.
Verunstaltung landschaftlich hervorragender Gegenden P. 49.
Verwaltungsstrafverfahren P. 40.
Verwendung gesundheitsschädlicher Farben, Nahrungsmittel, Wein R. 54, 65.
Viehkauf (Viehgewährschaft) und Viehhandel R. 50.
Viehseuchengesetz R. 84, 103
Vogelschutzgesetz R. 89.
Vormundschaftsordnung, preußische P. 8.
Vormundschaftsrecht, Deutsches R. 47, S. 25.

Waisenrat S. 25.
Wald- und Wassergenossenschaft P. 34.
Wandergewerbebetrieb P. 34.
Warenzeichenrecht R. 9, 87.
Warenhaussteuergesetz P. 27 S. 23.
Wassergesetz P. 52.
Wechselordnung R. 5, S. 22.
Wechselstempelsteuergesetz R. 5.
Wehrbeitragsgesetz R. 110, S. 22.
Weingesetz R. 9, 54, 64, 65.
Wertpapiere, Depotgesetz R. 40
Wettbewerb, Bekämpfung unlauteren R. 37, S. 23.
Wild-Schonzeit P. 34.
Wuchergesetz R. 2.

Zeugengebühr R. 15.
Zigarettensteuergesetz R. 78.
Zivilprozeßordnung R. 11, S. 22, 23.
Zuständigkeitsgesetz P. 42.
Zuwachssteuergesetz S. 21, R. 101.
Zwangserziehung R. 47.
Zwangsversteigerung an Immobilien R. 43.
Zwangsvollstreckungsgesetz R. 43
Zweckverbands-Gesetz P. 48.

 Nr. 17. XI. 1913. 82000.

FSC
www.fsc.org
MIX
Papier | Fördert gute Waldnutzung
FSC® C083411

Kolibri 360 GmbH
Ferdinand-Jühlke-Straße 7
99095 Erfurt, Deutschland
produktsicherheit@kolibri360.de